KB249348

가족 내 사회적 자본과

학업성취와의 관계

가족 내 사회적 자본과
학업성취와의 관계

안 우 환 著

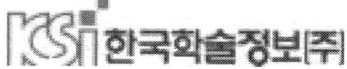
한국학술정보㈜

머 리 말

본 저서는 우리나라 초등학생들을 대상으로 하여 학생들의 학업
성취에 영향을 미치는 그 동안의 연구 즉 투입-과정-산출로 이어
지는 연구중심에서 간과해 왔던 학생 가족배경의 사회적 자본과 부
모-자녀 사이의 관계에서 잉태하는 사회적 자본과 관련된 변인들을
추출하고, 이러한 변인들을 개념화하여 학군에 따른 부모-자녀 관
계의 사회적 자본이 가족배경의 사회적 자본과 독립하여 어느 정도
학업성취에 영향력을 행사하는지에 대한 보다 밀도 있는 실증적인
분석 연구의 일환으로 기획되었다.

가족 내 사회적 자본의 개념은 "사회 구조 내에 위치한 가족 내
부모-자녀간의 관계를 통하여 목적 달성 행위를 촉진하는 메커니즘
으로 이에는 부모의 인간자본, 부모의 교육적 관심, 대화 및 지원,
부모-자녀간의 상호작용 및 학생교육에 대한 부모의 개입, 부모의
교육적 기대 등으로 인하여 학생이 얻게 되는 유·무형의 자원."으
로 정의할 수 있다.

본 저서에서 살펴보고자 하는 내용은 다음과 같다. 첫째, 학군 간
가족배경과 부모-자녀 관계 사회적 자본 사이의 관계를 분석하고자
한다. 둘째, 학군별 가족배경과 부모-자녀 관계의 사회적 자본이 학
업성취에 미치는 영향을 확인하고자 한다, 셋째, 사회적 자본의 학
업성취에 대한 학교(학군) 효과와 인과관계를 알아보고자 한다.

이를 달성하기 위하여 우선, 부모-자녀 관계의 사회적 자본을 개념
화하고, 한국 사회에 적용할 부모-자녀 관계 사회적 자본의 측정도구
를 전국단위 표집을 통하여 제작하였다. 부도-자녀 관계의 사회적 자
본 질문지(Parents-Child Relations Social Capital Questionnaire:
PCRSCQ)를 이용하여 대구시내 초등학교 30개교(대구시 수성학군

15개교, 비수성학군 15개교)를 대상으로 하여 설문지 조사를 하였다.

연구를 통하여 학군별 가족배경과 부모-자녀 관계의 사회적 자본이 학업성취에 미치는 영향분석에서는 전체 학군의 경우, 가족배경과 부모-자녀 관계의 사회적 자본이 학업성취에 영향을 미치는 것으로 나타났다. 최종적으로, 학업성취에 영향을 주는 가족배경의 사회적 자본은 수성학군의 경우 가족구조, 부의 학력, 가구주 직업이며, 비수성학군의 경우는 가족구조, 성별 등이다. 부모-자녀 관계의 사회적 자본은 수성학군의 경우 교육적 관심 및 대화(학교에 대한 이야기), 교육활동 참여(학교에 대한 건의 및 항의), 교우 및 사회 관계 망(과외나 학원 수강) 등이며, 비수성학군의 경우는 교육적 관심 및 대화(학교에 대한 이야기), 적극적인 지원(학원 선택에 대한 지원), 교육활동 참여(학교 방문, 학교에 대한 건의 및 항의, 교육관련 정보수집), 교우 및 사회 관계 망(공부 잘하는 친구와 교제), 생활통제(반에서 나와 친한 친구가 누구인지 앎) 등으로 나타났다.

부모-자녀 관계의 사회적 자본이 학업성취에 미치는 영향에 대한 학교 효과성 분석(HLM: 위계선형분석)에서는 학업성취도 변인의 변화 정도가 학교(학군) 수준에서도 일정 부분 존재하고 있지만, 동일 학교를 다니는 학생들 사이에서 보다 많이 발생하고 있는 것으로 나타났다.

학군별 가족배경과 부모-자녀 관계에 따른 사회적 자본 변인이 학업성취에 미치는 영향관계의 인과관계 형성여부를 검정하기 위하여 공변량 구조분석을 실시한 결과, 가족배경과 학업성취와의 분석에서는 학업성적에 제일 많은 인과 관계에 있는 변인은 가족구조로 나타났다. 부모-자녀 관계의 사회적 자본과 학업성취와의 분석에서는 수성학군의 경우 부모와의 대화, 비수성학군의 경우는 학원선택에 대한 도움이 가장 많이 학업성취에 영향력을 행사하는 것으로 나타났다. 부모-자녀 관계의 사회적 자본에 학군이 매개된 상태에서 학업성취에 대한 인과적인 영향관계는 학교교육에 대한 적극적인 지원이 가장 큰 영향력을 가지는 것으로 나타났다.

이러한 연구결과를 바탕으로 하여 좋은 학교, 좋은 학군에 자녀를 입학시키면 학업성공에 보탬과 도움이 된다는 신화적인 믿음은 재고되어져야 하며, 부모와 자녀간의 풍부한 사회적 자본은 개인 가족 단위의 열악한 계층적 지위를 뛰어넘어서 학업성취에 긍정적으로 작용할 여지가 있는 것으로 나타나 이에 대한 정책적인 관심을 가져야 함을 시사 받았다.

본 저서를 출판하기까지 저자는 많은 이들의 도움을 받았다. 김경식 교수(경북대), 김경근 교수(고려대), 박종렬 교수(경북대), 신상명 교수(경북대), 이옥분 교수(경북대), 주동범 교수(한국해양대), 강상진 교수(연세대), 김경성 교수(서울교대), 권민석(경북대 박사과정), 이현철(경북대 석사과정)선생님 등 모든 분께 이 지면을 빌어 감사를 전합니다.

마지막으로, 본인의 미천한 연구를 책으로 출판하는데 주저하지 않고 허락해준 한국학술정보 관계자 분께 진심으로 감사의 인사를 드립니다.

2005. 6. 8. 달구벌 대구에서

저자 안 우 환

목 차

<표 목 차>

<그림목차>

I. 서 론

1. 연구의 필요성 및 목적

교육은 시대, 나라를 불문하고 한 인간의 바람직한 행동의 변화를 목적으로 하고 있다. 이러한 인간의 행동변화에는 그 시대 사회가 요구하는 바람직하고 가치로운 변화를 내포하고 있으며, 이는 드러난 성취를 의미하기도하고 보이지 않는 변화를 의미하기도 한다. 학교 교육에서는 특히 드러난 결과 즉, 학업성취에 보다 더 의미를 둔다. 교육학자들은 이러한 학업성취에 영향을 주는 변인을 밝히기 위해 수년간 연구를 진행하여 왔다. 학업성취에 영향력을 매개하는 것으로 연구자들은 가정배경[1]과 학교요인[2]등을 이용하여 학생들의 학업성취를 설명하여 왔다. 이러한 연구들은 학업성취에 영향을 주는 다양한 변인 중에서 제한된 측면만을 부각하여 설명하려다 보니 서로 다른 통계 처리와 해석으로 이어져 많은 모순된 연구 결과들을 낳기도 하였다[3].

---

1) 이에 대한 연구로는 박명애, 1981; 김왕근, 1988; 신동주, 1988; 배종웅, 1993; 이위환, 1994; Coleman et al., 1966; Plowden, 1967; Jencks, et al., 1972; Boudon, 1973; Hauser, Sewell and Alwin, 1976; White, 1982; Lockheed et al., 1989 등이 있다.
2) 이에 대한 연구로는 한대동, 1981; 최창섭, 1985; 홍기우, 1986; 김병성, 1991; 김경식, 1994; 이건우, 1995; 최선희, 1996; 김정숙, 1998; 유승희, 1998; 주동범·안우환, 1999; 최승우, 2001; Brookover, 1979; Anyon, 1979; Rutter et al., 1979; Wilcox, 1982; Alwin & Thorton, 1984; Bryk & Driscoll, 1988; Entwisle & Alexander, 1996 등이 있다.
3) 이러한 대표적인 비판 사례로는 Rutter와 그의 동료들에 의해 수행되었던 연구에 대하여 Goldstein(1980)과 Gahng(1993)은 다음과 같은 몇 가지 방법론상의 문제점을 갖고 있기 때문에 연구결과의 일반화에는 한계가 있음을 지적하고 있다. 첫째, 학생들 가정의 사회경제적 배경 변인으

그리하여 최근에는 이에 대한 반성으로 Coleman(1988)이 제시한 사회적 자본(social capital)이 부모의 경제, 인간 자본과는 독립적으로 학생의 학업성취에 중요한 영향을 미칠 수 있음을 보여주는 연구들이 등장하고 있다(박선희, 1997; 주동범, 1998; 김이수, 1998; 김경근, 2000; 오계훈 외, 2001; 이정선, 2001; 심미옥, 2003; 김경식·안우환, 2003; 안우환, 2003; McLanahan, 1994; Maurice, 2000).

학생의 배경변인 중 가족 집단 특성 중의 하나인 사회적 자본은 부모와 자녀 관계 사이에서 창출되어 주로 자녀 교육에 대한 부모의 관심과 시간의 투입이라는 형태에 관한 개념으로 Coleman이 수행한 연구변인 중에서 보다 진보한 개념으로 최근에 부각되고 있다. 학업성취에 대한 기존의 부모-자녀 간의 효과 연구의 초점은 상호작용의 질 즉, 부모의 사회경제적 배경이 좋을수록 자녀에게 보다 더 많은 경제적·물질적 자원을 제공하여 학업성취를 높일 수 있다는 경향의 연구가(Jencks, et al., 1972; Muller, 1994) 주류를 차지하고 있으나, 사회적 자본은 부모의 경제, 인간 자본과는 독립적으로 학생의 학업성취에 중요한 영향을 미칠 수 있다(Majoribanks, 1979; Walberg, 1984; Boger, Richter & Paolucci, 1986; Coleman, 1991; Rock, Pollack & Hafner, 1991; Epstein, 1991, 1992; National Association of Secondary School Principal. 1992; Topping, 1992; Ho sui-chi & Willms, 1996).

로 아버지의 직업변인만을 사용한 반면에, 학교교육이 일어나는 과정을 드러내는 지표로 사용한 변인으로는 46개의 측정치를 사용함으로써 변인 측정에 있어서 균형을 잃고 있으며, 그 결과 학생들의 배경변인에 의한 영향력은 상대적으로 줄이는 반면에 학교 과정변인들의 효과는 지나치게 강조함으로써 학교효과를 실제보다 과대평가 하는 결과를 초래하였다. 둘째, 학교효과를 비교하기 위해서 사용한 표집 학교의 수가 12개교에 불과하였다는 점 및 학교별 표집 학생수가 많은 차이를 보이고 있기 때문에 이 연구의 분석결과가 학생수가 많은 학교의 영향력을 더 많이 받을 수 있는 가능성을 갖고 있다고 지적하고 있다(Gahng, 1993).

부모-자녀 관계의 사회적 자본 개념은 부모의 교육적인 지원, 관계, 가족배경, 부모가 인식하는 자녀의 친구나 부모 수, 부모의 사회 망, 연결망(network) 등이 자녀의 학업에 도움을 주는 유·무형의 자원이라는 포괄적이고 확장된 개념이라 하겠다. 가정에서 부모가 자녀의 학습을 지원하는 활동은 교육제도와 정책의 변화에 영향을 미쳤던 과외 수업과는 달리 사회적인 관심을 크게 끌지는 못했지만, 경험적·이론적으로 자녀의 학업성취에 영향을 미칠 수 있는 주요 요인으로 여겨졌으므로 자녀의 학업성취를 위해 실제로 각 가정에서는 부모의 역량에 따라 다양한 방법으로 교육지원활동이 이루어지고 있다. 특히 자녀가 어릴수록 가정에서 보내는 시간이 더 많고, 부모의 영향력이 크기 때문에 부모의 가정에서의 교육지원 활동의 중요성은 크다(심미옥, 2003). 이러한 부모들의 자녀에 대한 교육적인 지원은 학업성취에 영향을 미치는 아동의 가족배경 요인으로서 그 동안 학업성취에 대한 영향력을 매개하는 가정의 문화, 경제적인 변인에 초점을 두어 다소 소홀하게 취급하여 왔었다.

한국 사회의 교육열을 분석한 이종각(2000: 37)은 부모의 자녀에 대한 교육지원 활동에 대하여 자녀애+성취욕구로 파악하는 교육열 기본형이라는 용어로 부모의 자녀에 대한 교육열의 모습을 피력하고 있다. 그 동안 한국의 학부모들은 자녀에 대한 교육열이 지나쳐서 학업성취를 고양하기 위하여 다양한 교육적, 비교육적인 활동들을 전개하여 왔었다. 이러한 상황 속에서 가장 고통을 받는 사람은 학생, 학부모와 가족이다. 교육열의 핵심적이고 논쟁적인 키워드는 가족에서부터 출발하며, 그 중에서도 부모와 자녀 간의 관계에서 파생하는 사회적 자본이라 할 수 있겠다. 부모와 자녀 사이의 상호 신뢰 및 유대를 바탕으로 한 사회적 자본의 형성으로 자녀에 대한 관심과 격려는 귀속적 요인에 기인한 불리함을 극복하는 데 상당 부분 기여할 수 있을 것이다. 실증적으로 부모의 교육지원 활동은 부모의 사회경제적 지위와 독립적으로 학업성취에 영향을 미치고 있는 것으로 나타났으며, 이를 통해 귀속적 지위의 불리함을 상쇄해 줄 것으로 기대되고 있다(김경근, 2000).

그리하여, 자녀의 학업성취에 영향을 매개하는 투입 단계4)의 한 변인으로 그 동안 간과해온 사회적 자본에 대하여 보다 심도 있는 변인 탐색과 아동의 학업성취에 미치는 영향력을 구체적으로 밝힐 필요가 있다 하겠다. 더불어, 최근의 경험적인 연구 결과(Ambler, 1997; Wells, 1997: 248-249)에 따르면, 소비자 또는 학부모의 교육 시장 참여 방식이 학군별, 지역별, 계층적으로 차이가 있으며, 학생 및 교육자원에 대한 경쟁을 강요받고 있는 생산자 또는 교육자의 정책, 실천, 담론의 방식도 학교가 위치한 곳의 사회경제적 배경과 지역의 학군에 따라 상이하여 결국 중산층 이상의 학부모에게 가장 유리한 교육조건이 마련될 수밖에 없다고 진단한다. 그러나 이러한 계층과 학군의 차이는 부모와 자녀 사이의 상호 신뢰 및 유대를 바탕으로 한 사회적 자본의 형성은 계층과 학군이라는 귀속적 요인에 기인한 불리함을 상당 부분 극복 할 수 있을 것이다. 학군 간에 발생하는 학력(교육) 격차5) 요인으로 부모-자녀 관계의 사회적 자본

---

4) 메타분석을 통한 한국형 학업성취 관련 변인을 탐색한 연구(오성삼·구병두, 1999)에 의하면 가정 변인 군이 아동의 학업성취에 교수-학습, 학생, 교사 변인 군 다음으로 영향력이 있는 것으로 나타났으며, 가정환경 변인에서는 과정변인이, 학부모 관련 변인에서는 사회경제적 지위, 부모의 역할 등이 아동의 학업성취에 영향력을 행사하는 것으로 보고하고 있다. 더불어 가족 구성원관계보다는 가족의 교육정도나 아버지 직업과 관련이 있는 학부모의 사회경제적 지위가 보다 높은 학업성취와의 상관을 나타내고 있음도 더불어 밝히고 있다. 학생의 성적은 부모의 사회경제적 지위와 밀접한 관련이 있으며(김영화·김병관, 1999), 특정 분야의 재능도 부모의 사회적, 경제적 지원 없이는 발현되기 어렵다는 현실에서 보면, 결국 부모와 학생 간의 관계 형성에서 잉태하는 사회적 자본과 사회경제적 지위가 학교 효과성 연구에서 중요한 변수로 고려되어야 함을 알 수 있다.

5) 교육격차는 격차를 나타내는 대상(집단)에 따라 지역 간 교육격차나 사

이 가족배경의 사회적 자본과 독립하여 어느 정도 학업성취에 영향력을 행사하는지에 대한 보다 밀도 있는 실증적인 분석 연구가 요청된다.

따라서 이 연구의 목적은 학군에 따라서 학생의 가족 내 사회적 자본이 학업성취에 미치는 영향을 파악하고자 한다. 구체적인 연구목적은 다음과 같다.

첫째, 학군 간 가족배경과 부모-자녀 관계 사회적 자본 사이의 관계를 분석하며,

둘째, 학군별 가족배경과 부모-자녀 관계의 사회적 자본이 학업성취에 미치는 영향을 확인하고,

셋째, 사회적 자본의 학업성취에 대한 학교(학군) 효과와 인과관계를 밝히고자 한다.

2. 연구 내용

본 연구의 연구목적을 달성하기 위하여 설정한 구체적인 연구 내용은 다음과 같다.

회 계층간 교육격차 등의 의미로 사용된다. 그리고 교육격차를 보다 세분화하면 학생의 사회경제적 배경, 학교의 지역적 위치, 학교 유형 (인문ㆍ실업학교, 공ㆍ사립학교, 남ㆍ여학교 등) 및 학교 간의 특성에 따른 교육적 차이를 의미한다. 이런 교육격차를 교육의 과정별로 세분화하면 교육기회, 교육여건, 교육과정. 교육 산출 등에서 차이를 의미하게 된다. 특히 교육격차의 내용은 투입 단계에서의 교육투입(기회균등)의 격차, 교육실천 활동에서 야기되는 교육과정에서의 격차 그리고 교육의 결과로 얻어지는 교육효과의 격차 등을 포함하게 된다. 여기서 교육투입 단계에서는 학생 개인의 가정배경(사회자본, 가족 구조), 인적, 물적, 재정적 지원과 학교장의 지도성과 학교 풍토 등과 같은 학교 특성에서 차이를 보일 수 있다(김영철, 2003: 5).

가. 학군 간6) 가족배경과 부모－자녀 관계 사회적 자본 사이의 관계분석

  가-1. 학군 간 사회적 자본의 차이 분석.

  가-2. 학군 간 가족배경과 부모－자녀 관계 사회적 자본의 상관분석.

나. 가족배경과 부모－자녀 관계의 사회적 자본이 학업성취에 미치는 영향분석

  나-1. 전체 학군 학생의 사회적 자본이 학업성취에 미치는 영향분석.

  나-2. 학군별 가족배경과 부모－자녀 관계의 사회적 자본이 학업성취에 미치는 영향분석.

  나-3. 개별 학교 학생의 사회적 자본이 학업성취에 미치는 영향분석.

다. 사회적 자본이 학업성취에 미치는 효과와 인과관계 분석

  다-1. 부모－자녀 관계 사회적 자본의 학업성취에 대한 학교(학군) 효과분석.

  다-2. 학군별 가족배경과 부모－자녀 관계의 사회적 자본이 학업성취에 미치는 인과관계 분석.

---

6) 본 연구에서의 학군은 대구광역시 소재 수성학군을 의미한다.

3. 연구의 의의

교육은 한 개인의 사회이동을 예측하는 주요한 요인으로 작용한
다(Blau & Duncan, 1967; Sewell & Hauser, 1975). 그리하여 계층
화 연구에서 지속적이고 일관되게 자식의 성공과 높은 지위의 획득
은 부모의 교육 수준과 연관되어 있음을 보여준다. 가족 중심의 연
구는 부모의 교육 수준과 직업적 위치(Blau & Duncan, 1967;
Sewell & Hauser, 1975), 문화적 자본과 같은 가용 가능한 가정의
환경적인 측면(Bourdieu & Passeron, 1977; Teachman, 1987)과 관
련된 사회적 지원체제인 사회적 자본(Coleman & Hoffer, 1987;
Coleman, 1987, 1988)의 검정에 집중한다. 이러한 각 요소는 학업성
취에 긍정적인 영향을 주는 것으로 밝혀지고 있다. 대부분의 연구
들은 부모의 자녀 교육에 대한 관여는 학업성취로 연결된다고 한결
같이 주장한다(Epstein, 1991, 1992; Topping, 1992; Ho sui-chi &
Willms, 1996).

학교교육에서 학생의 학업성취에 대한 관심과 중요성은 대단하
다. 그래서 교육학자들은 이러한 학업성취에 영향을 주는 요소를
밝히기 위해 수년간 연구를 진행하여 왔다. 학업성취를 설명하는
대표적인 것으로는 첫째, 학습자의 소질로서 학습자의 능력과 학습
동기, 둘째, 교사의 교수로서 교수의 양과 질, 셋째, 환경으로서 가
정의 심리적 환경, 가족구조, 학교나 교실의 풍토(환경), 동료집단의
영향 등을 들 수 있다(Walberg et al., 1986). 이러한 학업성취에 대
한 설명변인들은 학생들의 학업성취를 설경하는데 있어 한계점을
노출하고 있다. 그것은 학생들의 학업성취는 어느 한 가지 요소로
설명되고 해답이 바로 구해지는 단답형의 문제는 아니기 때문이다.

사회적 자본을 창출할 수 있는 근원으로는 가정, 직장, 학교, 동료,
지역사회, 문화기관, 종교단체 등의 다양한 영역이 있다. 학생의 가정

에 의해서 창출된 사회적 자본은 일반적으로 다른 자원보다도 보다 더 깊이 있고 심도 있는 영향원이 된다. 이는 성장기에 있어 누구보다도 중요하게 영향을 주는 것은 부모이기 때문이다. 성장시절의 풍부한 부모와의 대면과 대화, 애정, 사랑 등 가족의 분위기 등은 학생이 장차 가지게 될 사회적 자본의 초석이 되는 교육적인 환경으로서 매우 중요한 자원이 된다고 할 수 있다. 학생이 지닌 배경(SES background)과 더불어 Coleman(1987, 1988, 1990)이 개념화한 사회적 자본인 부모의 자녀에 대한 교육적인 기대와 관심 및 대화, 자녀의 학습활동에 대한 부모의 지원 빈도, 자녀에 대한 기대 교육수준, 학교교육에 대한 관여, 지역 사회의 교육적인 지원 풍토나 환경 등은 효과적인 학교 요인과 더불어 학생의 인지적 측면의 학업성취를 설명하는 유용한 도구이다. 이러한 점에서 본 연구는 사회적 자본 개념을 한국의 교육사회 문화 풍토에 도입하여 이를 개념화 한 후 사회적 자본에 대한 측정 도구의 개발을 통하여 이를 실증 연구로 연결하여 학업성취를 설명하는 하나의 대안적인 이론으로서 그 가능성을 교육학 학문 공동체에 제시하는데 그 연구의 의의가 있다.

4. 연구의 제한점

본 연구의 제한점은 다음과 같다.

첫째, 학교교육에 있어서 학생의 학업성취도에 영향을 주는 가정 요인으로 사회계층을 들 수 있다. 사회계층 연구의 맥락에서 가장 중요한 역할을 점하는 것이 가족배경(family background)으로, 경제적 자본(financial capital), 인간적 자본(human capital), 사회적 자본(social capital)이라는 세 가지 구성요소로 나눠볼 수 있다(Coleman, 1988, Hoffer, 1986). 본 연구에서는 학생의 학업성취에 영향력을 주는 이들 세 가지 자본 중에서 사회적 자본만 분석대상으로 삼았다.

둘째, 사회적 자본과 관련된 다양한 문항의 개발과 적용에는 한계가 있었다. 사회적 자본의 영향력이 학생의 무단결석, 중도 탈락, 비행 등의 행동적인 측면에 영향을 주는 크기나 효과 정도에 대한 분석은 배제되었다.

셋째, 본 연구에 동원된 연구대상 표집 학생이 대구라는 한정된 지역의 초등학교 6학년 학생만 표집[7]이 되어 이 연구 결과를 우리나라 전체 초등학교에 일반화하기엔 미흡하다.

넷째, 지역사회, 학교에 대한 보다 광범위한 사회적 자본에 대한 분석은 실시되지 않았다. 더불어 부모-자녀 관계의 사회적 자본에 대한 심층적인 문화기술 연구나, 종단연구 등을 병행하여 연구가 진행된다면 보다 상세한 사회적 자본에 대한 실체를 확인할 수 있을 것이다. 이러한 연구의 제한점은 후속연구 과제로 남긴다.

다섯째, 교육 산출에는 인지적 효과, 정의적 효과, 신체적 효과, 사회적 효과 등이 있다. 여기서 인지적 효과는 학생의 학업성취도, 지식, 기술, 기능 등 인지적 측면에서 나타나는 결과이다. 일반적으로 연구자들은 학생의 학업성취를 평가하는 과목으로 국어, 수학, 과학 등을 주로 이용한다. 그러나 본 연구에서는 수학교과만 동원하여 이를 학업성취로 상정하였다.

수학 교과만을 학업성취의 종속변인으로 선정한 이유는 다음과 같다. ① Pamela(2000)는 학생의 수학 숙제를 지원하기 위하여 부

---

7) 국외의 사회적 자본 연구물에 나타난 대상은 주로 청소년(12세~17세)을 대상으로 수행된 연구물이 주류를 이루고 있다. 그래서 초등학교 단계의 수준에서 수행된 연구물이 일천하여 이에 대한 관심을 고무시키고 보다 빠른 시기에 학생의 학업성취에 영향력을 매개하는 사회적 자본 변인을 부각시키고자 초등학교 의무교육의 마지막 단계인 6학년 학생을 대상으로 사회적 자본이 학업성취에 미치는 영향을 분석하여 봄으로써 중학교 진학에 대한 정보 제공과 교육정책 수립에 일조 하고자 초등학교 6학년 학생들에게 실시하였다.

모 훈련 프로그램에 참여한 학부모들은 그렇지 않은 학부형보다 그들의 자녀들이 ITBS(Iowa Test of Basic Skill) 수학 시험에서 보다 나은 학업성취를 보인다는 연구 결과를 제시하면서 가족의 사회적 자본과 학업성취와의 관련성 연구에서는 수학 과목이 다른 어떤 과목보다 변별력이 있음을 제시하고 있다. ② Beth(2000)는 학교 관여에 대한 부모의 유형 중 학생중심 관여와 학교활동중심 관여에 따른 학생의 학업성취를 살펴본바 학생 중심의 관여 형태가 학교 중심 관여에 비하여 3배정도 읽기 학습에 우월한 성취를 보이며, 수학 성적에는 양 유형 모두 동일한 영향력이 매개함을 밝히면서, 다른 과목보다는 수학 과목이 보다 더 부모와 자녀 관계의 인지적 차원을 측정하는 과목으로 더 밀접하게 관련이 되어 있음을 실증적으로 제시하고 있다. ③ Epstein(1988)은 부모가 자녀의 숙제를 돕는 것과 수학과목의 성적 간에는 서로 부적인 관계를 있음을 보고하였다. 이를 그녀는 자녀의 도움이 필요한 경우 부모의 조력은 자녀의 학업에 부정적인 결과를 미친다고 해석하고 있다. 이러한 숙제의 조력과 수학 과목 학업성취의 부적인 관계는 Horn과 West(1992) 등에 의하여 지지되었고, 이와 유사한 연구가 Milne 등 (1986)에 의해 드러났다. 그러나 Milne와 그의 동료들은 숙제 조력과 학업성취 간의 부적인 관계 효과는 흑인 학생이 아닌 백인 학생에게서 나타났다고 보고하고 있다.

그리하여, 가족구조나 부모-자녀 관계의 사회적 자본 관련 선행 연구들은 자녀들의 학업성취에 언어적 능력이나 일반적인 학업 능력보다는 수학 과목의 측정에 보다 더 밀접하게 관련이 되어 있음을 보여주고 있다. 이러한 선행 연구를 통하여 본 연구에서도 학업성취의 종속변인으로서 수학 과목을 적용하게 되었다. 그러나 이러한 한정된 교과의 선택이 진정으로 학생들의 사회적 자본과 밀접한 관련성이 있는지는 향후 보다 더 검증되어야 할 것이고, 본 연구의 한계점으로 남는다.

Ⅱ. 이론적 배경 및 선행연구 고찰

1. 사회적 자본의 개념 및 연구

본 장에서는 사회적 자본(social capital)의 태동 역사와 개념에 대하여 고찰하고자 한다.

가. 사회적 자본의 역사

최근에 교육학, 정치학, 사회학, 경제학자들의 공통된 관심사로 자리 잡고 있는 개념 중의 하나가 사회적 자본이다. 그 동안 많은 분야에서 연구자들이 사회적 자본의 성격을 규명하고 사회적 자본의 원인과 결과를 실증적으로 분석하여 왔다(김경근, 2000; 박희봉·김명환, 2000; 이정선, 2001; 신경희, 2002; Putnam 1993a; Fukuyama 1995; Teachman et al, 1996; van Deth et al. 1999; Samuel, 2000).

사회적 자본론이 다양한 학문 분야에서 인기를 얻게 되고, 주목을 받게 된 배경에는 사회적 자본론적 기술, 분석, 해석, 처방이 적용되는 영역의 광범위성에 있다고 볼 수 있다. 사회적 자본 개념은 1980년대 말에 이르러 학계에서 논의가 활성화되기 시작했고, 정책적인 주목과 관심을 가지게 된 것은 1990년대에 이르러서이다. 사회적 자본 개념과 관련된 논의들의 역사는 19세기 서구의 사회사상에서 활발하게 논의되었던 공동체 이론에서부터 시작된다. 물질적인 풍요에도 불구하고 근대 도시사회의 이기적, 경쟁적 인간관계에 부정적인 측면이 있다는 사실을 주목하였고, 그 해결책으로 공동체 개념에 관심을 갖기 시작하였다(신용하, 1985).

사회적 자본이라는 용어의 최초 사용을 살펴보면 1920년경에 발간
된 "The community center"라는 저서까지 추적하여 올라갈 수 있다.
이 문헌에서는 사회 단위를 이루는 개인이나 가족들 사이에서 일상
적으로 발생하는 사교, 선의, 동료의식, 공감대의 다수는 유형의 자산
으로써 가치가 있는 사회적 자본이라는 언급 부분이 있으며, 공동체
의 사회적 열매에 투자를 하자고 제안하고 있어, 최근의 사회적 자본
개념과 유사하게 사용하고 있다(Woolcock, 1998). 1950년대 후반에
출간된 "Housing and social capital"이란 문헌에서는 학교, 대학, 교
회와 관련된 시설, 병원, 길, 공항, 하수도, 상수도 체계와 공공 제도
를 사회적 자본으로 파악하고 있다(Schuller et al., 2000). 1960년대
부터는 공동체 개념을 넘어 개인 중심의 사회 망(social network)[8]
개념을 분석도구로 이용하여 사회적인 인간관계에 관한 연구들이 등
장하기 시작한다. 사회 망 이론은 가족을 중심으로 한 사회관계 망에
주로 비중이 주어졌다. 1970년대에 와서는 사회 망 개념이 상호의존
적인 사회 단위들 간의 관계성을 파악, 분석하는 단계로 발전하여 가
족 단위를 넘어서 대도시의 복잡한 사회, 문화, 인간관계를 분석하는
개념 틀로서 확장되어 사용되기 시작하였다. 1980년대에는 사회 망
개념이 여러 분야에서 전개되고 있는 시민사회 운동 간의 횡적인 연
계 현상들을 분석하는 개념 틀로 이용되며, 네트워크[9]을 현대 사회

---

8) 개인이 친족, 친척들과 마찬가지로 친하거나 실제로 교제하고 있는 친
   구, 동료, 이웃주민, 직장동료들과의 관계에서 파생하는 모든 형태의 연
   대(연줄)로 정의된다.
9) Putnam(1995a: 67)은 시민사회에 있어서의 연대를 다음과 같이 진술하
   고 있다.
   "시민연대의 네트워크는 일반화된 호혜주의를 조장하고 사회신뢰의 형
   성을 고무한다. 네트워크는 조정과 의사소통을 촉진시키고 사람들의 신
   뢰성에 대한 정보를 증폭시켜 집단행동의 딜레마를 해결하도록 허용한
   다. 정치, 경제, 사회적 거래가 밀도 높은 사회적 상호작용의 네트워크
   속에서 이루어질 때, 기회주의적 동기가 줄어든다. 이와 동시에 시민연
   대의 네트워크는 과거의 성공적인 협력경험을 내면화하여 미래의 협력

의 새로운 관계 유대 창조와 새로운 사회를 건설하기 위한 수단으로
정의되었다. 1990년대에는 이러한 사회 네트워크 개념은 여러 학문
분야에서 다양한 인식의 도구로서 사용되기 시작하였다.

경제학 분야에서의 사용은 경제학자 Loury(1977)가 소수 민족 집
단의 사회적 자원을 기술하기 위해 사회적 자본 개념을 도입하고
노동 시장 접근에 있어서 인종 간 불평등을 사회적 자본 개념으로
분석한 사례를 들 수 있다(신경희, 2002: 16에서 재인용). 그는 개인
에게 있어 사회경제적인 불이익은 경제적인 자원과 자본 그리고 교
육기회의 제한과 사회적인 자원의 부족함을 제한한다고 설명한다.
이러한 것에 의하여 노동 시장 접근에 대한 정보의 획득, 접근과
기회의 제한을 초래한다. 이후 사회적 자본을 교육학적인 의미를
갖는 개념으로 재정립한 이는 Coleman이다. 그는 사회적 자본에 교
육적 의미를 명료하게 제시함으로써(Coleman, 1988) 사회학 중심의
연구에서 벗어나 보다 교육학의 전반적인 연구 용어로 사용할 수
있는 계기를 마련해 주었다.

나. 사회적 자본의 개념

사회적 자본이라는 개념은 본래 집단에 관여하거나 참여하는 것
이 개인 또는 지역사회를 위하여 긍정적인 결과를 가져올 수 있다
는 인식을 배경으로 하여 학문적 관심의 대상으로 등장한 것으로
(Fukuyama, 1995), Coleman(1988: 109)은 다음 세대의 인간적 자본
창출의 선결조건으로 사회적 자본 개념을 지적하고 있다.

사회적 자본이라는 개념은 사회학에서 유래를 하고 있다. 사회학의
이론가이면서 아노미와 자살에 대한 대책으로 집단생활을 강조한

을 위한 문화적 발판이 된다. 마지막으로 조밀한 상호작용의 네트워크
는 참여자인 나의 의미를 우리라는 의미로 확장시켜 집합적 이익에 대
한 그들의 선호를 높여준다."

Durkheim까지 거슬러 올라갈 수 있다. 그는 한 세대에서 다음 세대로의 전환 과정에 있어서 사회적 자본의 중요성을 언급하고 있으며, 현대적인 개념으로 이를 논의하기 시작한 사회학자로는 사회적 자본 개념을 "지원체제 의미로써 가족이 소유하는 관계 망이 개인의 직업선택과 성공에 기여한다"고 정의한 Bourdieu를 들 수 있다. Bourdieu(1977)에 따르면, 사회적 자본은 부모-자녀 간의 관계로 인하여 학생의 발달에 영향을 미치는 부모의 실질적인 관여로10) 이해될 수 있다.

교육학 분야와 건강(의학) 분야의 사회적 자본 연구에서 드러난 사실은 한 개인의 교육적 성취는 가족의 사회적 자본과 밀접한 관련을 갖는다는 연구결과 들이다(Furstenberg & Hughes, 1995; Teachman et al, 1996; Wadsworth, 1996; Willms, 1997; Whitty et al, 1998, 1999). 사회적 자본 개념과 관련하여 핵심적인 연구로는 Coleman(1988, 1990)의 이성행동 이론과 교육사회학 분야의 개념 사용과 Putnam(1993) 등의 이탈리아 정책 연구와 Fukuyama(1995)의 국가 자본 비교 연구를 들 수 있다. 이들 세 사람이 사용한 사회적 자본 개념은 각자의 연구 분야에서 강조점에는 차이가 있어도 기본적으로 교육적 성취, 직업, 가족관계, 건강 등에서 사회적 자본의 공유된 시각을 가지고 있다(Green, 1999).

Putnam(1993, 1995)은 이탈리아 지역 정책 개발에 관한 종단 연구에서 지역 개발에는 지역 사회의 모든 시민단체의 참여가 필요하며, 이러한 시민단체의 참여는 곧 사회의 믿음과 경험이 사회적 성취를 가져온다고 한다.

교육과 건강에 대한 이러한 시민단체의 참여와 성원은 곧 사회적

---

10) 부모와 자녀 간의 학교 교육활동에 대한 토론은 학생으로 하여금 보다 낳은 학업 성취를 위해 노력하게끔 유도할 뿐만 아니라 무단결석, 비행과 같은 비규범적인(non-normative) 일탈 행동의 가능성을 줄여준다. 더불어 자녀와의 대화, 토론은 자녀의 학업성적 저하나 학교 중도 탈락의 가능성에 대한 예측을 가능해 주기도 한다(Finn, 1989; Mcneal, 1995).

자본의 원천이 되며 나아가 사회의 공동 목표 성취에 도움이 되는 중요한 자원임을 강조하였다. 더 나아가 그는 사회적 개념을 가족 내와 가족 외의 관계 모두를 포괄하여 정의해야 한다고 주장하였다. 그리하여 Putnam(1995b: 664-5)은 사회적 자본을 "참여자들이 협력하도록 함으로써 공유한 목적을 보다 효과적으로 성취하도록 만드는 신뢰, 규범, 네트워크와 같은 사회조직의 특질"이라고 규정한다. 그의 또 다른 연구(1993a: 167; 1993b)에서는 사회적 자본을 "협력행위를 유발함으로써 사회의 효율성을 높여줄 수 있는 네트워크, 규범, 신뢰와 같은 사회생활의 특질"로 규정한다. 이러한 정의에서 알 수 있듯이 사회적 자본은 협력을 촉진시키는 능력의 개념이다. 따라서 사회적 자본은 목적달성을 위해 협동적이고 집합적인 노력이 요구되는 영역이라면 그것이 교육, 정치, 경제, 사회영역 등을 불문하고 협력활동을 촉진시켜 문제해결에 기여한다고 주장한다.

Fukuyama(1995, 1996)는 사회적 자본에 대하여 집단에 관여하거나 참여하는 것이 개인 또는 지역사회를 위하여 긍정적인 결과를 가져오면서, 공동체의 연대와 결속을 유지하는 고 신뢰 사회의 핵심가치로 인식한다. 그리하여 그는 신뢰와 사회적 자본을 동일한 의미로 사용하기도 한다(Fukuyama, 1995b). 사회적 자본의 측정방법으로 설문지 조사를 실시하여 사회 구성원들 간의 신뢰와 네트워크 정도를 파악 할 수 있음을 보여주기도 하였다. 그가 사용한 문항으로는 사회적인 협동의 부재와 역기능이라는 측면에서 시민 사회의 사회적 자본을 범죄율, 신뢰의 변화, 인구 당 경찰의 수, 경비원, 간수, 변호사, 재판관의 수, 가족의 해체 등으로 문항을 설정하고 있다.

사회적 자본 개념은 넓게는 학교나 지역사회라는 학생 삶의 맥락뿐만 아니라 가족 내의 학생의 관계를 의미한다. 그래서 사회적 자본 개념을 부모-자녀 간의 관계로 인하여 학생의 발달에 영향을 미치는 부모의 실질적인 관여로 이해되어 진다

<표 Ⅱ-1> 연구자별 사회적 자본의 개념 정의

수준	속성	연구자	사회적 자본의 개념
미시적	개인, 가정, 학교	Bourdieu (1977,1986)	· 사회적 자본은 부모-학생 간의 관계로 인하여 학생의 발달에 영향을 미치는 부모의 실질적인 관여이다. · 친근감이나 상호 인지적 관계가 제도화된 덕택에, 혹은 지속적인 연결망의 덕택에 개인이나 집단이 실제적으로 혹은 가상적으로 얻게 되는 이점이나 기회의 총합이다.
		Coleman (1988, 1994)	· 사회적 구조의 관계에 존재하며 행위자의 행위를 촉진하는 것이다. · 다음 세대의 인간적 자본의 창출의 선결조건. · 개인의 목표 성취에 도움이 되는 관계 자원으로 이러한 관계 자원은 시간, 노력, 주의를 통해 생산된다.
		Beliveau, Oreily, Wade (1996)	· 개인의 위상 강화를 위하여 개인적으로 활용할 수 있는 사회적 네트워크 속에 존재하는 이용 가능한 사회적 자원이다.
		Sandefer & Laumann (1998)	· 대인관계의 상호작용으로부터 이용할 수 있는 자원의 일종이다.
중범위	지역사회, 시민사회, 기업조직	Jacob(1961); Loury(1977)	· 공동체 사회 조직 내에 있는 개인들의 발전을 위하여 이용할 수 있는 사람들 간의 결속에 의하여 발생하는 관계적 자원이다.
		Granovetter (1985)	· 이해관계를 추구하는 행동자들에 의해서 생산적으로 사용하기 위하여 이용할 수 있는 사회적 구조 내에 축적된 자원이다.
		Baker(1990)	· 개인들의 직업적 능력과 기업의 사업능력을 촉진시키는 생산적 자원이다.
		Callahan (1996)	· 사람들, 집단, 공동체간의 신뢰 또는 상호의무에 의해서 사람들의 행동을 보다 효과적으로 촉진시켜주는 재산이다.
		Fukuyama (1995,1996)	· 집단에 관여하거나 참여하는 것이 개인 또는 지역사회를 위하여 긍정적인 결과를 가져온다. · 공동체 연대와 결속을 유지하는 고신뢰 사회의 핵심가치이다.
		Nahapiet & Ghoshal (1998)	· 개인 또는 사회적 단위가 소유한 관계의 네트워크로부터 이끌어 내어 이용 가능한 실재적이고 잠재적인 자원의 합이다.
		Tasi & Ghoshal (1998)	· 사회적 환경 속에 있는 개인들의 행동을 촉진하는 가치시스템과 신뢰관계, 사회적 결속과 같은 사회적 배경을 포함하는 개념이다.
		Leana & Buren(1999)	· 조직목표 달성을 위하여 자발적으로 참여하고 상호 협력하게 하는 하나의 속성이다.
거시적	국가	Ussem & Karabel(1986)	· 계층결합에 의한 사람들의 교류 또는 네트워크 결속에 의하여 개인의 지위 향상을 위하여 중대한 영향력을 행사한다.
		Burt(1992)	· 사회적 구조에 의한 인간관계의 질적인 측면으로서 인적자원의 성공을 위하여 기회를 제공하는 것이다.
		Putnam (1993,1995)	· 조화로운 행동의 촉진에 의하여 사회적 유효성을 증진시킬 수 있는 능력이다. · 참여자들이 협력하도록 함으로써 공유한 목적을 보다 효과적으로 성취하도록 만드는 신뢰, 규범, 네트워크와 같은 사회조직의 특질이다.

(Maccoby, 1992; Collins, Maccoby, Steinberg, Hetherington & Bornstein, 2000). 이처럼, 사회적 자본의 개념은 다양한 분야에서 분석의 초점에 따라 다양하게 정의됨으로써 그 실체와 기능 또한 매우 다양하게 정의되고 있다(<표 Ⅱ-1> 참조).

이와 같이 사회적 자본에 대한 통일된 개념정의가 이루어지지 못하고 있는 것은, 사회적 자본에 대하여 교육학 분야에서 최초로 이론적 체계를 구축한 Coleman(1988)이 '사회적 자본은 사회적 구조 내의 관계에서 발생하며, 관계 밖의 사람들에게는 해로울 경우라도 내부 행위자들의 목적 달성을 촉진하는 특성을 가지며, 그 기능에 의하여 정의할 수 있다'는 주장에 근거한다고 볼 수 있다. 따라서 이러한 특성과 기능을 충족하는 신뢰(trust), 의무(obligation), 기대감(expectation), 규범(norms), 영향력(influence)과 통제(control), 연대성(solidarity), 정보(information)능력 등이 사회적 자본의 한 형태로 간주되면서 분석수준과 연구초점에 따라 다르게 정의되고 있으나 크게 세 가지 유형으로 구분할 수 있다(박순미, 2000).

첫째, 사회적 자본을 사회적 지원관계에서 이용 가능한 자원으로 이해하는 입장(Jacob, 1965; Loury, 1977; Coleman, 1990),

둘째, 연결망 이론가에 의해 사회적 관계가 제공하는 기회와 이익의 총합 또는 능력 변수로 강조되는 입장(Gualti, 1995; Beliveau & Oreily. et. al., 1996; Burt, 1997),

셋째, 공동체 유지를 위한 유용한 공공재(public goods)로 이해하는(Coleman, 1990; Putnam, 1993; Fukuyama, 1995; Nahapiet & Ghoshal, 1997; Leana & Buren, 1999) 입장이다.

첫째와 둘째의 경우는 사회적 자본이란 개인들이 처한 위치와 전략적 위치(position)에 따라 다르게 나타나는 사유재(private goods)로서의 특성을 강조한 반면, 셋째의 경우는 사회 또는 집단의 공동이익을 위하여 개인의 이익보다는 상호협조와 공익을 먼저 두어 사회적 단위를 효과적으로 유지시켜줄 수 있는 하나의 핵심역량으로 본 것이다. 그러므로 사회적 자본은 사유재의 특성과 공공재의 특성을 모두 가지고 있다고 볼 수 있다.

<표 Ⅱ-2>에 의하면 사회적 자본은 분석의 시각에 따라서 공공재적 성격 혹은 사유재적 성격 모두를 갖게 된다. 거시적인 측면에서 살펴보면 사회나 조직의 대외 연결망과의 관계에서 하나의 개별적 조직(node)이 갖는 상대적 영향력이나 이익에 관심을 둔다면 이는 개별 수준으로서 사유재적 성격을 갖지만, 하나의 사회적 단위인 조직의 목표 달성을 위하여 개인의 목표와 관련행동을 억제하고, 조직의 목표에 대한 협력(associability)과 신뢰(trust)에 의하여 자발적인 상호협력과 지원을 하는 사회적 속성을 가질 때 공공재적 성격을 또한 갖게 된다. 이와 같은 공공재적 특성의 사회적 자본은 이익과 가치를 구성원들이 공동으로 소유권(collective ownership)을 갖게 되므로 미시적 관점과 구분하여 조직의 사회적 자본(organizational social capital)이라 할 수 있으며, 이러한 조직의 사회적 자본은 조직 목표의 달성을 원활하게 달성할 수 있도록 구성원들의 행위를 촉진하는 기제라 할 수 있다.

<표 Ⅱ-2> 사회적 자본의 공공재와 사유재 모델의 차이점

사회적 자본 속성	사회적 자본의 유형	
	공공재(public goods)	사유재(private goods)
분석 수준	거시 및 중범위(사회적 단위)	미시(개별 단위)
개인에 대한 이익	간접적	직접적
집단에 대한 이익	직접적	부수적
결속 필요성	탄력적	약함
개인의 인센티브	약함 또는 조절(간접 이익평가의 기능)	강함

자료: Leana & Buren Ⅲ, (1999), Organizational social capital and employment practices, *Academy of Management Review*, 24(3), 541.

다. 사회적 자본에 대한 연구고찰

사회적 자본에 대한 연구의 접근은 각 학문 영역에 따라서 달리 접근되어진다. 교육학에서는 가족과 학생 간의 신뢰, 믿음과 대화, 지역사회, 동료, 교사 등의 교육적 자원이 학생의 학습에 미치는 영향 자원으로 인식하며, 인류학에서는 사회적 자본을 인간 본연의 욕구인 연대와 결합이라는 차원에서 설명하고, 사회학에서는 사회 규범과 동기화의 근원으로 보고 신뢰와 상호호혜의 규범, 시민 참여와 같은 사회조직의 특성을 강조한다. 경제학에서는 합리적인 개인이 효용의 극대화를 위하여 사회관계에 투자한다는 시각에서 사회적 자본에 접근하고 있다. 사회적 자본에 대한 주제별 연구영역은 대체적으로 학교교육(schooling), 가족과 청소년, 기업과 조직, 정부와 민주주의, 집단행동 문제 등으로(Woolcock, 1988) 또는 경제, 무역, 교육, 환경, 재정, 보건, 인구, 정보기술, 빈곤과 개발, 농촌 및 도시개발 등의 주제별로 영역을 구분하기도 한다11). 다음과 같이 크게 두 가지 유형의 연구동향으로 구분해 볼 수 있겠다.

1) 사회적 자본과 사회의 순기능적 측면: 기능주의적 측면

사회적인 상호작용과 구성원 공동의 유대라는 순기능적인 측면에서 개인의 수평적인 네트워크와 자발적인 집단 참여와 몰입에 초점을 둔 이러한 기반의 사회적 자본이 민주주의와 사회통합과 국가 경제 발전에 미치는 순기능적인 측면의 연구 경향을 들 수 있다. 사회적 자본의 순기능적인 기능주의적 접근의 연구는 높은 수준의 풍부한 사회적 자본은 정부제도의 효과적인 작동을 촉진시키고, 부패를 감소시키며, 정치안정과 효율성을 증대시키고, 경제발전을 도

---

11) 자료: World bank web site: http://www.worldbank.org/poverty/ scapital.

모하는 동시에 사회일탈, 청소년의 범죄와 비행, 이혼율, 미혼모, 학교중퇴 등 여러 가지 사회적인 문제의 발생빈도 감소에 대한 연구를(Brehm & Rahn, 1997; Putnam, 1993b, 1995a) 지적할 수 있다. 사회적 자본 개념은 그 자체가 내재적으로 기능론적 접근 방식에 적합한 속성을 갖고 있는 만큼, 대부분의 사회적 자본 연구들은 사회적 자본이 개인, 사회에 대해 갖는 순기능과 사회, 집단, 개인에 대한 긍정적인 효과에 초점을 두고 있다. OECD(2001)는 사회적 자본이 개인의 건강에 긍정적인 영향을 미치고, 아동 학대의 감소와 아동 복지 증진, 청소년의 학업 성취도 향상, 범죄와 각종 폭력을 감소시킨다는 것을 경험적, 실증적 연구물을 통해서 보여주고 있다.

Coleman[12]과 Fukuyama, Putnam의 연구는 사회적 자본이 갖는 순기능적인 측면에 연구의 초점을 두고 신뢰, 조직의 규범, 상호신뢰, 정보망, 의사소통으로서의 사회적 자본이 가지는 일반적인 기능에 대하여 사회적 영향력, 정보, 신뢰 등의 강화에 연구의 무게를 두고 있다. 사회적 자본은 유용한 정보의 흐름을 촉진하여 개인이나 조직에서 발생하는 거래비용과 시간비용을 감소시키며 의사결정에 있어서 중요한 역할을 하는 행위자들에게 영향력을 발휘할 수 있다는 것이다.

타자가 자신의 기대에 맞도록 행동할 것이라는 주관적 심리상태를 말하는 신뢰는 개인들 간의 상호작용 속에서 발견되고 구성되는 인지의 차원 뿐 아니라 거래비용을 삭감하고, 조직이나 집단의 효율성을 높인다는 점에서 "자본"으로 인식되고 있다. 저 신뢰의 사회에서는 믿을 만한 정보획득을 위해 탐색적인 상호작용의 비용이 많이 들고, 그만큼 비생산적인 사회적 간접비용이 많이 투여되며, 그

---

12) Coleman(1988)은 유대인이 장악하고 있는 뉴욕의 다이아몬드 거래 시장에서 그들 간의 사회적 자본으로 인해서 보험이나 다른 법적인 장치의 비용부담 없이도 고가의 다이아몬드를 자유스럽게 거래할 수 있다는 사례를 들어 사회적 자본의 순기능 측면에 대해서 이야기하고 있다.

결과 조직이나 사회전체의 효율성이 저하된다는 것이다. 비(非)예측적 상황의 의도하지 않은 결과를 방지하고, 안정적이며 합리적 계산에 근거한 교환양식의 기초가 되는 신뢰는 따라서 공공재로서의 성격을 갖는다(김왕배·이경용, 2002).

Putnam는 개인적인 신뢰가 사회적인 신뢰로 전이하는 과정의 사회적 자본 논의를 시작으로 하여 집합 행동의 문제를 극복하기 위하여 협력적인 공동체의 존재, 개인의 자발적인 협력에 초점을 두고 연구를 진행하였다. 자발적 협력은 호혜성의 규범과 시민적 참여 네트워크 등의 사회적 자본이 충분히 축적된 공동체에서 보다 쉽게 구축된다고 한다. 작은 규모의 제도(조직 내의 비공식 회합, 계(契), 모임, 친목단체 등)에서 사회적 자본을 통한 운영의 성공은 이 보다 더 큰 단체나 조직이 보다 원활하게 운영되어지고, 문제의 해결도 원활해진다고 한다. 이것은 사회적 자본의 축척 가능성 타진과 소비13)의 가능성을 내포하고 있다 하겠다.

Putnam에 의한 이러한 사회적 자본 개념은 호혜성의 규범과 시민 참여 네트워크에서 발생하며 규범은 교육이라는 활동을 포함하는 사회화 과정, 역할 기대, 규칙 위반에 대한 제재에 의해서 유지 강화된다. 규범이 발생하여 유지, 강화되는 것은 상호간의 거래 비용이 감소되고 서로 간에 협력을 촉진시키기 때문이라고 본다. 시민적 참여의 네트워크와 같은 수평적 네트워크(가정·이웃 간의 모임, 반상회, 동창회, 협동조합, 운동·사교클럽 등)는 매우 밀도 높은 수평적 상호작용을 가능하게 하며 이러한 네트워크가 조밀하면 할수록 서로의 상호이익을 위해 협력할 가능성이 높아진다고 본다. Putnam의 사회적 자본 이론에 대한 비판적인 시각은 사회적 자본

---

13) 사회적 자본의 속성으로 이러한 시각은 사회적 자본을 사용하면 할수록 더 많은 자본이 발생하고, 이를 활용(사용)하지 않으면 사라지거나 없어지는 개념으로 이해 할 수 있다.

의 기능적, 순기능적인 측면만 너무 부각하여 계층 간, 성과 인종 간에 따르는 불평등의 문제와 사회적인 갈등을 소홀히 취급하였다는 비판을 받기도 하였다. 하지만 그의 기술적, 도구적, 처방적인 사회적 자본에 대한 이론은 정책 결정자들에게 주목을 받고 있다 (Dekker, 2001).

Coleman은 사회적 자본 형성의 분석단위를 특정 활동을 하려는 개인이나 집단으로 그 대상을 확대하여 행위자가 의도적으로 투자를 하지 않더라도 다른 목적을 위해 노력한 활동의 부산물로서 사회적 자본은 창출되며, 투자를 하지 않은 경우에도 혜택을 받을 수 있는 사회적 자본의 공공재(public goods)적 속성에 주목을 하였다. 집합적인 자산으로서 사회적 자본이 특정 집단 외에 지역사회나 여타 사회집단에게도 혜택을 줄 수 있고 공공재적인 속성으로 인해 사회적 자본의 창출은 개인들이 무임승차를 하지 않겠다는 공공선 (public good will)에 의하여 영향을 받는다고 주장한다. 이러한 사회적 자본의 속성으로 인하여 사회적 자본의 창출과 유지는 규범과 제재, 의사교환, 정보공유, 신뢰 등의 조직이나 단체의 구조적인 특성과 문화에 의존하며 접촉 밀도가 높고 폐쇄된 네트워크 상황 하에서 사회적 자본이 창출될 가능성이 크다고 내다보았다. 이러한 폐쇄 네트워크(closed network) 개념을 가지고 Coleman은 가족, 지역 사회의 사회적 자본 연구에 초점을 집중하였다. 가족과 지역사회 내의 사회적 자본이 청소년의 인적 자본, 경제적 자본에 영향을 미친다는 실증적, 경험적인 연구 결과를 내어놓았다. 그의 이러한 인적 자본과 연계된 사회적 자본의 관계구조 개념은 학계에 사회적 자본에 대한 관심의 증폭과 가족, 청소년, 학교교육에 대한 교육정책 수립과정에 지대한 영향을 주게 된다.

학생의 학업성취는 학생이 지닌 배경 변인(SES background)과 더불어 사회적 자본인 부모의 자녀에 대한 교육적인 기대와 관심

및 대화, 학교교육에 대한 관여, 지역 사회의 교육적인 지원 풍토나
환경은 효과적인 학교 변인과 더불어 학생의 인지적 측면의 학업성
취나 바람직한 행동을 유발하는 중요한 역할로서 사회적 자본이 기
여할 수 있다는 이론적인 하나의 시각을 교육학계에 제공하였다고
평가 할 수 있겠다.

　Coleman의 이러한 가족 및 친족 관계의 구조적이고 일차적인 연
계망에 의한 폐쇄 네트워크 측면의 사회적 자본 분석은 보다 거시
적인 시민 사회에서의 사회적 자본 창출에는 다소 소홀하여 가족,
지역사회를 초월하는 개방 네트워크 측면에서의 자본 창출 연구는
부족하다는 비판을 받기도 한다(Portes, 1988; 11).

2) 사회적 자본과 사회의 역기능적 측면: 갈등주의적 측면

　사회적 자본 연구의 대다수가 자본으로서의 개인이나 집단에 미
치는 긍정적인 측면의 순기능에 초점을 두고 있으나, 사회적 자본
이 가지는 부정적인 측면을 고려하는 연구가 있다. 사회적 자본 개
념이 행위자간 네트워크와 상호호혜, 신뢰, 규범에 초점을 두고 있
다는 것은 그 역의 개념도 함께 고려해야 함을 의미한다. 최근의
사회적 자본 개념 틀을 가지고 연구하는 연구자들은 사회적 자본을
권력과 불평등, 사회의 역기능을 설명할 수 있는 잠재된 개념 구인
으로 인지하면서 개인이나 사회에 미치는 부정적인 효과에 대한 연
구도 수행하고 있는 실정이다. 대표적인 학자로 Portes는 사회적 자
본이 공공재(public goods)의 근원이기는 하나, 공공악재(public
bads)가 될 수 있음을 지적하고 있다. 나아가 그는 개인이나 사회
에 미치는 역기능으로 타 공동체 사람에 대한 배척과 외부인의 배
제, 구성원에 대한 지나친 규범의 강요, 개인의 자유에 대한 지나친
구속과 억제, 하향적 수준의 규범 등을 언급하고 있다. Portes는

Coleman과는 달리 뉴욕의 다이아몬드 거래 시장을 역기능적인 측면에서 파악하고 있다. 같은 공동체내에서는 경제 교환의 용이성과 효율성 기제가 원활하게 작동하지만, 외부인을 배제시키면서 집단의 혜택을 누리는 경우에는 사회적 자본이 외부인들에게는 오히려 부정적이고 규제적으로 작동한다는 것이다. 그리고 집단의 결속은 주류 사회의 저항을 통해 강해 질 수 있는데 이런 경우 개인적으로 성공할 경우 집단의 결속을 와해 할 수 있기 때문에 집단의 규범 수준이 하향화되어 역으로 개인의 발전을 저해할 수 있음을 지적하고 있다(Portes, 1998).

1960년대 말 프랑스의 사회학자 Bourdieu는 경제자본, 문화자본, 상징자본, 학력자본, 사회적 자본 등과 같은 여러 형태의 자본 개념을 도입하여 교육현상을 설명하며, 그의 연구에서 체계적으로 발전된 개념은 문화적 자본이며 사회적 자본 개념은 이에 비해 상대적으로 작은 관심을 끌었다고 할 수 있다. 마르크스는 경제적 차원의 자본 개념에 국한하여 계급재생산 구조를 언급하나 Bourdieu는 계급의 차이는 경제, 문화, 사회적 자본과 같은 여러 형태의 자본 총량으로부터 유래한다고 본다(최종철 역, 1995). Bourdieu는 사회적 자본을 상호인식과 인정으로부터 제도화된 지속적인 관계 망의 소유와 관련된 현재적이고 잠재적인 자본의 총량으로 인식한다. 사회적 자본의 창출을 위해서는 집단이나 계급에 속한 개인들이 의도적으로 사회성(sociability)을 형성하고 연대를 하는 것으로 보았다. 이를 통해 행위자는 집단에 의해 소유된 자원에 접근할 수 있으며, 사회적 자본을 통해 행위자는 보조금 대부, 투자정보 획득에 대한 직접적인 접근을 할 수 있어 사회적 자본은 궁극적으로 경제적인 자본으로 환원될 수 있다고 주장한다.

Bourdieu의 사회적 자본 이론은 계급과 집단 재생산의 갈등론적 시각에서 출발하여 사회적 자본이라는 개념 틀을 이용하여 권력과 사회 불평등의 문제를 설명한다. Bourdieu는 엘리트 집단이 그들 집단의 특권을 재생산하기 위하여 의도적으로 사회적 자본에 투자를 하여 사회적 자본을 배타적으로 사용하는 계급재(class goods)개념으로 접근한다. 그러나 집단 및 계급 재생산이라는 갈등론적 관점에서 출발한 Bourdieu의 사회적 자본 이론에서 분석의 초점이 주로 사회적 자본 형성을 위한 집단 내 통합과 집단관계의 제도화를 통한 개인과 집단의 상호 발전이라는 사회적 자본의 순기능적인 측면에 그의 이론 상당 부분을 할애하여 갈등의 의미가 다소 결여되어 있다는 지적을 받기도 한다(Field et al., 2000).

2. 가족 내 사회적 자본의 개념 및 연구

가. 가족 내 사회적 자본의 개념

가족 내에서 사회적 자본은 부모나 성인 가족과 자녀 사이의 관계 구조에 의하여 창출되어 다양한 형태로 표출된다. 그래서 가족 내 부모를 포함한 성인 가족의 존재가 사회적 자본 창출의 필요조건으로 작용하며, 사회적 자본의 차이를 낳는다. 그래서 가족 내에서의 사회적 자본은 부모-자녀 간의 관계로 인하여 자녀의 발달에 영향을 미치는 부모의 실질적인 관여로 이해되기도 한다(Bourdieu, 1977, 1986). 일반적으로 가정에서 사회적 자본의 형성은 사회 구조 내에 위치한 가정에서 부모-자녀 간의 관계를 통하여 목적 달성 행위를 촉진하는 메커니즘으로 부모의 인간자본과 부모의 교육적 관심 및 지원, 부모의 교육적 기대, 부모-자녀 간의 상호작용 및 자녀교육에 대한 부모의 개입 등으로 인하여 형성된다. 부모의 자녀 교육에 대한 관여는 학업성취로 연결된다고 한결같이 연구자들은 주장한다(Majoribanks, 1979; Walberg, 1984; Boger, Richter & Paolucci, 1986; Coleman, 1991; Rock, Pollack & Hafner, 1991; Epstein, 1991, 1992; National Association of Secondary School Principal. 1992; Topping, 1992; Ho sui-chi & Willms, 1996).

가족 내에서의 부모의 위치는 성장기에 있는 자녀에게 있어서 가장 중요한 위치를 점하고 있으며, 이러한 부모의 가족적인 배경이 자녀의 학업성취에 미치는 영향력에 대한 연구는 현재까지 교육학 연구에 있어서 그 핵심적인 영역을 차지하고 있다. 가족 내에서 사회적 자본의 창출에는 부모를 포함한 성인가족의 존재가 필요조건으로 작용한다. 일반적으로 정상가족이나 부모 가운데 적어도 한 사람이 자녀의 양육에 매달리고 있는 가족의 경우는 결손가족(편모, 편부 가족형태)이나 부모 모두가 직업을 갖고 있는 경우에 비하여 사회적 자본이 보다 풍부한 것으로 볼 수 있다.

가정에서의 사회적 자본은 부모에 의한 의도적이고 목적 적인 결과를 산출하기 위하여 인지적 차원으로 분류되어지는 기대나 규범 및 제재를 자녀에게 요구하면서 상호작용을 하는 과정에서 양산되고 창출된다. 그래서 가족 내에서의 사회적 자본은 부모와 자녀 간에 일어나는 비형식적인 사회적 관계를 통하여 발전, 심화된다. 부모-자녀 간 사회적 자본이 영향력을 발휘하게 하기 위해서는 자녀들이 부모의 인간자본에 접근할 수 있는 가족 내 부모-자녀 간의 긴밀한 관계(가령, 대화 및 상호 이해)가 형성되어야 한다. 또한 부모의 인간자본이 자녀들에게 관련을 맺게 하기 위해서는 부모가 자녀들의 삶의 중요한 일부가 되지 않으면 안 된다. 즉 "만약 부모가 소유한 인간자본이 가족관계에서 구체화되는 사회자본에 의해 보충되지 못하면 부모가 가지고 있는 인간자본은 자녀의 교육적 성장과 무관하게 된다"(Coleman, 1988: 110; 이정선, 2001에서 재인용).

Coleman(1988)은 아시아계 이민자의 자녀가 뛰어난 학업성취를 보이는 이유를 어머니들이 주로 집에 머무르면서 자녀들을 지도하는 데서 찾고 있으며, 청소년의 학업성취가 지역사회, 학교 등의 사회적 자본에 영향을 받는다고 보며 인간적 자본이 개인 선택의 문제뿐만 아니라 사회적 자본에 의해서도 영향을 받는다는 사실을 언급하고 있다. 더불어 Coleman(1988)은 가족 내에 사회적 자본이 부족한 가정을 결핍가정으로 보고, 이러한 가정의 형태를 두 가지로 분류하고 있다. 부모가 부재한 가정을 구조적 결핍가정으로, 부모－자녀 간의 상호작용이 부족한 가정을 기능적 결핍가정으로 구분하였다(Coleman, 1987). 이러한 관계를 도표로 나타내면 아래와 같다(이정선, 2001).

		사회자본(강함 vs. 결핍)	
		yes	no
인간자본(전통적으로 우수한 배경)	yes	1	2
	no	3	4

자료: 이정선(2001). 초등학교에 있어서 학업성공과 사회자본 관계: 문화기술적 연구. 96 학술진흥재단 신진교수과제 연구보고서.

[그림 1] 인간자본과 사회자본의 유무에 의한 가정의 분류

[그림 1]에서 1번 칸은 사회자본과 인간자본이 풍부한 가정으로서 부모의 가정적 배경이 자녀와의 상호작용을 통하여 자녀의 성적에 긍정적으로 영향을 미치는 경우이다. 2번 칸은 부모의 교육정도는 높지만 자녀와 상호작용이 많지 않는 경우이다. 즉 기능적으로 결핍된 가정을 나타낸다. 3번 칸은 강한 사화자본이 부모의 인간자본의 결핍을 보충한 경우이다. 즉 부모의 사회경제적 지위는 낮지만 가족 간의 강한 유대감을 통하여 이를 극복한 가정이다. 4번 칸

은 사회자본과 인간자본 모두 결핍된, 소위 가난하고 교육정도도 낮으며 가정이 구조적으로 결핍되고 기능적으로 잘 작동하지 못한 가정이다. 3번 칸 출신 아동이 2번 칸 출신 아동들 보다 학교에서 문제도 적고 학업성적이 우수한 것으로 보아, 따라서 자녀 성적의 향상을 위해서는 (사회자본과 인간자본 모두 필요하겠지만) 최소한 인간자본이 부족할 때는 사회자본의 형성에 관심을 경주하지 않으면 안 된다. 강한 사회자본을 통해서 인간자본의 결핍을 보완해야 하기 때문이다(이정선, 2001).

OECD(2000)[14]는 인간적 자본에 가정이나 지역의 사회적 자본이 긍정적인 영향을 미치는 것처럼 인간적 자본이 사회적 자본의 창출에 긍정적인 영향을 미친다고 보며, 교육수준이 높을수록 사회적인 네트워크 망이 커지고, 타자에 대한 신뢰수준이 높은 것으로 나타나고 있다고 한다. 즉 인간적 자본과 사회적 자본은 상호 강화하는 관계에 있다고 본다. Brenda(2000)는 편친 가족보다 정상가족에서의 높은 사회적, 경제적 자원은 학생의 학업 성취에 긍정적인 영향을 매개함을 보고하였고, Maurice(2000)는 가족의 수입(경제적 자본)은 아동기(0~5세), 청소년기(11~15세)의 학업성취에 긍정적인 관계가 있고, 고등학교 시절 사회적 자본인 동료 학생의 음주 행동은 대학에서의 학업성취에 부정적인 영향을 끼치는데 이는 여자보

---

14) OECD는 도시의 사회적 자본 분석 유형으로 다음과 같이 세 가지를 언급하고 있다. 첫째, 거래 네트워크(trade network)로 이는 기업 경영자와 지역 내 대학, 상공회의소 등의 핵심기관간의 네트워킹과 상호교류, 협동, 신뢰를 들고 있다. 둘째, 비거래 네트워크(untrade network)로 자발적인 시민단체나 학습, 문화, 봉사 결사체, 스포츠 등의 활동을 사회적 자본으로 본다. 셋째, 시민들의 지역과 문화에 대한 일체감과 소속감, 자부심을 사회적 자본으로 본다. 노동자의 노동에 대한 자율성과 참여, 노동의 윤리 수준을 또한 사회적 자본으로 인식한다(OECD, 2001). 사회관계성의 특징을 드러내는 집합적 목적 추구, 공유된 신뢰, 집합 행동을 촉진하는 가치 창출과 같은 자원을 소위 "조직자본(organization capital)"이라 칭하기도 한다(OECD, 2001).

다 남자에게 더 의미 있음을 보고하고 있다.

McLanahan and Sandefur(1994)는 결손 가족의 학생들이 낮은 학업성취를 보이고 비행에 빠지기 쉬운 이유를 이들이 집에 머무르면서 자신들을 돌보는 부모로부터의 혜택을 기대할 수 없는 데서 찾고 있다. 아울러 이러한 가족의 경우는 대개 거주지를 자주 옮김으로써 지역사회의 다른 성인들과 돈독한 친분을 쌓을 기회가 적어져 사회적 자본이 결여되기 쉽다는 점도 지적하였다. 김경근(2000)은 가족 내 사회적 자본이 학생의 학업성취에 미치는 영향 연구에서 학생에 대한 부모의 기대교육수준이나 학습활동에 대한 지원은 부모의 사회경제적 지위와는 독립적으로 학생의 학업성취에 영향을 미치며 그리고 가족 내의 사회적 자본이 한정된 상황에서 형제자매 수가 늘어나면 학업성취는 부정적인 영향을 받는 것으로 나타났다고 한다. 이러한 연구결과를 토대로 부모와 자녀 사이의 상호 신뢰 및 유대를 바탕으로 한 학생에 대한 관심과 격려는 귀속적 요인에 기인한 불리함을 극복하는 데 상당 부분 기여할 수 있을 것이라는 결론을 도출하였다.

사회적 자본과 학업성취 관련 연구자들은 주로 가족 내 사회적 자본의 축척에 따른 학업성취와의 관련성에 초점을 맞추어 연구를 진행해 왔다(Muller, 1994; Valenzuela and Dornbusch, 1994; Furstenber and Hughes, 1995; Parcel and Geschwender, 1995). 즉, 그들은 대인관계구조에 의하여 창출된 사회적 자본이 학업성취에 주는 영향을 다루고 있다.

전통 농업 사회의 확대 가족에 비해 산업 사회의 부부중심 핵가족은 개인의 선택에 의해서 결성되는데 이것은 가족해체의 가능성 또한 크거나, 가족의 형태가 다양해 질 수 있다는 것을 의미한다. 우리나라의 경우 1990년도 결혼대비 이혼 건수가 11.4%였으나, 2000년에는 35.9%로 증가하고 있다. 조이혼율(인구 1000명당 이혼한 부부의 비율)은 1990년 1.1건에서 2000년 2.5건으로 2배 이상 증가하였다[15].

이러한 이혼율의 증가와 가족 형태의 다양성이 개인 자유의 확대와 사회 환경 적응이라는 측면에서 볼 때 가족관계에 의한 지속적이고 안정적인 개인의 대인관계와 그로 인한 정체성 획득은 불안정하게 되었다고 볼 수 있다.

사회적 자본을 교육적 의미를 갖는 개념으로 재정립한 Coleman은 사회적 자본에 교육적 의미를 명료하게 제시함으로써(Coleman, 1988) 사회학 중심의 연구에서 벗어나 보다 교육학의 전반적인 연구 용어로 사용할 수 있는 계기를 마련해 주었다. Coleman 등 (1982) 그의 동료들은 공·사립학교의 학교 효과를 검증하는 후속 연구들을 통해서 종교적인 공동체 의식을 공유하고 있는 가톨릭계 학교가 공립학교에 비해 상대적으로 더 많은 효과를 발휘한다는 주장을 제기 하였다. 이 연구에서 Coleman 등은 공립학교와 사립학교 학생들 학업성취의 차이를 "사회적 자본(social capital)"이라는 개념을 통해서 설명하고 있다. 여기서 사회적 자본의 의미는 가톨릭계 학교에서 학생, 교사, 학부모들이 종교의 공동체 의식을 공유하면서 갖게 되는 유기적인 관계 망(social network)을 의미한다.

학생들은 학교에서 개인적인 경쟁주의가 아닌 공동체 의식을 통해서 생활하며, 가정에서 부모로부터 받지 못하는 사회적 후원을 학교를 통해서 보충할 수 있다. 또한 가톨릭 학교의 학부모들은 가정환경이 상대적으로 결핍되어 있는 학생들을 자기 자녀와 같이 대해 줌으로써 그들의 학업성취가 내려가는 것을 막아 줄 수 있다고 보았다(Coleman and Hoffer, 1987; Coleman, 1988; Ramsay and Clark, 1990). Coleman은 사회적 자본의 개념을 다음과 같이 정리하고 있다.

---

15) 자료: http://www.nso.go.kr.

첫째, 사회적 자본은 구조와의 관계이다(책무성, 기대감, 신뢰성).

둘째, 사회적 자본은 다른 이와의 관계를 통하여 개인에게 자원을 제공한다(관계 망, 정보 채널과 규범).

셋째, 개인의 목표 성취로써 사회적 자본은 이용될 수 있다.

넷째, 이러한 속성을 지닌 사회적 자본은 다양한 형태로 나타난다. 여기에는 자녀의 발달에 대한 부모의 관심, 부모나 지역사회에 의하여 인지되어지는 사회적 규범과 믿음, 부모 외의 가족 내 다른 성인들의 존재(계부모, 양부모 등) 및 그들과의 유대감과 사회적 환경을 구성하고 있는 사람들이 주는 신뢰감 등이 포함된다. 따라서 사회적 자본은 기본적으로 학생과 그를 둘러싼 주위의 여러 성인들 사이의, 그리고 그 성인들끼리의 관계 구조에 내재해 있는 것으로 볼 수 있다. 예컨대, 학교사회에서의 사회적 자본은 학교의 구성원들이 특별한 맥락을 갖고 면대 면의 관계가 없이는 형성될 수 없고, 부모의 학교 관여가 사회적 자본 형성의 주요한 열쇠가 된다 (Samuel, 2000).

가족 내에서 사회적 자본은 부모나 성인 가족과 학생 사이의 관계 구조에 의하여 창출되어 다양한 형태로 표출된다. 그래서 가족 내 부모를 포함한 성인 가족의 존재가 사회적 자본 창출의 필요조건으로 작용하며, 사회적 자본의 차이를 낳는다.

<표 Ⅱ-3> 사회적 자본에 대한 규범적 정의

교육학·사회학·경제학 적 이론으로써의 자본	정 의	변인 예시

사회적 자본
(social capital)
	·개인의 목표 성취
	에 사용 가능한 관
	계적 자원들
	(개인, 기관, 지역사
	회와의 관계 행동
	으로부터 얻게 되
	는 자원들)
		·부모 및 사회의 지원
		·학교 및 지역사회 활동에의 참여
		·부모와 자녀와의 관계
		·정상가족의 여부
		  (편친 가족, 계부모, 양부모)
		·부모 외 성인 가족의 존재 여부
		·형제자매 수
		·자녀의 학습활동에 대한 부모의
		  지원 빈도
		·부모의 교육활동 참여도
		·학생의 과외활동 여부
		·부모와 자녀와의 대화빈도
		·부모의 자녀에 대한 기대교육수준
		·부모가 인지하는 자녀 친구의
		  부모 수
		·지역 사회와의 관계
		·동료(Peer group)와의 관계

인간적 자본 (human capital)	·기술, 지식과 개인 의 능력들	·부모의 교육수준 ·학업성취·졸업률·지능 ·직무 기술과 수행도 ·부모의 자녀에 대한 학업적 지원
경제적 자본 (financial capital)	·경제적 자원들	·부모의 수입 ·부모의 직업상태 ·부모의 경제적 측면의 지원

　일반적으로 정상가족이나 부모 가운데 적어도 한 사람이 학생의 양육에 매달리고 있는 가족의 경우는 결손가족(편모, 편부 가족형태) 이나 부모 모두가 직업을 갖고 있는 경우와 비교하여 사회적 자본이 보다 풍부하다고 볼 수 있다. 이러한 가족 내 사회적 자본의 차이는 부모의 인간자본, 부모의 교육적 관심, 부모의 교육적 기대, 부모-자 녀 간 상호작용 및 자녀교육에 대한 부모의 개입방식, 가정의 결핍구

조, 그리고 학생 자신의 인간자본과 사회적 자본 등의 차이에 의해
나타난다(이정선, 2000). 사회적 자본에 대한 보다 구체적인 규범적
정의를 위해 경제적 자본, 인간적 자본과의 비교를 통해서 알아보면
<표 Ⅱ-3>과 같다.

본 연구에서 사용하는 가족 내 사회적 자본의 개념을 부모-자녀
의 관계 측면에서 정의하면 다음과 같다.

> "사회 구조 내에 위치한 가족 내 부모-자녀 간의 관계를 통하여
> 목적 달성 행위를 촉진하는 메커니즘으로 이에는 부모의 인간자본,
> 부모의 교육적 관심, 대화 및 지원, 부모-자녀 간의 상호작용 및
> 학생교육에 대한 부모의 개입, 부모의 교육적 기대 등으로 인하여
> 학생이 얻게 되는 유·무형의 자원이다."

가족의 배경에서 잉태하는 부모와 자녀 사이의 관계성 개념인 사
회적 자본과 학업성취와의 연구는 교육학계 내에서 아직 탐험되지
않은 처녀림의 상태로 놓여 있고, 탐험하여 실체를 벗기기를 기다
리는 처지에 놓여 있다고 할 수 있다.

1) 정상가족의 사회적 자본

사회적 자본을 창출할 수 있는 근원으로는 가정, 직장, 학교, 동
료, 지역사회, 문화기관, 종교단체 등의 다양한 영역이 있다. 개인이
나 국가나, 사회의 사회적 자본의 양과 질은 다양한 사회적 자본의
근원에 참여 할 수 있는 접근과 참여의 기회에 의존하게 된다. 학
생의 가족에 의한 사회적 자본은 일반적으로 다른 자원보다도 보다
더 깊이 있고, 심도 있는 영향원이 된다. 이는 성장기에 있어 누구
보다도 중요한 영향을 주는 것은 부모이기 때문이다. 성장시절의
풍부한 부모와의 대면과 대화, 애정, 사랑, 보살핌, 안정된 가족의

분위기 등은 학생이 장차 가지게 될 사회적 자본의 초석이 되는 교육적인 환경으로서 매우 중요한 자원이 된다고 할 수 있다. 사회적 자본의 한 요소인 가족의 크기는 학생의 비행 행동의 요인과도 관련이 된다(Nye, 1958; Hirschi, 1969; Myers, Milne, Baker and Ginsburg, 1987; Leflore, 1988; Tygart, 1991). 부모는 일반적으로 아동의 성장에 결정적인 근원으로써 작용하고 부모-자녀 간의 관계는 아동 성장에 필요한 자원과 지원이라는 형태로 연구되어졌으며, 대규모 가족(4명 이상)의 부모들은 일반적으로 교사와의 회합이나 사친회, 숙제 검사나 자녀에 대한 학교 상담의 부족과 학용품 지원에 대하여 소홀한 것으로 나타나고 있다(Maccoby, 1992; Collins, Maccoby, Steinberg, Hetherington, & Bornstein, 2000).

[그림 2]는 사회적 자본 형성에 관련된 정상가족(intact family; two-parents family)에서의 부모-자녀 관계에 따른 사회적 자본의 형성 구조를 나타내고 있다. 아들과 딸은 부와 모 모두로부터 정상적인 상태의 사회적 자본을 취할 수 있는 양상을 취한다. 물론, 부모의 취업 상태에 따라서 사회적 자본의 깊이와 양은 변할 수 있다. 일반적으로 부가 가족의 생계를 책임지고, 모는 주로 가사에 전업하는 경우가 자녀들이 안전하고, 유연하게 사회적 자본을 생성, 축척, 발전할 수 있는 여건을 제공해 준다. 여기서 모의 사회적 자본은 여성 내부의 특성, 즉 취업유무, 소득, 학력, 연령, 혼인상태에 따라 차이가 있으나, 여성의 사회적 자본은 남성과 비교하여 사회적 자본의 유형과 규모에 있어 전반적으로 남성과는 차이를 보이며 남성에 비해 상대적으로 취약한 것으로 보고 되고 있다.

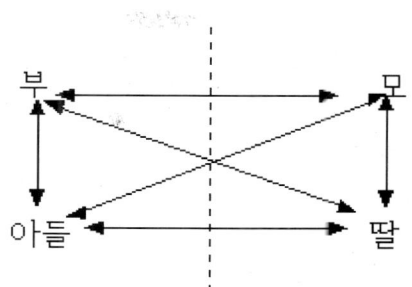

[그림 2] 정상 가족의 사회적 자본 형태

　모의 경우 직업이 있고 학력 수준이 높을수록 사회 네트워크 규
모가 커지며, 자녀의 양육기인 30대-40대에는 사회적인 네트워크
규모가 가장 적어진다. 이것은 가족의 사회적 자본이 요구되는 아
동 양육기에 반대로 여성의 가족 외 사회적 자본은 감소하는 것으
로 해석할 수 있다. 모의 학력 수준이 높을수록 사회단체 참여율이
높아(통계청, 1999) 본인에 대한 사회적 자본은 증가하나, 반대로
자녀에 대한 양육의 빈곤은 자녀의 사회적 자본의 약화를 초래하기
도 한다.

　정상가족에서의 부모-자녀 관계 연구는 주로 모와 딸의 연구가
주를 이룬다(Caplan, 1989). 중산층과 노동층 계급 가정의 모와 딸
의 관계를 연구한 연구들은 대체적으로 모-아들, 부-딸, 부-아들
의 쌍 연구보다 모-딸의 쌍 연구에서 더 의미 있는 사회적 자본이
창출됨을 보고하고 있다. 특히 모-딸 관계 연구에서 중요한 점은
딸의 사회에 대한 적응(사회적 자본 창출로써의 모-딸 관계)에 모
가 부보다 더욱더 중요한 열쇠가 됨을 일관되게 보고하고 있다
(Belenky, Clinchy, Goldberger & Tarule, 1986; Bassoff, 1987;
Walkerdine & Lucey, 1989; Apter, 1990; Levitt, Guacci, & Weber;
1992; Mens-ver hulst, Schreurs & Woertman, 1993; Debold,

Wilson & Malave, 1993; Russell & Saebel, 1997).

이는 모가 부보다 더욱더 가정에 머무르면서 자녀와의 상호작용이 빈번하고, 자녀들의 학업성적, 동료관계, 고민, 이성문제, 진로 등을 부보다는 모와 함께 하면서 해결해 나가는 시간이 많음을 의미한다 하겠다16). 여기서 학생들은 보다 많은 사회적 자본을 그들의 어머니로부터 획득한다는 사실을 알 수 있다.

딸의 사회적 자본은 투자와 보상이라는 다음과 같은 과정을 통해서 아들과는 차별화 된다(Lin, 2001). 가정에서 남아와 여아에게 차별적 투자를 하는 것이다. 대부분의 사회에서 여성이 남성에 비해 사회활동이나 경제활동에서 차별적 보상을 받으므로, 부모는 이를 예측하여 딸보다는 아들에게 보다 더 많은 투자를 한다. 노동 시장에서 여성과 남성의 차별 구조가 예상되므로 가족 내에서 여아와 남아에 대한 인적 자본과 사회적 자본 투자를 차별적으로 하여 이것이 여성의 인간적 자본과 사회적 자본이 낮게 투자하게 되는 재생산의 악순환과정을 겪는다. 가족 내에서 상대적으로 많은 인간적, 사회적 자본 투자를 받은 남아는 여아에 비해 결과적으로 더욱더 풍부한 사회적 자본을 가지게 된다. 남아의 경우 사회적인 연대의 다양성과 더불어 사회 네트워크 확장성에 대해서 권고, 장려를 받거나 그에 적절한 보상을 받는 반면에 여아의 경우는 오히려 처벌, 규제, 제약과 같은 경험을 겪는다.

부모의 자녀에 대한 교육기대 수준에서도 차이가 있으며, 1977년에는 아들의 경우 대학 이상 졸업이 56.3%, 딸은 33.6%로 나타났

---

16) 우리나라 15세 이상 남자의 경제 활동 참가율은 2001년 기준 73.6%이며, 여성은 48.8%이다. 비경제 활동 인구 남성의 가사 종사자수는 9.3%, 여성은 67%로 나타났다(통계청, 2002). 경제 활동 참가율을 기준으로 할 때, 우리나라 여성은 남성에 비해 상대적으로 직장이나 고용과 관련된 사회적 자본은 적고, 가족 중심의 사회적 자본에 국한되어 있다고 추론해 볼 수 있다.

고, 1990년의 경우에는 아들의 기대교육수준은 대학 이상이 86.3%, 딸은 75.7%로 나타나 기대 수준의 격차가 줄어들고는 있으나, 차별은 여전히 존재하는 것으로 나타났다(통계청, 2001). 여성이 남성과 같은 자본을 소유하여도 노동시장에서 차별적 보상을 받기 때문에 여성은 업무 달성을 위해 사용 가능한 최선의 사회 연대를 사용하지 않거나 사회적 자본을 사용하는데 주저한다(Lin, 2001).

여기서 주목해야 할 것은 모의 양육태도와 취업유무(full-time, part-time)17), 사회단체 참여18) 등에 따라서 자녀들이 모로부터 획득하는 사회적 자본 또한 변화할 수 있다는 것이다. 모의 사회적 자본 문항과 더불어 학생의 사회적 자본 형성에 영향을 주는 문항으로는 형제 수, 모의 친모 여부(계모), 별거가정(separate family), 이혼가정(divorce family), 양자가정(adopted family), 과외여부, 종교 활동, 친구에 대한 부모의 인지, 친구의 부모에 대한인지도, 학습에 도움 되는 문화시설 방문, 자원봉사 활동19), 이사로 인한 전학, 고장의 인간적, 물질적 사회적 자본 등이 있다.

부모의 이혼으로 인한 자녀와의 대면적인 관계의 약화는 학생의 애착 형성의 저해와 인지적, 학업적 어려움 등의 사회적인 부적응으로 이어진다. 이러한 상황은 초기 부모의 자녀에 대하여 투자된

---

17) Lin(2001)은 전업 주부는 근린 지역에서의 사회 네트워크가 많으며, 파트타임(part-time) 주부의 경우는 전업주부에 비해 친구나 직장 네트워크 규모가 큰 것으로 보고하였다.

18) 우리나라 여성의 사회단체 참여 유형을 살펴보면 사회, 봉사 단체의 경우 여성 2.3%, 남성 2.2%로 비슷한 수준이며, 종교단체는 여성 6.2%, 남성 3.7%로 여성의 참여율이 높다. 그러나 사교단체의 경우 남성이 19.8%, 여성 9.7%로 여성이 현저히 낮으며, 스포츠 레저 단체는 여성 2.7%, 남성 7.2%이며, 학술단체, 이익단체, 정치(정당참여)단체의 경우 남성이 여성보다 참여율이 높으나 1% 미만에 불과하다(신경희, 2002; 64).

19) 서울의 경우 자녀 교육과 관련한 자원봉사 활동이 여성은 22.1%, 남성은 2.7%에 불과하며, 여성의 사회적 참여 활동에 가족관계, 즉 자녀가 큰 영향을 매개하는 것을 알 수 있다(통계청, 한국의 사회지표, 2000).

사회적 자본에 관계없이 학생 발달에 장애를 초래한다(Demo & Acock, 1991). 부모의 직업이 전문직일 경우 자녀에 대한 양육 방식은 약한 통제, 애정 어린 관여와 상호작용, 약한 체벌, 자녀에 대한 부모 규범의 내면화된 권장과 같은 형태를 가진다. 이러한 내면화가 성공적이면 자녀는 부모가 존재하지 않아도 자신의 행동을 보다 잘 통제 할 수가 있게 된다.

2) 결손가족의 사회적 자본

결손가족(single-parent family) 형태의 가정은 사회적 자본의 구조적 결핍을 대표한다. 이에 대해 Coleman은 다음과 같이 말하고 있다.

"가족 내에서의 사회적 자본은 성인의 물리적인 존재와 성인의 학생에 대한 관심의 인간적 자본에 학생이 접근 할 수 있도록 해준다. 이러한 성인의 부재는 가족의 구조적인 결함으로 묘사할 수 있다. 근대 가족제도에 있어서 가장 두드러진 구조적 결함은 결손가족 형태(single-parent family)이다"(Coleman, 1988: 111).

결손가족의 경우는 성장기에 있는 자녀의 학업이나 비행에 치명적이다(Nye, 1958; Slocum and Stone, 1963; Chilton and Markle, 1972; Gove and Crutchfield, 1982). 부족한 경제적 지원이나 만성적인 심리적 지원의 부족으로 인해 자녀의 관계에 부정적인 영향을 주고 자녀의 학업이나 관심에 소홀해지기 쉽다. 더불어 숙제검사나 그들의 사회활동에 대한 관여(Astone and Mclanahan, 1991)에 많은 시간을 투여 할 수가 없다. 계부는 그들 자녀의 교육활동에 대한 의무감이나 학업, 사회활동 등에 대한 양육의 의무를 느끼지 않으며, 그들의 자녀들 또한 계부나 교사, 학교 행정가들에 대하여 존경심이나 권위를 거부하기도 한다(Hirschi, 1969). Nye(1958)는 이러한 계부와 자녀 간의 애정과 유대의 결핍은 자녀에 대한 통제의 상실을 의미한다고 지적하기도 한다.

결손가족 형태의 사회적 자본에 대해 알아보기 위하여 첫째, 어머니와 자녀 간의 사회적 자본, 둘째, 아버지와 자녀 간의 사회적 자본에 대하여 살펴보자.

(가) 어머니와 자녀 관계의 사회적 자본

어머니는 자녀의 성장 발달에 있어서 대단한 영향을 준다. 어머니의 역할은 우리 사회에서 매우 중요시되어 왔으며 가정에서 일을 분담함으로써 자녀 양육에 대한 여성의 책임이 더욱 강조되어 왔다. 어머니와 자녀 관계의 사회적 자본 연구 형태는 주로 이혼 가족이나 결손가족 형태에서 주로 언급되며 이는 다른 쌍 연구에서 보다 더욱더 아들의 문제성에 관해 보고하고 있다(Arcana, 1983; Hetherington, 1988, 1989; Caron, 1994; Rowland & Thomas, 1996).

아버지의 부재로 인한 아버지와 아들 간의 사회적 자본의 결손은 어머니와의 느슨한 사회적 자본으로 이어져 비행과 각종 이상 행동으로 이어진다는 것이 대부분 연구들의 일치된 견해이다. 아버지의 부재와 더불어 자녀의 수가 많아지면 질수록 그만큼 자녀들이 어머니로부터 받는 사회적 자본의 양은 줄어든다. [그림 3]은 이를 나타내고 있다.

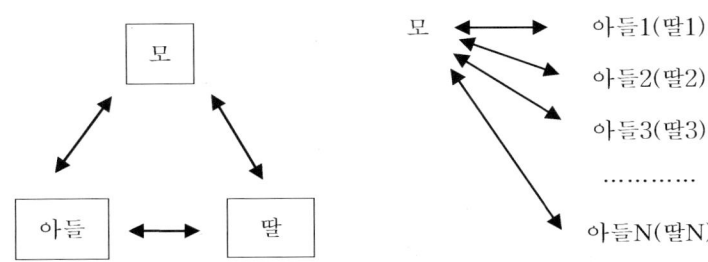

[그림 3] 어머니와 자녀 관계의 사회적 자본형태

　자녀의 발달과정에서 어머니로부터 받아야할 적절한 심리적 양육과 지도의 부적합성과 결핍에서 기인하는 지적, 사회적, 정서적 발달과 성격 형성의 왜곡 및 장애로 일컬어지는 모성 실조 및 어머니와 자녀 간의 사회적 자본은 자녀의 출생 순위에 의해서도 차별적인 영향을 준다. 이러한 모성 결핍과 사회적 자본의 빈곤은 단기간의 이별에 의해서 나타나기도 하고 어머니와 자녀 관계의 부조화에서도 그 원인을 찾을 수 있다. 사회적 자본의 축적은 초기 자녀의 성장 단계에서 매우 중요하게 작용하며, 풍부한 조건의 어머니와 자녀 간의 사회적 자본의 축적은 향후 자녀의 미래 성격 형성, 학업성취, 행동 등에 영향을 주게 된다.

어머니와 자녀 간의 사회적 자본이 풍부한 학생이 성장기에 필요한 어머니로부터의 자본의 결별이나 이별은, 반대로 사회적 자본이 부족한 학생과 비교하면 서로 인지하는 심리적인 충격과 강도는 달라질 수 있다. Bender(1947)는 유아기와 아동 초기의 이러한 모성 실조의 경험은 정신질환의 병적인 요인이 된다고 지적하기도 하였다.

　아버지가 없는 가정에서는 주로 어머니가 경제 활동에 참여하는 경우가 대부분이다. 이러한 어머니의 직장 생활은 최소한 긍정적이든 부정적이든 아동에게 영향을 주게 된다(Hoffman, 1989). Coleman(1988, 1990)은 이러한 어머니의 취업은 부모-자녀 간의 목표나 가치에 내재된 사회적 자본인 학생의 관계성과 정체성에 장애를 주게 되고, 학생의 미래 사회경제적 지위 획득에 약화를 초래한다고 지적한다. 더불어 학생의 복지에 대한 지역 주민간의 집합적인 투자의 감소로서 이웃 간에 내재된 사회적 자본의 총체적인 활용 가능성의 저하를 초래한다고 한다. 이러한 사실은 심리학자나 정책 분석가들도 동일한 문제와 관심을 제기하고 있다(Belsky, 1990; Scarr, 1991; Mccartney and Rosenthal, 1991).

Hoffman(1973: 204-228)은 취업모 자녀와 비취업모 자녀 사이의 학업성취 격차 연구에서 계층 변수의 중개 하에 학업 격차가 발생하며 비행의 빈도에서도 이러한 차이가 나타난다고 하며, 이는 중산층 가정의 취업모와 비취업모 자녀 사이에는 학업성적의 차이가 없으나 하류층 가정의 경우에는 취업모의 자녀가 비취업모 자녀보다 성취가 낮다는 연구 결과를 내어놓았다. 한편, 이종승(1981)은 학업성취에 영향을 미치는 많은 요인들 중 환경적인 요인인 양육태도의 영향력에 대한 논의도 지속되어 오고 있다고 하면서 연구에 따라서 다소의 차이는 있으나, 대개 부모의 수용, 칭찬, 격려, 긍정적 기대, 이성적인 지도 등으로 특징 지워지는 양육태도가 학업능력에 대한 지각과도 긍정적인 관계를 가진다고 주장한다.

어머니가 직장에서 일하는 시간의 양에 따른 학생의 학업성취에 영향을 매개한다는 연구들이 있다. 어머니의 최초 직업 생활 후 1년 동안 직장에서 보내는 시간으로 인한 자녀 관계의 사회적 자본 감소는 자녀로 하여금 심각한 사회적인 부적응과 지적인 지체 현상을 양산 할 수도 있다(Parcel and Menaghan, 1990). Parcel과 Menaghan(1990)은 3세에서 6세 아동을 대상으로 하여 어머니가 직장에서 보내는 시간의 양에 따른 언어 능력 실험에서 21-35시간을 직장에서 보내는 어머니의 아동은 직장에서 35-40 시간을 보내는 어머니의 아동보다 유의미하게 언어 능력이 높은 것으로 경험적인 연구를 통하여 보여 주고 있다.

한편, Baydar와 Brooks-gunn(1991)은 어머니의 취업 후 1년 동안에는 아동에게 인지, 사회적인 성과 면에서 부정적인 영향을 주고, Vandell과 Ramanan(1992)은 초기 어머니의 취업은 자녀에게 있어서 수학 성적에는 긍정적인 기능으로 작용하고, 현재 어머니의 취업상태는 읽기 점수에 긍정적으로 관여한다고 한다. Pong(1998)은 편친 가족을 경험한 아동 대부분은 집합적 사회적 자본의 자산이 부족하여 학교의 학업성취에 부정적으로 작용한다고 주장한다. 이러한 연구들은 주로 사회적 자본을 공공재로 인식하며 이는 학교의 속성으로 측정되어질 수 있다고 본다.

사회적 자본이 공공재로써 인식되어질 때, 단체 자원으로서 관심이 있게 되고 생산적인 관계인 관계 망(network), 신뢰(trust), 규범(norms or social solidarity)으로 특징 지워지는 단체에 속해있는 사람들은 그렇지 않은 사람들을 강력하게 배척한다. Kerbow와 Bernhardt(1993)는 사회경제적 지위(SES: socioeconomic status)를 통제한 후 아프리카 출신 미국인과 히스패닉 미국인의 부모들이 실질적으로 그들 자녀의 학교 교육에 관심을 가지고 PTO(부모-교사 조직)에 보다 적극적으로 관여함을 밝혀내었다. 그러한 연구의 노력들은 불리한 처지와 입장에 놓인 아동에게 사회적 자본의 구축이 유리하게 작용함을 보여준다. Stanton-Salazar's의 연구에서는 소수 민족이나 근로 계층의 아동들은 학교에서의 성공을 위해 사회적 자본에 의지한다고 주장한다(Stanton-Salazar & Dornbusch, 1995; Stanton-Salazar's, 1997).

학생의 학교에서의 행위는 그들 부모의 사회에서의 지위적 특성을 반영한다(Cohen, 1955; Eckert, 1989). 일반적으로 연구들은 부모의 교육 달성 정도가 그들 자녀의 학교 비행 관여에 영향을 매개한다고 주장한다. 그러한 영향은 가정에서 교육적인 자원(West,

1982), 가족의 사회화(Cloward and Ohlin. 1960), 미래 교육에 대한 열망(Myers et al., 1987) 등으로서 활용되어지는 속성을 지닌다고 본다. 부모의 높은 학력은 그 반대의 부도보다 자녀로 하여금 보다 생산적인 학교생활과 교사나 학교 행정가와의 원활한 관계 형성에 기여한다. 특히 어머니의 교육 달성 정도는 보다 적극적으로 학생의 학교 몰입에 영향을 준다.

이상의 사실에서 어머니와 자녀 간의 사회적 자본의 부족은 자녀로 하여금 정서적, 행동적, 인지적인 모든 면의 발달에 장애를 가져온다고 할 수 있겠다. 특히 어린 나이에 자녀들이 어머니와의 결별과 이별은 인성발달, 정신 건강에 장애를 주고 아동 후기로 갈수록 영향을 덜 미친다는 데에 연구자들은 일치된 견해를 피력하고 있다. 장애를 가진 소수민족이나 결손가족의 학생들이 사회적 자본이 제공해주는 사회적 유대로부터 기인하는 관계 망, 신뢰, 규범으로부터 자신들의 불리한 처지의 약점들을 보완해 줄 수 있는 여지는 충분히 있다고 할 수 있다. 자녀들이 가지는 어머니에 대한 감정, 태도, 모성애 등의 결여는 어머니와의 사회적 자본 감소로 이어져 어머니로부터 얻어 질 수 있는 사회적 자본의 박탈은 성장기의 아동과 청소년기에 잘못된 가치관과 비행을 초래 할 수도 있다[20]. 그러나 이러한 어머니로부터의 부족한 사회적 자본도 가족 내 친척의 존재는 또 다른 사회적 자본의 창출을 만들 수도 있다. Thomas (2001)는 가족 내 다른 친족 구성원 즉, 이모, 고모, 외삼촌 등과 함께 생활하는 아동의 가족구조는 또 다른 사회적 자본의 자원이 됨을 보고하고 있다.

---

20) 오성심·이종승(1982)은 여아가 남아보다 어머니의 애정, 자율, 성취적 태도를 높게 지각하는 경향이 있음을 지적하였고, 차경수 외(1999)는 보통 자녀 교육에 있어서는 아버지보다는 어머니가 더 관심이 크고 또한 어머니와 더 많은 시간을 보내기 때문에 어머니의 역할이 더 크다고 볼 수 있다고 내다보았다.

(나) 아버지와 자녀 관계의 사회적 자본

아버지와 자녀 관계의 사회적 자본 형성 연구에서는 다음과 같은 형태를 띤다. 아버지의 부재(이혼, 별거, 사망 등)로 인한 성장기의 인격성 발달 연구가 주를 이루고 있다(Jonson, 1963, 1975; Hetherington, 1972; Gagnon, Trembly, Larivee & Charlebois, 1986; Belenky et al's., 1986; Tessman, 1988; Soh, 1993; Sharpe, 1994).

Tessman(1988)은 아버지-딸 관계 연구에서 성장하는 딸에게 있어서 사랑하는 방식과 일에 대하여 부의 영향력이 중요함을 보고하고 있다. 아버지와 자녀 간의 사회적 자본 형성 연구는 아들이 아버지로부터 배우는 남성다움, 경제력, 정치력 등을 배우고 학습하는데 초점을 두고 있다(Balswick, 1988; Vogt & Sirridge, 1991). 아버지와 자녀와의 원만한 관계는 자녀의 인성, 학업성취도, 정서적인 안정감, 도덕성, 사회성 발달과 상관이 높다는 연구들이 많이 보고되었다(Hoffman & Saltzstein, 1967). 그러나 아버지와 자녀 간의 관계 연구는 미국의 경우는 1960년대부터이고, 아버지와 자녀 간의 관계에서 기인한 사회적 자본이라는 용어를 가지고 연구하게 된 것은 Coleman과 Hoffman(1987)의 공·사립학교 연구이후부터 많이 출현하기 시작한다.

아버지의 양육방식과 태도와 자녀와의 관계 연구는 사회적 자본의 개념 요소인 관계 망, 신뢰, 규범이라는 차원 내에 위치하는 요소들로서, 이하의 논의에서는 사회적 자본 개념의 범주 하에 놓여있는 아버지의 양육 방식, 태도, 자녀와의 관계 측면에 초점을 두고 논의를 진행하고자 한다. 우리나라의 경우 아버지와 자녀와의 관계 연구는 1970년대부터 연구물이 출현하기 시작한다(이남기, 1979; 이희자·정영숙, 1979; 이정숙, 1979).

아버지의 역할과 아버지와 자녀와의 관계를 연구하게 된 계기는 산업 사회 속에서 아버지들이 사회인으로서의 역할에만 치중하여 자녀의 양육 및 교육의 문제에는 소홀하기 대하여 왔기 때문이라고 볼 수 있다. 김인홍(1997)은 아버지상의 역사적 변천 연구에서 아버지상의 역사적 변천과정을 개괄적으로 다음과 같은 세 단계로 제시하고 있다. 1단계는 18세기까지 계속된 여성과 아이에 대한 엄부의 막강한 권위의 우세, 2단계는 18세기에서 20세기에 이르는 교육에 있어서 어머니 역할의 강조, 3단계는 상실된 아버지 상을 찾아서. 등으로 구분하고 있다. 아버지는 어린아이의 성장 발달에 직접적으로는 아무런 의미도 지니지 못한다. 간접적이나마 의미를 지닐 수 있다면 그것은 경제적인 안정의 확보, 어머니의 정서적 지원을 통해서나 가능하다(Bowlby, 1951; 김인홍에서 재인용). 어린이에게 원초적 신뢰감을 심어주고 또 그 인성발달의 기초를 마련해 주는 이도 어머니이다(김인홍, 1997에서 재인용) 대부분의 자녀 양육 문제를 어머니에게 위임하여 아버지는 아동 발달의 여러 측면에 거의 바람직한 작용을 하여 주지 못하였다(정영숙·이희자, 1980).

자녀에 대한 아버지의 영향21)-자녀의 인성 발달적인 측면-을 살펴보면 아버지의 영향이 어머니의 영향보다 약하거나 덜 중요한 것이 아니고 아버지가 자녀 양육에 적극적으로 참여할 때 자녀들은 사회성이 높고, 성 역할도 잘 수행할 수 있다. Winder와 Rau(1962)는 아버지는 전통적으로 아들의 경우엔 공격적 행동에 대해서 딸의 경우보다 처벌을 덜하고, 오히려 격려하는 편이며, 활동적이고 공격적인 아들의 아버지는 자녀의 행동에 대하여 보상을 잘해 주며 남성적인 성 역할에 대하여 기대하는 것으로 보고하고 있다22).

---

21) 아버지와 자녀의 상호작용의 중요한 특징은 놀이(play)인 반면에, 어머니-자녀의 상호작용의 주된 특징은 주로 양육(nuturance)이며 자녀들은 아버지와 놀기를 더 즐긴다고 한다.

22) Parson에 의하면 아버지는 아동에게 외부세계에 대한 활동의 접근 방식을 제시하며 또한 보다 넓은 사회체계와 가정체제를 연결하는 중요

Hoffman(1960)은 아버지와 온정적이고 긍정적인 관계를 가진 아들은 자신감이 높고, 동료간에 인정을 받으며, 독립적이며, 체력과 지적능력이 높고, 현실적이고 좌절 상태를 잘 극복하는 등의 특성을 갖고 있는 반면에 어머니와 온정적인 관계를 가진 아들은 온순하고 조용하지만 이상의 특성과는 아무 상관이 없다는 것을 제시하였다. 또한 정신적으로 성숙된 아들은 온정적이고 도덕적인 아버지와 관계가 높고, 아버지와 만족스럽지 못한 관계를 가진 아들은 특히 거절감과 불행을 느끼고, 자존심도 낮으며, 충동적이고 내향적인 성격을 갖는다고 한다(Lamb, 1976: 109).

유영수(1980: 142)는 아버지들 가운데는 전제적, 전통적인 아버지와 민주적 동료적인 아버지의 두 가지 유형이 있으며 하류 계층의 아버지일수록 전통적 권위적인 경우가 많고 중류 계층의 아버지는 지도력, 기대수준, 경쟁력과 같은 특성에서 딸보다 우세하기를 기대한다고 한다[23]. Brim(1952)은 그의 연구에서 아버지와 어머니가 각기 아들과 딸에 대해서 그 관계를 달리하는데 아버지는 딸보다 아들에게, 어머니는 아들보다는 딸에게 더 엄격한 편이라고 보고하였다. 이러한 사실에서 부모들은 이성의 자녀보다는 동성의 자녀에게 더욱 권위적이고 지배적인 경향이 있음을 알 수 있다. 그러나 자녀들은 성에 관계없이 모두 아버지가 어머니보다 유능하고 자녀에 대해서는 더욱 징계적으로 생각하는 경향이 있다.

김광웅(1978: 16)은 아버지와 아들 간의 관계에서 물리적인 접촉시간보다는 심리적인 관계가 보다 중요하며, 만약 함께 지내는 시간이 아주 적더라도 서로 친밀하고 함께 놀고 아버지와의 관계를

한 구실을 함으로써 자녀에게 능력과 성취의 중요성을 강조하는 역할을 한다고 한다.

23) 김선영(1985)은 아버지의 교육과 직업수준이 높을수록 아동의 성취동기는 높다고 하며, 아버지가 자녀에게 관심을 많이 갖고 민주적인 양육태도를 보일 때 아동의 성취동기도 높다는 결론을 얻었다.

만족스럽게 여길 수 있다면 아동의 인격 형성에는 별다른 문제가 없을 것이라는 결론이 가능하다고 하였다[24]. 이남기(1979: 49-50)는 아버지 부재의 결손 가정에 있어서 아들은 딸보다 활동성은 아주 높은 경향이나 남성성은 오히려 낮은 경향이고 안정성, 사회성, 책임성, 사려성, 우월성, 우울 경향, 불안경향 등은 차이가 없이 비슷한 경향이며 아버지가 현존하는 가정에 있어서는 아들은 딸보다 남향성과 우월성이 높은 경향이고, 안정성, 활동성, 사회성, 책임감, 우울 경향, 불안경향 등은 차이가 없이 비슷하다고 한다.

성(Gender)의 차이와 부모와의 관계에 따른 청소년의 비행 연구를 살펴보면, 여자 학생은 남자보다 늦은 수준의 비행을 보이고 (Williams and Gold, 1972; Hindelang, 1979; Canter, 1982; Sarri, 1983; Elliott, Huizinga, and Ageton, 1985; Pestello, 1989) 있음을 연구자들은 한결같이 보고하고 있다. 여학생은 남학생이 보이는 동료 집단에 의한 비행과의 관련성보다는 학교에 대한 부정적인 태도나 부모의 낮은 수준의 감시등과 연관이 있다(Riley, 1987).

이정숙(1979: 92)은 아버지가 자녀와 대화 할 시간이 없고 자녀와의 관계가 원만치 못할 경우, 자녀들에게서 일어나는 문제점으로 다음과 같이 지적하고 있다.

첫째, 아들에게는 아버지를 동일시 할 수 있는 기회가 적어지고, 어머니와의 결합이 더 강인하여 정신적인 면에 있어서 미성숙하며 여성화되어 가는 경향이 나타나고,

둘째, 딸에게는 아버지가 있으면서도 아버지 역할을 행하지 못하는 아버지를 경멸하는 경향이 있으며 이러한 딸이 혼인을 하였을

---

24) Mischel(1970)에 의하면 아버지 부재의 영향은 아버지와 이별할 때의 아동의 나이와 부적 상관이 있다고 하는데, 즉 아버지와 이별 할 때의 아동의 나이가 많으면 많을수록 아버지의 재, 부재로 인한 발달상의 영향이 감소한다고 밝히고 있다. 이것은 아동이 자라남에 따라 아버지의 부재를 보상 할 수 있기 때문이라고 볼 수 있다.

경우 남편도 경멸하는 경향이 있다는 등의 내용을 지적하고 있다.

한편, 이희자·정영숙(1979: 97-98)의 연구에서는 출생 순위에 따른 아버지의 양육태도 및 관심도와 인성과의 상관은 아버지의 양육태도와 관심도가 높을 때 첫째 아이는 안정성, 지배성, 사려성, 사회성은 높아지고, 활동성, 충동성은 낮아지는 경향이며, 중간아이는 안정성, 지배성, 사려성, 사회성은 첫째 아이와 같이 높고 활동성과 충동성은 첫째 아이와 달리 높아진다고 보고하였다. Schahter(1959) 도 부모의 자녀와의 관계는 자녀의 출생순위에 따라서도 차이가 있는데, 첫째 아들은 딸처럼 부모의 많은 관심을 받으며 심리적인 관심을 받기 때문에 감정적이고 의존적 성격이 형성되고 반면에 나중에 태어난 아이는 더욱 공격적이고 자신감이 있다고 하였다.

[그림 4]는 아버지와 자녀 간의 사회적 자본 형태를 나타내는 것으로 어머니-자녀 간의 사회적 자본 형태와 같이 많은 형제 수는 그만큼 아버지와의 대화 시간, 관심, 애정 등의 분산을 가져와 사회적 자본의 분산과 감소가 발생함을 나타내고 있다. 첫째 아이에게는 부모가 자녀 양육에 대한 경험부족으로 불안해하고 일관성 없는 양육태도와 과대한 관심을 가지며 일반적으로 첫째 아이는 다른 형제들보다 권위적이고 책임감이 강하며 과학적 분야에서 탁월한 성취 경향을 나타낸다고 한다(Craig, 1979: 399). 더불어 첫째 아이는 언어적 능력에 있어서도 부모들에 의한 언어적 자극이 크고 풍부하기 때문에 뛰어나다고 한다(Breland, 1973). 나중 아이에게는 첫째 아이보다 양육의 경험이 있음으로 해서 덜 불안해하며 일관성 있는 양육태도와 관계를 갖지만, 오히려 나중에 태어난 아이는 부모의 보호, 감독, 관계가 소홀하여 부모보다 그들의 형제나 친구의 영향을 많이 받는다고 한다(Sutton-smith & Rosenberg, 1970). 더불어 Sutton-smith & Rosenberg(1970)는 한 자녀, 두 자녀, 세 자녀 가정의 중류 출신의 아버지가 있는 대학교 2학년 학생과 아버지가 없

는 대학생의 대학입학 시험 성적을 비교하고, 형제간의 성, 출생순
위의 영향관계도 서로 비교하였다. 세 자녀 가정에서 부친 부재의
영향이 가장 크게 나왔으며, 한 자녀 가정에서는 부친 부재로 인한
영향의 정도가 가장 적게 나왔다. 양쪽 성 모두 세 자녀 가정에서
는 부친 부재의 영향을 받았고, 두 자녀 가정에서는 남아가 보다
많은 영향을 받았고, 한 자녀 가정에서는 여아가 더 영향을 받았다
고 보고하였다. 이 때 아버지가 있는 학생과 없는 학생의 성적의
가장 큰 차이는 아동들이 이성의 형제를 가질 때 그러하다고 한다.
동성의 형제는 아버지 부재의 손상적 영향을 감소해주는 것같이 작
용하는 것으로 해석할 수 있겠다.

 학업 성취 면에서의 아들과 딸의 차이 연구들을 보다 더 살펴보면
아버지의 역할은 대체적으로 딸보다는 아들의 인성적, 학업성취에
보다 더 밀접하게 관계가 있는 것으로 보인다.

 Lamb(1975)는 아버지는 딸보다 아들의 행동과 능력에 대하여 보
다 민감하게 반응하고 아버지와 아들의 친밀한 관계는 아동에게 분
석적인 인지 양식을 길러주는 반면에 어머니와 아들의 친밀한 관계
는 분석적이기보다는 전체적인(global) 인지양식을 길러준다고 하며
딸에 있어서는 딸의 학구적 진보에 관심이 있는 아버지라도 지나치
게 친밀한 아버지 딸의 관계보다는 아버지로부터 약간의 거리감과
자율성이 요구되고 있을 때 오히려 딸의 인지적 발달이 보다 잘 이
루어진다고 한다.

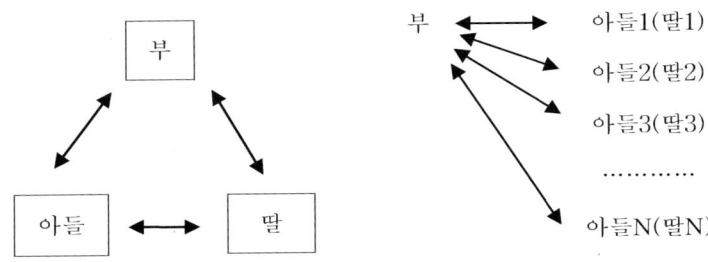

[그림 4] 아버지와 자녀 간의 사회적 자본 형태

아버지가 자녀의 문제 해결에 지나치게 간섭했을 때 그리고 아버지의 태도가 권위적일 때 아들, 딸에 상관없이 그들의 학업능력이 저하된다고 한다(Lamb, 1975: 251-259). Biller(1971)에 의하면 학업성취와 아버지-자녀 간의 상호접촉의 양은 긍정적인 상관이 있음을 다음과 같이 밝히고 있다. 노동층과 하층 출신의 평균 지능을 가진 3학년 남아들을 대상으로 학업성취에 미치는 아버지와 아들 간의 상호접촉의 양을 평가했다. 여기서 첫째, 아버지가 있는 학생들의 학업성적이 가장 높았고, 둘째, 5세 이후에 부친부재가 늦게 시작된 학생들과 아버지가 자주 집에 있지 않은 학생들의 학업 성적이 아버지가 있는 학생 집단보다 낮았으며, 셋째, 5세 이전의 아동기 초기에 아버지가 부재한 학생들의 학업성적이 가장 낮았음을 보고하고 있다. 이러한 연구 결과는 아들의 학업성취에 있어서 아동기 5세 이전에 시작되는 부친부재가 5세 이후에 시작되는 부친부재보다 더 손상적인 결과를 가져온다는 것을 보여주고 있다. Shelton(1969)는 아버지가 없는 학생들의 학업평균 성적이 정상적인 학생들보다 의미 있게 낮았고, 특히 가정의 붕괴는 여학생보다 남학생에게 더 큰 충격을 준다는 사실을 경험 연구를 통해 보고하고 있다.

사회계층과 관련한 부친부재의 영향 연구를 살펴보면, Wasserman(1969)는 아버지가 부재한 가정이 중류 및 상류층일 때는 하류층에서 보다 언어성적이 올라가는 것을 발견하였고, 이것은 중류계층의 가정들은 아버지의 부재 이후에도 학생들에게 물질적 자원을 계속 제공해 줄 수 있으므로 학생들이 부친부재의 영향을 하류층 가정의 학생들보다 덜 받는다는 추측을 할 수 있다고 한다. Biller (1971)는 중류 계층에서 부친부재 학생이 높은 학업성적을 얻는 것은 지적인 측면을 중요시하는 어머니와의 밀접한 관계를 통하여 아버지가 없이도 우수한 학생의 지적 발달을 촉진시킨 것이라고 해석하고 있다.

학업 성취 과목과 관련하여 아버지와 자녀 간의 접근 연구는 주로 국어, 수학 성적 간의 차이에 주목을 하여 진행된 연구들이 있다. Carlsmith(1964)는 중류 계층 고등학생들의 적성검사 점수를 조사했는데 아동기 초기에 아버지 부재가 일찍 시작된 남학생들에게는 아버지가 있는 남학생들보다 수학 점수는 떨어지고 국어 점수는 더 높은 것을 보고하였다. 적성검사의 언어 점수는 여성적인 경향의 개념적 접근을 반영하기에 초기에 아버지가 부재한 남학생들은 아버지보다 어머니를 더 동일시했기 때문에 국어 점수가 올라간 것이라고 주장하여 성적의 결과를 성 동일시의 원인으로 해석하고 있다. 또한 Biller (1971)는 중류 계층이면서 어머니에 의해서 과잉보호 된 남아는 언어 기술을 습득하는 과목에서 우수한 성적을 나타낸 반면에 수학 성적은 떨어진다는 Levy(1943)의 결과를 인용하면서, 이러한 결과는 Carlsmith (1964)의 연구 결과와 일치하는 것으로 아버지는 남아의 수학적 능력 발달에 아주 중요한 역할을 매개한다고 주장하였다.

이상의 아버지와 자녀 간의 연구 결과에서 아버지는 사회·경제적 지위, 자녀의 성과 출생순위에 따라서 양육태도와 역할 기대를 달리하며 이것은 자녀의 지적, 정서적, 사회적, 인성 발달에 있어 많은 영향을 매개한다는 것을 알 수 있다. Coleman(1988)의 지적처럼 사회적 자본은 가족의 집합적인 자원 즉, 부모와 자녀 간의 풍

부한 대면과 대화, 애정, 규범, 신뢰 등의 관계 망은 자녀의 어느
한 부모로부터 결손 된 자리를 치유할 수 있는 자원이며, 이러한
사회적 자본은 단일의 실체가 아니라 두 개의 문항들이 모여 구성
되어지는 실체라는 점을 분명히 밝히고 있다. 어머니의 부재나 아
버지의 부재로 인한 부모와 자녀와의 관계 부족과 출생순위, 성별
등에 따른 가족의 불리한 처지들은 자녀에게 유·무형의 부정적인
영향을 준다. 하지만 이러한 요인들도 가족 내에 내재하는 신뢰, 믿
음, 관계 망이라는 사회적 자본을 통해서 이를 극복할 수 있는 여
지는 많다고 할 수 있다.

나. 가족 내 사회적 자본의 연구동향

1) 국내·외 사회적 자본의 연구동향

(가) 국외의 사회적 자본 연구

국외의 사회적 자본(social capital)의 연구동향을 파악하기 위하여
UMI사의 DAO(Dissertation Abstract ON–Line), Eric, ProQuest을
통하여 사회적 자본 연구의 동향을 파악하는 도구로 삼았다. 검색 결
과 사회적 자본이라는 용어로 수행된 연구는 많이 나왔다. 사회학, 의
학, 교육학, 심리학, 경영학 등의 학문 영역에서 광범위하게 연구가 진
행된 것을 확인 할 수 있었다. 여기서 사회적 자본이라는 용어는 주로
사회학에서 나와 경제학으로 전이하여 간학문적(interdisciplinary)인
용어로 널리 사용됨을 확인 할 수 있었다.

본 연구의 분석 대상 및 성격에 맞는 논문을 선정하기 위하여 첫
째, 학생과 관련되고 학업성취라는 종속변인의 형태를 띤 논문과
둘째, Coleman(1988)이 교육학에서 정의를 내리고 사용한 사회적

자본이라는 개념에 충실한 논문을 선정하여 본 연구의 분석 대상으로 삼았다. 본 연구의 사회적 자본 연구 동향 분석에 동원된 논문의 내용은 <표 Ⅱ-4>와 같다.

<표 Ⅱ-4> 사회적 자본 관련 연구 해외 박사학위논문

연구자	연구방법	연구결과
Sun (1999)	· 위계선형 분석	· 지역 사회의 사회적 자본이 가족의 사회적 자본과 인구통계학적 요소를 통제한 후에도 8학년 학생들의 학업성취에 끊임없이 관여함을 보고함.
Maki(2001)	· 로지스틱 회귀분석	· 핀란드에 살고 있는 이중 언어를 사용하는 핀란드인과 스웨덴 인을 대상으로 건강과 사회적 자본과의 관계 연구에서 사회적 자본이 SES(socioeconomic status)를 통제한 후 나타난 현상은 사회적 자본이 풍부한 스웨덴 언어를 사용하는 스웨덴인 들의 건강이 핀란드 언어를 사용하는 사람들보다 더 좋은 건강상태를 나타냄을 밝혀냄.
Zick, et al., (2001)	·	· 직장을 가진 부모가 직장이 없는 부모보다 더욱 많이 읽기, 숙제검사 같은 학습 보조 활동을 함으로써 학생의 문제 행동 교정과 학업성취에 긍정적인 영향을 미치는 것으로 나타남. 동시에 학생의 학교 입학 전 모의 취업은 일반적으로 아동의 학업성적에 어떠한 영향력도 매개하지 않는 것으로 나타났다.
Ka-Wei (2001)	· 요인분석 · 중다회귀 분석	· Coleman(1988)의 사회적 자본 개념과 205개 표집 학교 학생(8-12세)으로부터 학생의 인간적 자본 산출 관계를 검증함. 학생기에의 사회적 자본 개념은 가족의 사회적 자본, 동료의 사회적 자본, 그룹참여, 성인 관계를 모두 포함한다. 청소년기에는 가족, 동료, 성인관계가 출현한다. 가족과 친구의 사회적 자본은 아동기와 청소년기의 주요한 차원이다. 부모의 인간, 경제적 자본을 통제한 후 인간자본과 사회적 자본의 생산성을 종단과 교차분석을 실시하였다. 청소년기의 일의 수행에 인간 자본의 IQ와 학업성취 두 변인에 효과가 나타났다. 가족의 사회적 자본은 아동기와 청소년기의 모든 인간적 자본에 유의미한 상관을 보였다. 그러나 종단 연구에서는 가족의 사회적자본과 학업성취, IQ에 부모의 인간, 경제적 자본을 통제한 후에는 더 이상 의미가 없었다. 가족의 사회적 자본은 부모의 인간, 경제적 자본 자원과 아동의 학업성취 이상으로 청소년기의 직업적인 인간자본 예언에 유일한 변인으로 적재되었다.

68

연구자	연구방법	연구결과
Thomas (2001)	·	· 정상가족, 이혼한 가족, 편친가족, 계모, 양모, 수양 가족 등의 가족구조 배경으로 구성된 고등학생들의 학업성취를 분석한 결과 정상적인 부모와 함께 살고 생활하는 학생이 그와 반대의 경우 학생보다 나은 학업성취를 보였다. 또한 고등학생들의 학업성취는 부모와 떨어져 있거나 사람들로부터 고립된 학생들보다는 부모와 함께 지내며 생활하는 학생의 학업이 보다 뛰어남을 나타내었다.
Edward (2001)	· CSOS: Classroom Systems Observation Scale · FACES-Ⅲ: Family Adaptability and Cohesion Evaluation Scale	· 가족과 교실의 상호작용 패턴(응집성과 유연성)에 대한 일치성 정도가 고등학생의 학업성취에 대한 관계성 연구에서 총 17개 학급을 관찰한 결과 가족-교실의 응집성이 부족한 학급의 학생은 유의도 0.1%에서(p = 0.001) 학업성취에 유의한 상관을 보이며, 가족-교실 간의 유연성(적응성)이 부족한 경우는 학업성취에 무의미한 결과를 보였다(p = 0.666).
Maurice (2000)	·	· 가족의 수입은 아동기(0~5세), 청소년기(11~15세)의 학업성취에 긍정적인 관계가 있다. 고등학교 시절 동료 학생의 음주 행동은 대학에서의 학업성취에 부정적인 영향을 끼친다. 이는 여자보다 남자에게 더 의미 있는 것으로 나타났다.
Rosenzweig (2000)	· meta-analysis · 중다회귀분석	· 부모의 학생에 대한 관여가 학업성취에 미치는 효과를 메타분석과 중다회귀분석을 통하여 7가지 부모의 긍정적·부정적인 관련 변인을 추출하였다. <긍정적 관련 변인> 1. 교육적 열망 2. 부모의 관여 3. 부모의 권위 4. 부모의 아동에 대한 자율적인 지원 5. 감정적인 지원 6. 학습에 대한 경험적 자원의 제공 7. 부모의 학교 활동에 대한 참여를 제시함. SES, 학년, 인종의 세 변인은 위에서 제시한 7가지 변인과 학업성취 사이의 관계에 상호 작용하는 결과를 보였다. <부정적 관련 변인> 1. 낮은 성적에 대한 제한. 2. 외부적 보상 3. 부정적인 통제 4. 숙제 검사 5. 부모로부터의 이탈 6. 순종에 대한 격려 7. 허용과 통제

연구자	연구방법	연구결과
Brenda (2000)	· 데이터: 3개 초등학교(105명) 5학년 학생.	· 결손가족(편모, 편부가족)보다 정상가족에서 의 높은 경제적 자원은 학생의 학업 성취에 긍정적인 영향을 줌을 보고함.
Andrea (2000)	· Manova · Anova · 중다회귀분석	· 캐나다의 흑인 학생들을 대상으로 부모, 문화, 동료, 인구통계학적 변인을 통해 학문적 성취 간의 관계를 조사한바 토론토에 거주하는 여학생은 헬리팩스 (halifax) 남학생보다 보다 풍부한 동료관계, 부모의 교육적 지원으로 인해 보다 높은 학업성취를 보였다. 더 나아가 문화적인 신념과 태도 면에서도 더 낳은 결과를 보였다. 교육적 성취에 대한 영향 변인 분석을 위해 중다회귀분석을 실시한 결과 4개변인 중 부모관련 변인이 의미 있는 것으로 나타났다. 다른 변인들은 부모의 교육적 지원에 따라 부분적으로 설명이 되어진다.
Warrick (2000)	· 5학년 학생	· 학생의 수학 숙제를 지원하기 위하여 부모 훈련 프로그램에 참여한 학부모들은 그렇지 않은 학부형보다 그들의 자녀들이 ITBS(Iowa Test of Basic Skill) 수학 시험에서 보다 낳은 학업성취를 보여줌.
Caldwell (2001)	· 자기결정이론. · 초등 과정에서 중등 과정으로 진학하는 355명의 학생.	· 초등과정에서 중등과정으로 전환하는 시점에서의 학업성취는 민족성과 사회경제적 지위배경이 유의미하게 영향을 끼치며, 부모의 스타일은 매개하지 않는 것으로 나타남. 가정에서의 부모 양육과 학업 동기는 유의미하나 전환 과정에서 이러한 변인은 매개하지 않았다.
Kim (2000)	· 종단연구	· LDS(latter-day saint)의 구성원인 청소년이 청년기로 성장하면서 그들에게 가장 영향을 주는 요인 중 Coleman의 사회적 자본 개념이 어느 정도 매개하는지 알아보았다. 여기서 사용된 방법은 종단 연구로 1989(12-15세), 1996(18-22세)년에 각각 실시되었다. 여기에 동원된 LDS의 아동들이 청년으로 성장하면서 그들에게 가장 영향을 주는 매개변인은 부의 사회적 자본으로 이는 이들이 사회적 역할 순응에 부의 역할이 중요함을 밝혀내었다. 또한 청년기에 있어서 아버지의 역할은 교회활동, 사회적 관계, 온화한 성품 형성에 중요한 요인으로 작용함을 보고하였다.

연구자	연구방법	연구결과
Samuel (2000)	· 면접, 조사지, 직접관찰	· 학교 지역 내의 사회적 자본 형성에 기여하는 조직의 구조 및 과정의 결정에 관하여 부모, 교사를 대상으로 면접, 조사지, 직접관찰 연구에서 2개의 주요과정과 5개의 주요 사실을 발견함. ▷ 2개의 주요과정 · 부모의존 · 소규모 조직 ▷ 5개의 주요사실 · 사회적 자본은 특별한 맥락을 갖는다. · 면대 면의 관계가 없이는 사회적 자본은 형성이 안 된다. · 학교는 지역사회에 의해 많은 영향을 받는다. · 부모의 학교 관여는 사회적 자본 형성의 주요한 열쇠가 된다. · 학교가 보다 작을수록 서로 상호작용에 의한 사회적 자본 형성이 보다 수월해진다.
Ebstyne (2000)	· 횡단연구 · 민족성, 종교성이 다양한 고등학생, · 질문지조사.	· 사회적 자본 자원에 대한 부모, 동료, 의미 있는 성인 관계의 영향을 검증한 결과 사회적 자본은 이타심, 동정심, 자발적 기여에 관련되어 진다. 특히 고등학생의 도덕적 행동에 대한 가장 의미 있는 변인은 부모의 공유된 시각, 성인의 믿음과 친구와의 사회적 상호작용으로 나타났으며, 이중에서 청소년의 도덕적 행동은 사회적 자본 자원에 가장 유의한 영향을 끼침을 보고함.
Lee (2000)	· 종단연구	· 학생의 사회적 자본이 아프리카 American(흑인) 청소년에(고등학생) 미치는 교육적 성취와 기대 연구를 한 결과, 사회적 자본은 타인, 구조, 협동적 활동의 자원으로 정의되어진다. 이러한 관계는 규범과 가치, 정보채널과 기회의 이용을 돕는 활동에 이용되어진다. 흑인 학생의 학교에서의 사회적 자본인 동료, 부모, 학업성취와의 관계를 분석한 결과 낮은 경제적, 인간적, 문화적 자본은 대학진학, 교육기회와 같은 사회적 자본에 제약을 가져다주었다. 백인 학생의 사회적 자본이 흑인 학생보다 낮게 조사되었다.
Bongkochmas (2001)	· Nang Rong Project(1994)	· 시골 태국(타이) 사회의 특징인 불교의 민족적 성향은 강한 사회적 의무감과 가족적 가치와 친척의 관계 구조(사회적 자본)가 그들의 이주 결정에 있어 다른 사회적 관계 망 형태보다 더 중요하게 여겨진다.

사회적 자본에 관련된 해외논문을 분석한 결과 지역, 인종, 언어 별로 다양하게 사회학, 의학, 교육학 분야에서 광범위하게 연구가 진행된 것을 확인 할 수 있었다. 사회적 자본 개념이 Coleman (1988)이 정의한 가족 내의 아동의 발달에 대한 부모의 관심, 부모 나 지역사회에 의하여 인지되어지는 사회적 규범, 부모 외의 가족 내 다른 성인들의 존재(계부모, 양부모 등) 및 그들과의 유대감과 사회적 환경을 구성하고 있는 사람들이 주는 신뢰감 등의 미시적 연구를 넘어 지역사회, 인종 간, 언어 사용별로 거시적으로 다양한 변인들을 갖고 연구가 진행된 것을 확인 할 수 있었다. Sun(1999) 은 학업 성취에 영향을 미치는 사회적 자본의 효과 분석에서 지역 사회의 사회적 자본이 가족의 사회적 자본과 인구통계학적 요소를 통제한 후에도 8학년 학생들의 학업성취에 끊임없이 관여함을 보고 하였고, Maki(2001)는 핀란드에 살고 있는 이중 언어를 사용하는 핀란드인과 스웨덴 인을 대상으로 건강고 사회적 자본과의 관계 연 구에서 사회적 자본이 SES(socioeconomic status)를 통제한 후 나 타난 현상은 사회적 자본이 풍부한 스웨덴 언어를 사용하는 스웨덴 인들의 건강이 핀란드 언어를 사용하는 사람들보다 더 좋은 건강상 태를 나타냄을 보고하고 있다.

Zick(2001)등은 직장을 가진 부모가 직장이 없는 부모보다 더욱 많 이 읽기, 숙제검사 같은 학습 보조 활동을 함으로써 학생의 문제 행 동 교정과 학업성취에 긍정적인 영향을 미치며, 동시에 학생의 학교 입학 전 모의 취업은 일반적으로 학생의 학업성적에 어떠한 영향력 도 매개하지 않는 것으로 보고하였다. 이러한 연구 결과는 일반적으 로 알려진 모의 취업이 학생의 학업성취에 부적인 영향이 매개한다 는 국내의 연구와는 전혀 다른 결과를 보여주는 연구라 하겠다. Ka-Wei(2001)는 Coleman(1988)의 사회적 자본 개념과 205개 표집 학교 학생(8-12세)으로부터 학생의 인간적 자본 산출 관계 검증 연구에서 아동기에의 사회적 자본 개념은 가족의 사회적 자본, 동료 사회적 자본, 그룹참여, 성인관계를 모두 포함하며 청소년기에는 가족, 동료, 성인관계가 출현하여 가족과 친구의 사회적 자본은 아동기와 청소년기의 주요한 차원임을 밝혀내었다. 더불어 부모의 인간, 경제적 자본을 통제한 후 인간자본과 사회적 자본의 생산성을 종단과 교차분석을 실시한 결과 청소년기 일의 수행에 인간 자본의 IQ와 학업성취 두 변인 간에 유의미한 효과가 있음을 밝히고 있다. 가족의 사회적 자본은 아동기와 청소년기의 모든 인간적 자본에 유의미한 상관을 보였다. 그러나 종단 연구에서는 가족의 사회적자본과 학업성취, IQ에 부모의 인간, 경제적 자본을 통제한 후에는 더 이상의 의미 차이를 볼 수 없었다. 가족의 사회적 자본은 부모의 인간, 경제적 자본 자원과 아동의 학업성취 이상으로 청소년기의 직업적인 인간자본 예언에 유일하게 적재되었음을 보고하였다.

Ka-Wei(2001)에 의한 아동기의 부모의 사회적 자본과 인간자본은 청소년기의 IQ에 유의미하게 상호 관련된다는 보고는 Coleman (1988)이 밝힌 가족의 사회적 자본형성은 부모의 인간적 자본이 뒤따라야 한다는 가설을 지지하는 연구로 부모의 사회적 자본은 아동의 학업성취와 더불어 지능의 발달에도 유의미한 영향을 끼침을 밝히는 귀중한 연구라 하겠다. Thomas(2001)는 가족의 구조가 학업성취에 미치는 효과 분석 연구에서 정상가족, 이혼한 가족, 편친 가족, 계모, 양모, 수양 가족 등의 가족구조 배경으로 구성된 고등학생들의 학업성취를 분석한 결과 정상적인 부모와 함께 살고 생활하는 학생이 그와 반대의 경우 학생보다 나은 학업성취를 보였으며, 또한 고등학생들의 학업성취는 부모와 떨어져 있거나 사람들로부터 고립된 학생들보다는 부모와 함께 지내며 생활하는 사회적 자본이 풍부한 학생의 학업이 보다 뛰어남을 보고하였다. Thomas연구에서는 가족의 구조적 배경이 학생의 사회적 자본 형성에 부모의 존재

여부가 자라는 시기에 중요한 역할을 대개하며, 타인과의 영향력 또한 학생의 보다 낳은 학업 성취에 중요하게 작용한다는 것을 보여 주고 있다.

Edward(1999)는 CSOS(classroom systems observation scale)와 FACES-Ⅲ(family adaptability and cohesion evaluation scale)를 사용하여 가족과 교실의 상호작용 패턴(응집성과 유연성)에 대한 일치성 정도가 고등학생의 학업성취에 대한 관계성 연구에서 총 17개 학급을 관찰한 결과 가족-교실의 응집성이 부족한 학급의 학생은 유의도 0.1%에서 (p=0.001) 학업성취에 유의한 상관을 보이며 (낮은 학업성취), 가족-교실 간의 유연성(적응성)이 부족한 경우는 학업성취에 무의미한 결과를 보였다(p=0.666)고 보고했는데, 학생의 학업성취에 미치는 가족의 적응성과 응집성 중에서 보다 학업성취에 유의한 영향을 주는 것은 부모와 학생 간의 응집성으로 이에는 부모와 자녀와의 관계, 정상가족의 여부(편친 가족, 계부모, 양부모), 부모 외 성인 가족의 존재여부, 형제자매 수, 자녀의 학습활동에 대한 부모의 지원 빈도, 부모의 교육활동 참여도 등의 요소를 포함하는 것이다. 이와 관련된 유사한 다른 연구로는 Brenda(2000)의 초등학교 5학년 학생을 대상으로 편친 가족(편모, 편부 가족)보다 정상가족에서의 높은 경제적 자원은 학생의 학업 성취에 긍정적인 영향을 매개한다는 연구를 들 수 있겠다. 이와 관련된 연구는 국내에서도 상당히 연구가 진행된 결과들이라 하겠다.

가족의 사회적 자본과 더불어 경제적 자본이 매개한 연구로는 Maurice(2000)의 연구를 지적할 수 있겠다. 가족의 수입은 아동기(0~5세), 청소년기(11~15세)의 학업성취에 긍정적인 관계가 있으며, 고등학교 시절 동료 학생의 음주 행동은 대학에서의 학업성취에 부정적인 영향을 미친다. 이는 여자보다 남자에게 더 의미 있는 것으로 보고하고 있다. 부모의 아동에 대한 사회적 자본 관련 문항들을 추출하여 보고한 Rosenzweig(2000)는 부모의 학생에 대한 관여가 학업성취에 미치는 효과를 메타분석과 중다회귀분석을 통하여 7가지 부모의 긍정적·부정적인 관련 변인을 추출하였다. 부모의 학생에 대한 긍정적 사회적 자본 변인으로는 첫째, 교육적 열망 둘째, 부모의 관여 셋째, 부모의 권위 넷째, 부모의 학생에 대한 자율적인 지원 다섯째, 감정적인 지원 여섯째, 학습에 대한 경험적 자원의 제공 일곱 번째, 부모의 학교 활동에 대한 참여를 제시하고 SES, 학년, 인종 세 변인은 위에서 제시한 7가지 변인과 학업성취 사이의 관계에서 상호 작용하는 결과를 보였으며, 부모의 학생에 대한 사회적 자본의 부정적 관련 변인으로 첫째, 낮은 성적에 대한 제한 둘째, 외부적 보상 셋째, 부정적인 통제 넷째, 숙제 검사 다섯째, 부모로부터의 이탈 여섯째, 순종에 대한 격려 일곱 번째, 허용과 통제를 들고 있다.

사회적 자본과 학생의 학업성취 관련 연구물을 분석하면서 학생의 학업성취를 종속변인으로 하여 다양한 독립변인을 발굴하여 이에 대한 매개 요소를 발견하고자 하는 노력들을 살펴볼 수 있는바, 이러한 연구들은 주로 투입-산출 분석 연구법으로 학생의 과정에 대한(학교·학급 풍토, 학교구조, 동료와의 관계, 교육과정, 교사 효율성 등) 요소는 제외하여 산출 결과를 도출하는 연구들로써 최근의 연구 동향을 고려하면 다소 아쉬움을 주고 있다. 반면에 Pamela(2000)와 Caldwell(2001), Beth(2000)의 연구에서는 가정의 배경요인에 더해 과정적인 문항으로 학교요소에 관여하는 부모 변인을 투입하여 수행된 연구들로써 Pamela는 학생의 수학 숙제를 지원하기 위하여 부모 훈련 프로그램에 참여한 학부모들은 그렇지 않은 학부형보다 그들의 자녀들이 ITBS(Iowa Test of Basic Skill) 수학 시험에서 보다 낮은 학업성취를 보고하였으며, Caldwell(2001)은 초등과정에서 중등과정으로 전환하는 시점에서의 학업성취는 각 인종의 민족성과 사회경제적 지위배경이 유의미하게 영향을 끼치며, 부모의 스타일은 매개하지 않음을 밝히고, 가정에서의 부모 양육과 학업 동기는 유의미하나 전환 과정에서의 이러한 변인은 매개하지 않았다고 보고하고 있다. Beth(2000)는 학교 관여에 대한 부모의 유형 중 학생중심 관여와 학교활동중심 관여에 따른 학생의 학업성취를 살펴본바 학생 중심의 관여 형태가 학교 중심 관여에 비하여 3배정도 읽기 학습에 우월한 성취를 보이며, 수학 성적에는 양 유형 모두 동일한 영향을 매개하였다고 밝히고 있다.

 사회적 자본과 관련한 가정, 학교, 지역 요인 등을 모두 포괄하는 거시적 종단 연구로는 Kim(2000)의 연구를 지적할 수 있겠다. Kim은 청소년이 청년기로 성장하면서 그들에게 가장 영향을 주는 요인 중 Coleman의 사회적 자본 개념이 어느 정도 매개하는지 알아보았다. 연구에 사용된 방법은 종단 연구로 1989(12-15세)년, 1996(18-22세)년에 각각 실시되었다. 여기에 동원된 LDS(latter-day saint)의 아동들이 청년으로 성장하면서 그들에게 가장 영향을 주는 매개 변인은 부의 사회적 자본으로 이는 이들이 사회적 역할 순응에 부의 역할이 매우 중요함을 밝혀내었다. 또한 청년기에 있어서 아버지의 역할은 교회활동, 사회적 관계, 온화한 성품 형성에 중요한 요인으로 작용함을 보고하였다.

 Samuel(2000)은 학교 지역 내의 사회적 자본 형성에 기여하는 조직의 구조 및 과정의 결정에 관하여 부모, 교사를 대상으로 면접, 조사지, 직접관찰 연구에서 2개의 주요과정과 5개의 주요 사실을 발견하였는데 2개의 주요과정으로는 부모의존 정도, 소규모 조직을 들었고, 5개의 주요사실에는 첫째, 사회적 자본은 특별한 맥락을 갖는다. 둘째, 면대 면의 관계가 없이는 사회적 자본은 형성이 안 된다. 셋째, 학교는 지역사회에 의해 많은 영향을 받는다. 넷째, 부모의 학교 관여는 사회적 자본 형성의 주요한 열쇠가 된다. 다섯째,

학교가 보다 작을수록 서로 상호작용에 의한 사회적 자본 형성이 보다 수월해짐을 보고하였다. 여기서 사회적 자본 형성에 영향을 주는 것으로 기존 연구에서는 인간과의 상호작용에서 나오는 요소만을 언급하는 차원을 넘어 인간을 둘러싼 조직의 규모와 과정, 지역사회 풍토도 사회적 자본 형성에 영향을 끼치는 중요한 자원이 됨을 밝히고 있다.

이상의 문헌 분석 고찰은 보다 더 사회적 자본 개념을 잘 이해하게 하고 이에 대한 연구동향을 파악, 분석하는데 좋은 시사점과 앞으로의 연구 과제를 던져 주고 있다 하겠다. 국외에서 연구된 사회적 자본 개념은 가족 배경과 관련된 부모-자녀 사이의 사회적 자본 창출뿐만 아니라 지역사회와의 유대감, 조직의 규모와 과정, 학교·학급 동료와의 관계 등이 인간적 자본과 더불어 생성되는 개념임을 알 수 있었다. 문헌 분석에서 드러난 연구자들이 사용한 사회적 자본 변인들을 살펴보면 <표 Ⅱ-5>와 같다.

<표 Ⅱ-5> 국외 연구자들이 사용한 사회적 자본 변인

연구자 사회적 자본 변인	Sun (1999)	Zick et al (2001)	Ka-Wei (2001) & Thomas (2001) & Andrea (2000)	Edward (1999) & Maurice (2000)	Brenda (2000)	Pamela (2000) & Beth(2000)	Caldwell (2001) & samuel (2000) & Lee(1994)
지역사회 및 사회적 관계망	○					○	○
모의 취업		○		○			
부모, 동료, 성인, 친척 관계 및 문화	○		○	○		○	
교실의 상호작용		○		○			
정상가족, 편친가족 구조			○		○		
부모의 학교활동						○	
민족성과 부모의 스타일							○
조직구조, 협동				○			○

이상의 문헌 분석에서 사회적 자본의 형성은 부모와 자녀와의 관계, 정상가족의 여부(편친 가족, 계부모, 양부모), 부모 외 성인 가족의 존재여부, 형제자매 수, 자녀의 학습활동에 대한 부모의 지원 빈도, 부모의 교육활동 참여도, 지역사회의 사회적 관계 망, 동료 및 성인과 친척의 관계, 조직의 구조 및 협동체제 등이 사회적 자본 형성의 자원들이라 할 수 있겠다.

(나) 국내의 사회적 자본 연구

국내에서 사회적 자본이라는 용어를 사용하여 발표된 연구는 아직 초보 단계에 있다 하겠다. 학문 분야별로는 행정학, 정책학, 정치학 분야의 학회 발표 논문이 주류를 이루고 있다.

미국의 사회적 자본 개념에 대한 이론 연구 경향은 사회학, 경제학, 정치학 분야에서 시작되어 행정학, 정치학, 도시행정 등의 분야로 확산되었다면, 한국에서는 행정학, 정책학 분야에서 우선 학문적 관심과 주의를 끌고 있는 것으로 나타나고 있다. <표 Ⅱ-6>은 국내에서 수행된 사회적 자본에 관련된 학술지 수록 논문과 학위 논문들이다.

사회적 자본에 주목하여 연구를 수행한 학문 영역이 주로 공공정책, 도시개발, 행정 등에 관련된 분야로 지역사회의 사회적 자본 활용과 관련하여 1990년대 중반 이후부터 연구가 진행된 것을 알 수 있다. 초기의 사회적 자본 연구는 주로 사회적 자본에 대한 이론과 개념소개, 자신의 학문 분야에서의 함의점을 다루는 경향에서 사회적 자본에 대한 경험적・실증적 접근으로 연구를 진행하는 것으로 사회적 자본 연구의 스펙트럼이 변화됨을 알 수 있다. 경험적인 연구의 대표적인 사례로는 박희봉・김명환(2000)은 지역사회 발전을 위해 사회적 자본 증진이 필요하다는 전제 하에 사회적 자본과 관련된 사회적 자본 및 사회적 자본에 영향을 주는 요인의 측정과 분석을 시도하였다.

여기서 연구자들은 우리나라 지역사회의 사회자본의 성숙은 한 가지의 요인이 발달한다고 이루어지는 것이 아니라, 복합적 관계를 형성하고 있는 다양한 요인의 발달에 의한 것으로 사회적 자본 증진을 위해서는 전반적인 사회의 역량 강화 및 성숙이 요구되고, 지역사회 참여가 다수의 사회자본의 요인에 긍정적인 영향을 준다는 점에서 지역사회에 대한 주민의 참여를 늘릴 필요가 있으며, 사회

자본 형성 및 증가를 위한 연구에 있어서 외국의 연구를 참고하는 것은 바람직하지만 결국 우리나라의 특성을 고려해야 한다는 것 등의 연구 결과를 발표하고 있다.

<표 Ⅱ-6> 사회적 자본을 연구한 국내 학회지 및 학위논문

연도	저자	연구제목	등재지
1995	이장원	인적 자본과 사회적 자본	경제와 사회
1996	후쿠야마	사회적 자본과 세계경제	계간 사상
1996	박지웅	사회적 총자본의 축적가능성 정리	한국경상논총
1997	박지웅	사회적 총자본의 축적 가능성에 의한 가치와 생산 가격의 총계 불일치 해명	한국사회경제학회
1997	요아힘 폰 소스텐	사회의 사회적 자본과 연대 양식의 변화	신학사상
1998	이재열	민주주의, 사회적 신뢰, 사회적 자본	계간 사상
1998	정승화	전략적 제휴에 있어 핵심역량과 사회적 자본의 역할 —미국 증권 산업을 중심으로—	경영학연구
1998	박찬웅	신뢰의 위기와 사회적 자본	한국사회학회
1999	박찬웅	경제위기의 사회적 충격 신뢰의 위기와 사회적 자본	사회비평
2000	박희봉 외	우리나라 지역사회의 사회자본 증진에 관한 연구: 사회자본 측정과 분석을 위한 시도	한국정치학회보
2000	박희봉	지역사회 사회자본과 거버넌스 능력: 서울 서초구와 경기 포천군 주민의 인식을 중심으로	한국행정학보
2000	소진광	사회적자본과 지역개발의 패러다임	한국지역개발학회지
2000	유재원	사회 자본과 자발적 결사체	한국정책학회보
2001	김혜란	사회자본과 여성정책	한국행정학회
2001	박희봉	사회자본이론 적용의 한계와 정책적 시사	한국정책학회
2001	박순미	조직의 사회적 자본이 새로운 지적 자본 창출에 미치는 영향	전남대 경영학 박사학위논문
2002	박희봉	조직 내 사회자본 형성요인에 관한 연구	지방정부연구
2002	소진광	사회적자본과 지역개발의 패러다임	한국지역개발학회
2002	소진광	지역주의와 사회적 자본	"
2002	박상필 외	민주화와 이익집단—국가, 비영리조직, 사회적 자본	계간 동향과 전망
2002	권장원	사회적 자본으로서의 연고 속성 변화 경향에 대한 연구—방송 정책진과 방송사 내부 조직을 중심으로	언론과 사회
2002	박경태	사회적 자본으로서 NGO의 역할과 다시아 이주노동자 문제—필리핀과 홍콩의 NGO를 중심으로	경제와 사회
2002	박기남	관리직 여성의 사회적 자본과 성별 직무 분리	한국사회학
2002	신경희	평생학습을 통한 서울시 사회적 자본 형성에 관한 연구	서울시립대행정학박사학위논문
2002	김왕배 외	사회자본으로서의 신뢰와 조직몰입	한국사회학
2003	김상돈 외	지역사회의 연결망을 통한 범죄피해예방에 관한 연구—사회적자본과 네트워크의 효과를 중심으로—	교정연구

유재원(2000)은 성남, 부천, 진주, 평택, 청주시의 시민을 대상으로 설문조사를 통해 결사체 참여가 사회적 자본에 미치는 영향을 분석하고 있다. 결사체 활동 즉, 이익단체, 사회운동단체, 봉사단체, 각종 친목단체 등을 독립변수로 놓고, 사회적 자본인 정치의 참여, 정치지식, 정치관심, 정치효능, 시민적인 의무감, 사회신뢰, 관용성 등을 종속변수로 하여 서로 상관관계를 분석하고 있다. 연구결과 결사체 활동은 정치효능과 정부 신뢰를 제외하고는 모든 사회적 자본 문항과 유의미하게 관련되어 있는 것으로 나타났다.

이는 결사체의 참여가 비참여자 보다 적극적으로 정치 활동에 참여하여 정치적인 관심도가 높고, 정치에 관한 지식과 정보도 많이 소유하며 그리하여 시민적인 의무감이 높고, 동료에 대한 신뢰, 관용성이 높은 것으로 나타났다고 보고하고 있다.

국내에서의 사회적 자본 연구는 행정학, 도시행정, 공공정책, 시민사회, 지역사회의 사회적 자본 영역을 중심으로 하여 이제 막 걸음마 단계에 있고, 그 논의의 주제 또한 거시적인 측면에 한정되어 있다. 이러한 경향은 OECD, UNESCO, World Bank 등의 세계기구나 미국의 사회적 자본 연구의 초기에 보였든 연구경향과 대체로 일치한다. 이제는 보다 세밀한 사회적 자본 측정 도구의 개발과 연구 틀이 마련되어 교육학 분야에 이를 적용하여 가족, 학교, 동료, 지역사회 등의 분야에 적용하여 보다 정교한 이론화 작업과 더불어 경험적인 연구가 필요한 시기라 본다. 더불어 교육학 학문 공동체에서 보다 심도 있는 사회적 자본에 대한 논의와 담론이 부족한 점은 학문적인 후발성 문제와 사회적 자본에 대한 연구의 부족이 교육과 사회 현상을 기술, 분석, 해석하는데 필요한 유용한 연구 도구의 망각으로 이어져 자칫 왜곡된 연구 결과를 초래할 수도 있다는 사실을 염두에 두어야 할 것이다.

2) 가족 내 사회적 자본의 연구동향

학생의 학습활동에 미치는 영향 연구는 초기에는 주로 학생의 가정배경과 관련되며 그 중에서도 가족의 배경에 주된 관심이 있었다. Coleman(1966) 보고서를 시작으로 학생의 가족배경에 보다 무게를 두고 학업성취에 영향을 미치는 변인을 찾고자하는 노력들이 이어졌다. 이후 학업성취 연구는 학교효과성이라는 주제에 초점을 맞추어 가족배경 외에 다양한 학교 변인을 찾아서 학교가 학생의 차이를 유발할 수 있다는 방향으로 연구가 현재 진행되고 있으나, 가정배경 변인을 제외한 기타 변인이 학생의 학업 성취를 예언할 수 있는 변량이 10% 내에서 이루어진다는 전반적인 연구 결과들이 더욱더 학생의 가족 배경 중에서 다양한 가족변인의 영향력을 설명하기 위해 현재 계속적인 학업성취 연구들이 진행 중에 있다 하겠다.

학생의 가족배경 중에서 가족 내의 사회적 자본은 정상가족 여부, 부모 외 성인 가족의 존재 여부, 형제자매 수, 자녀의 학습활동에 대한 부모의 지원 빈도, 부모의 학교 교육활동 참여도, 학생의 과외 활동 여부, 부모와 자녀와의 대화 빈도, 부모가 인지하고 있는 자녀 친구의 부모 수, 부모의 자녀에 대한 기대교육 수준 등을 포함한다(<표 II-7> 참조). 이러한 가족 내의 사회적 자본에 대한 학업성취의 영향력을 연구하려는 연구물들에 대하여 국내의 논문들을 검색한 결과, 사회적 자본이라는 용어를 가지고 이에 대한 접근 방법의 일환으로 이루어진 연구는 많이 부족한 것으로 나타났다. 그러나 Coleman(1988)이 사회적 자본 개념을 거시적으로 가족 내 다른 이와의 관계를 통하여 개인에게 자원을 제공하는 형태로 개념 정의를 규정한 것과 관련하여 국내에서 생산된 가족배경과 이에 따른 연구물을 살펴보면 <표 II-8>과 같다.

가족 배경과 관련한 사회적 자본의 연구 동향을 파악해 본 결과 사회적 자본이라는 용어를 사용한 국내 교육학 분야 연구 문헌은 황순희(1993), 김경근(2000), 이명주(2000), 이정선(2001), 심미옥(2003) 등의 학술지 게재 연구에서만 사용될 뿐 학위청구논문 수준에서의 연구는 없고, 사회적 자본에 대한 정확한 개념 정의와 연구동향을 연구한 연구 문헌은 많이 부족한 실정이다. 그러나 사회적 자본(social capital)의 개념에 속하는 변인을 사용한 연구물은 많이 발견되었다. 김정희(1982)는 가정의 수입, 부모의 직업, 아버지의 부재라는 투입변인을 갖고 부친부재가 아동의 학업성취에 미치는 영향 분석에서 큰 영향을 미치지 않고, 다만 가정의 수입, 부모의 학력, 직업은 의미 있는 상관을 보인다고 보고했다.

<표 Ⅱ-7> 가족배경과 사회적 자본 관련 논문의 사용변인

연도	연구자	제 목, 수록지	사용변인
2003	김경식 · 안우환	학업성취 결정요인으로서 가족의 사회적 자본 탐색, 교육학논총, 24(1). 81-99.	가족의 사회적 자본, 학업성취
2003	심미옥	초등학교 학부모의 자녀 교육지원활동에 관한 연구, 초등교육연구, 16(2), 333-358.	교육지원
2002	이정환	가족환경, 과외, 성적. 한국사회학, 36(6), 195-213.	가족구조, 사회경제적 배경, 과외, 성적
2001	김지은 · 구병두	메타분석을 통한 가정특성 관련변인이 학업성취에 미치는 영향 , 건국대학교 출판부, 제2집, 271-299	가정특성, 학업성취
2001	오계훈 · 김경근	가족구조가 아동의 학업성취에 미치는 영향, 교육사회학연구,11(2), 101-123 .	가족구조, 학업성취도
2001	이정선	초등학교에 있어서 학업성공과 사회자본 관계: 문화기술적 연구, 96 학술진흥재단 신진교수과제 연구고고서.	사회자본, 학업성공
2000	김경근	가족 내 사회적 자본과 아동의 학업성취. 교육사회학연구, 10(1), 21-40.	가족 내 사회적 자본, 학업성취
2000	이명주	사회적 자본 개발을 위한 지도성 연구 동향. 한국교육, 27(1), 195-216.	사회자본, 지도성
2000	정정숙	부모의 양육태도가 아동의 성격 및 학업성취에 미치는 영향, 아주대석사.	부모양육 태도, 학업성취
2000	안진오	학업성취에 미치는 사회경제적 배경의 영향에 대한 분석, 성균대석사.	SES,학업성취
2000	김현미	어머니의 취업 및 양육태도와 학업성취와의 관계, 경북대석사	모의취업, 양육태도
2000	오진희	사회계층에 따른 부모의 수용도가 학업성취에 미치는 영향, 경북대석사	사회계층, 부모수용
1999	심재인	청소년의 감성지능과 부모자녀애착이 학업성취, 적응행동 및 심리적 안정감에 미치는 영향, 한양대 교육논총 15권, 221-239.	부모자녀의 애착, 학업성취
1993	서숙영	가정의 환경적인 과정변인과 학업성적의 관계에 관한 이론적 고찰, 교육학논총, 12(1), 47-59	가정의 과정변인, 학업성취
1998	오계훈	가족구조가 아동의 학업성취에 미치는 영향, 고려대석사	가족구조, 학업성취
1998	김정숙	심리적 가정환경,학교생활 태도와 학업성적과의 관계에 관한 연구, 국민대석사	가정의 심리환경, 학업성적
1998	김왕근	사회경제적 배경이 학업성취에 미치는 영향에 대한 조사 연구, 서울대석사	SES,학업성취
1998	임은미	학업 동기 및 부모행동과 학업성취도의 관계, 서울대박사.	학업 동기, 부모행동
1998	김이수	사회계층에 따른 부모의 학교 참여도와 학생의 학업성취도 연구	사회계층, 부모참여
1998	주동범	학생배경과 학업성취: 어머니의 자녀교육에의 관여가 매개하는가?, 교육사회학연구. 8(1). 41-56.	가정배경, 학업성취

연도	연구자	제 목, 수록지	사용변인
1997	박선희	부와 모의 수용-거부 양육태도가 초등학교 아동의 사회성 숙도에 미치는 영향, 교원대석사.	양육태도, 사회성숙도
1996	최선희	초등학교 교사-학생, 학부모의 상호역할기대 성향에 관한 연구, 경상대석사.	학부모역할기대
1994	이위환	아동의 가정특성에 따른 사회성발달이 학업성취에 미치는 영향, 계명대박사.	가정특성, 학업성취
1994	조기현	학생의 사회-경제적 배경에 따른 학급 풍토의 개방성과 학업성취와의 관계, 고려대석사.	SES,학업성취
1991	이정란	초등학생의 가정환경. 자아개념. 학업성취도 간의 상관, 대구대석사	가정환경, 자아개념
1989	이혜원	학업성취에 대한 아동과 부모의 귀인, 한양대석사.	아동부모의 귀인
1988	김왕근	사회경제적 배경이 학업성취에 미치는 영향에 대한 조사 연구, 서울대석사	SES,학업성취
1987	석태종	교육기회와 사회계층과의 관계에 관한 일연구, 고려대박사	교육기회, 사회계층
1986	황기우	학생의 사회경제적 배경과 교사의 기대와의 관계, 고려대석사	SES,교사기대
1986	김성대	학업성취도가 낮은 시골 중학생에 있어서 부모의 심리적 과정에 대한 연구, 전남대석사.	부모의 심리적과정
1985	한충효	가정의 환경적 과정변인과 아동의 학업성취와의 관계분석, 서울대박사.	가정환경의 과정변인, 학업성취
1985	이창석	학생이 지각한 가정의 과정환경과 학교 학습풍토와 학업성적과의 관계, 경북대석사.	가정의 과정변인, 학습풍토, 학업성적
1984	김광랑	학업우수아와 학업부진아의 학업성적과 가정환경과의 관계, 인천대석사.	가정환경, 학업성적
1984	김기정	학업성취와 지각된 양육태도가 자아개념에 미치는 영향, 중앙대석사.	양육태도
1983	이대석	가정환경의 물리적. 심리적 제요인과 학업성적과의 관계분석, 전남대석사	가정환경
1982	김정희	부친부재가 아동의 학업성취에 미치는 영향, 서울여대석사.	부친부재, 학업성취
1981	박명애	학년별 학업성취에 대한 사회계층 요인의 영향에 관한 연구, 서울여대석사.	SES,학업성취
1981	한대동	학생의 사회-경제적 배경과 학교풍토 지각경향과 학업성취와의 관계, 서울대석사.	SES, 학급풍토, 학업성취
1979	이남기	가족의 구조적 결손이 아동의 성격 형성에 미치는 영향-부 결손 가정의 아동을 중심으로, 건국대석사.	가정의 결손, 성격형성
1978	박건재	가정환경과 학업성적과의 변인적 관계에 관한 연구, 동국대학교석사.	가정환경, 학업성적
1976	유승희	사회계층 및 학업성취와 포부수준과의 관계, 서울대석사.	SES, 포부수준, 학업성취
1966	전윤식	가정적 환경이 학업성취도에 미치는 영향, 경북대석사	가정환경, 학업성취

<표 Ⅱ-8> 가족배경과 사회적 자본 관련 학위논문과 학술지 수록 연구물

연구자	문항	표집	연구방법	연구결과
이남기 (1975)	· 아동의 가정배경 · 아동의 성격특성	· 경남 일원 5-6학 년 초등생: 645 명	· x^2검증	· 가족구성형태가 아동의 성격 특성에 미치는 영향연구에서 가족의 구성 형태(확대가족, 핵가족) 에 따라 성격 경향이 달 라짐을 보고함.
문창호 (1975)	· 자아개념검사 · 가정환경	· 경남마산 중학 교 2년 생 남 자: 200명	· 상관관계	· 가정환경, 자아개념, 학 업성취 간에 유의미한 상관을 보고함.
유승희 (1976)	· 부모의 SES · 아동의 포부수준	· 서울시 4학년 초등생: 180명	· x^2검증	· 사회계층과 학업성적이 높을수록 아동의 포부수 준 설정도 높아진다.
박명애 (1981)	· 가정의 SES -부모의 교육, 직 업, 수입 등	· 서울시 2, 6학년 초등생: 497명	· 일 원 변 량 분석 · x^2검증	· 사회계층 요인이 학업성취 에 절대적인 영향을 줌.
한대동 (1981)	· 학생배경 · 학교풍토	· 서울경기지역 3학년고등학 생: 712명	· 단순상관 · 중다회귀분 석	· 학생배경과 학업성취와 의 상관은 적고, 풍토와 도 무의미함.
김정희 (1982)	· 가정의 수입 · 부모의 직업 · 아버지의 부재	· 서울 4-6학년 초등생: 547명	· ANOVA · F 검겳	· 부친부재가 아동의 학업 성취에 미치는 영향분석 에서 큰 영향을 미치지 않음. 다만 가정의 수입, 부모의 학력, 직업은 의 미 있는 상관을 보임.
김광랑 (1984)	· 부모배경 · 학생배경	· 인천시 2-3학년 여자중학교 256명	· x^2검증	· 가정의 문화시설, 환경, 가치지향이 아동의 학업 성취에 유의미한 영향을 미침.

연구자	문 항	표 집	연구방법	연구결과
이창석 (1985)	·가정환경 ·학교학습풍토	·대구시 중학교 2년생: 455명	·단순상관 ·중다회귀분석	·가정의 과정변인과 학업성취는 무의미하며, 학습풍토 지각은 유의미한 결과를 보고함.
황기우 (1986)	·학생의 SES ·편부모,양부모관계 ·교사기대	·서울 5·6학년초등생: 310명	·T 검정 ·변량분석 ·단순상관관계	·교사는 학생의 SES에 따라 각각 차별적인 대우와 기대로 계층 간의 학업차이를 유발하는 것으로 보고함.
석태종 (1987)	·학생의 사회계층	·1910-1938사이의 서울, 경기, 대구 지역의 학적부: 4803부	·역사연구 ·문헌조사 연구	·1910-1938년 사이의 귀속적 신분 배경인 신분, 성, 출신지 세 요소가 개방되었으나 교육기회의 증대는 기대에 미치지 못했다.
김왕근 (1988)	·부의 사회경제적 지위 ·지능지수	·서울시 3학년 중학생: 182명	·F 검정 ·회귀분석	·사회경제적 지위는 부의 직업, 수입, 학력, 학업성적과 강한 상관이 밝혀짐
황순희 (1993)	·학력, 동창 ·사회자본	·일본 고등학교 졸업생	·면접, 관찰, 질문, 문헌조사	·학력은 사회적 자본을 축적시키는 기능과 연령이 높고, 남성이 여성보다 자본을 보다 많이 축적하고 활용도도 높다.
이위환 (1994)	·아동배경 -정상가족, 편모, 편부, 양부모 결손	·서울, 대구, 경북 일원 초등 5학년생: 475명	·변량분석	·아동의 가정특성에 따른 사회성 발달과 학업성취 연구에서 정상 가족 아동이 결손 가족 아동보다 사회성 발달이 높게 나옴.
남조령 (1994)	·학생의 SES	·서울시 6학년 초등생: 414명	·분산분석 (ANOVA) ·상관분석	·SES와 포부수준 학업성적 간에 유의미한 관계를 보고.
조기현 (1994)	·부모관계 ·학교의 지역적 특성 ·학생 배경 ·학급풍토	·광주시 5학년 초등생: 441명	·T검정 ·F검정 ·피어슨 상관	·사회계층과 학급풍토와는 무의미하고, 학업성취와는 유의미한 결과를 보고함.
주동범 (1997)	·학생배경 ·교육포부수준 ·모의 배경(교육수준, 직업, 수입 등)	·대구시 10개 초등학교 5학년: 537명 1학년 고등학생: 757명 ·어머니	·중다회귀분석	·모의 직업이 자녀의 교육포부수준에 부적인 영향을 끼침. ·교육포부 수준에 성차 연령차가 존재함. ·모의 교육적 기대가 자녀의 교육포부수준에 매개함.

연구자	문 항	표 집	연구방법	연구결과
오계훈 (1998)	· 가족구조 · 부모의 학력 · 무료급식 여부 · 과외여부 · 성별 등	· 서울시 6학년 초등생: 1011 명.	· 교차분석, · χ^2검증, · 중다회귀분석	· 구조적 결손가족의 아동은 양친가족의 아동에 비하여 유의미하게 낮은 학업성취 수준을 보였다. 그런데 이러한 결손가족 아동의 상대적으로 낮은 학업성취 수준은 부모의 부재 그 자체보다는, 이들이 직면하고 있는 열악한 경제적 여건에 의하여 초래되고 있을 가능성이 큰 것으로 나타났다.
김정숙 (1998)	· 심리적 가정환경 · 학교생활 태도	· 서울시 6학년 초등생: 368명	· T-test · 상관관계	· 심리적 가정환경 변인과 학교생활 태도 변인 간에는 유의미한 상관을 보이나, 심리적 가정환경과 학업성취와는 상관을 보이지 않음을 보고함.
강태중 (1999)	· 가족, 가문 · 학벌의 가치	·	·	· 사회적 자본이란 개념이 한국의 교육열 현상을 설명하는 데 어떻게 활용될 수 있을지 탐색하고 그 활용을 위한 개념적 틀을 구안하여, 이 틀을 기반으로 실증적으로 한국의 교육열 관련 행위들을 실증적으로 설명하고 있다. 실증적 분석의 결과는 이 연구에서 조작화 되어 있는 상태로서 사회적 자본 변인은 한국적 교육행위를 의미 있게 설명하지 못함을 보여 주었다.
김현미 (2000)	· 모의 취업 · 모의 양육태도	· 대구 소재 3,5학년: 395명의 학생과 어머니	· T검정 · 상관관계 · 중다회귀분석	· 부모의 사회계층과 양육태도 및 학업성취는 부분적으로 상관이 있는 것으로 나타남.
오진희 (2000)	· 사회계층 · 부모의 수용도	· 대구시 중학교 1-3학년: 802 명	· 상관분석 · 회귀분석 · 경로분석	· 사회계층이 높을수록 부모의 수용도 또한 높음을 보고함. 한편 부모의 아동에 대한 수용도가 학업성취에 유의미한 영향을 끼침.
김경근 (2000)	· 가족구조 · 부모의 학력 · 무료급식 여부 · 과외여부 · 성별 등	· 서울시 소재 6 학년 초등학생: 1011명.	· 중다회귀분석	· 아동의 학업성취에 가장 강력한 영향력을 미치는 것은 부모의 사회경제적 지위와 관련된 요인들임을 보여 주었다. 그러나 이러한 요인들과는 별개로 가족 내 사회적 자본도 아동의 학업성취에 의미 있는 결정요인으로 작용하고 있었다.

연구자	문 항	표 집	연구방법	연구결과
정경숙 (2000)	·부모의 양육태도 ·성격특성검사	·군포시 6학 년 초등생: 420명	·중 다 회 귀분 석	·부모의 양육태도(수용-거부, 자율-통제, 성취압력)가 아동 의 성격 및 학업성취에 영향 을 미치는 것으로 나옴.
이명주 (2000)	·사회자본 ·지도성	·	·문헌연구	·학교조직 구조의 개혁을 통해 교수법 개선을 위한 인적자원 개발을 위해서는 사회적 자본 을 개발해야 하며 이를 위한 지도성이 요구된다.
이정선 (2001)	·학업성공 ·사회자본	·초등학교 5학년	·문화기술연 구	·사회자본의 실체, 사회자본에 의 접근방법, 그리고 사회자본 의 활용방법으로 한정하여 사 회자본과 학업성공간의 관계 를 문화기술적으로 규명하여 가족 내에서 사회자본이 집단 간 다르게 실재한다는 점을 발견하고 동일 학교 내에서도 집단에 따라 사회자본이 다르 게 활용되며 지역사회 내의 사회자본이 집단에 따라 다르 게 활용되고 집단 간에도 차 이가 있음을 보고함.
심미옥 (2003)	·학부모의 자녀 교육지원활동	·초등학생 학부모	·양적연구	·자녀에 대한 교육지원 활동들 이 학부모의 배경변인 즉, 부· 모의 학력, 수입에 따라 차이 가 있고, 상위 계층에서 보다 다양한 유형의 교육지원활동 이 많음을 보고함.

이러한 결과는 가족의 인간적, 경제적 자본이 아동의 학업성취에 유의미한 영향을 매개함을 알 수 있다. 한편, 주동범(1997)은 모의 직업이 자녀의 교육포부수준에 부적인 영향을 끼치고 교육포부 수 준에 성 차 연령차가 존재하며 모의 교육적 기대가 자녀의 교육포 부 수준에 매개함을 밝히고 있다. 한편, 오계훈(1998)의 연구에서는 구조적 결손 가족의 아동은 양친가족의 아동에 비하여 유의미하게 낮은 학업성취 수준을 보였다. 그런데 이러한 결손가족 아동의 상

대적으로 낮은 학업성취 수준은 부모의 부재 그 자체보다는, 이들이 직면하고 있는 열악한 경제적 여건에 의하여 초래되고 있을 가능성이 큰 것으로 해석하고 사회적 자본보다 경제적 자본이 아동의 학업에 더 영향력을 매개함을 보고했는바 이러한 결과는 주동범의 연구 결과와는 사뭇 다른 결과라 하겠다.

오진희(2000)는 사회계층이 높을수록 부모의 수용도 또한 높음을 보여 주었으며, 부모의 아동에 대한 수용도가 학업성취에 유의미한 영향을 끼침을 보여 주었다. 오진희의 아동에 대한 사회계층 구분은 주로 경제적 자본에 근거한 자료들로써 이러한 풍부한 경제적 자본은 부모로 하여금 보다 높은 사회적 자본인 수용도를 가져와서 결국 아동의 학업성취라는 결과로 나타났음을 유추해 볼 수 있겠다.

국내 교육학 학문분야에서 최초로 사회적 자본이라는 용어를 가지고 연구한 황순희(1993)는 일본 쭈구바 대학 교수로 재직하면서 한국의 교육사회학연구 3권 1호에 "학력의 사회적 기능"이라는 제목으로 일본 내 고등학교 졸업생들을 대상으로 하여 학력과 사회적 자본과의 관계연구에서 학력은 사회적 자본을 축적시키는 기능이 있으며, 연령이 높을수록 그리고 남성이 여성보다 사회적 자본을 보다 많이 축적하고 활용도도 높다고 보고하고 있다. 이 연구는 한국이라는 사회 풍토에서 실행된 연구물은 아니지만 학계에 사회적 자본이라는 개념을 처음 소개하고 학문적인 논의를 촉발하였다는 점에서 그 연구 의의가 있다고 할 수 있겠다.

김경근(2000)은 서울시 소재 6학년 초등학생 1,011명을 대상으로 아동의 학업성취에 가장 강력한 영향력을 미치는 것은 부모의 사회경제적 지위와 관련된 요인들임을 보여 주었다. 그러나 이러한 요인들과는 별개로 가족 내 사회적 자본도 아동의 학업성취에 의미 있는 결정요인으로 작용하고 있음을 밝히고 있다. 이명주(2000)는 교사의 사회적 자본과 지도성 간의 관계연구에서 학교조직 구조의 개혁을 통해서 교수법 개선을 위한 인적자원 개발을 위해서는 사회적 자본을 개발해야 하며 이를 위한 학교장의 지도성이 요구된다고 한다. 이정선(2001)은 학업성공과 사회적 자본과의 관계연구를 위해 초등학교 5학년 아동과 학부모를 대상으로 문화기술 연구를 수행 한 결과 사회자본의 실체, 사회자본에의 접근방법, 그리고 사회자본의 활용방법으로 한정하여 사회자본과 학업성공 간의 관계를 문화 기술적으로 규명하여 가족 내에서 사회자본이 집단 간 다르게 실재한다는 점을 발견하고 동일 학교 내에서도 집단에 따라 사회자본이 다르게 활용되며, 지역사회 내의 사회자본이 집단에 따라 다르게 활용되고 집단 간에도 차이가 존재하는 것으로 보고하고 있다.

국내에서 수행된 사회적 자본에 관한 연구의 영역은 타학문 분야 즉, 행정학, 경제학, 정치학 분야의 연구와는 달리 미시적인(micro) 연구 접근법을 가지고 가족, 교사, 학교, 지역사회라는 학교교육(schooling)과 관련된 학생, 부모, 교사, 지역사회를 대상으로 면접, 설문, 관찰이라는 다양한 연구기법을 동원하여 사회적 자본의 영향 관계를 기술, 분석, 해석을 시도하는 것을 살펴볼 수 있다.

<표 II-9> 사회적 자본관련 가족 배경 변인의 특성

투입변인	빈도	변인의 성격	학업성취와의 관련성
학생의 성격 및 자아개념	2	-	○
가족의 구성형태 (확대가족, 핵가족)	5	+	○
포부수준	2	-	○
부모 관련 변인 -교육, 직업, 수입 -부모의 수용도 -부모의 양육태도	15	+, -	○, ×
학교(학급)풍토	5	+, -	○, ×
부모의 부재	2	+	○
편친가족, 정상가족	4	+	○, ×
교사기대	2	+	○, ×
지능지수	1	-	○
과외여부	2	+	○, ×
기 타	1	+	○

주: +: 사회적 자본, -: 경제적, 인간적 자본, ○: 유의미, ×: 무의미

Coleman(1988)은 가족의 배경 변인 중 경제적 자본(financial capital)은 가족의 소득수준에 의하여 결정되는 자녀에 대한 부모의 물질적 지원 능력을 의미하고, 인간자본(human capital)은 부모의 교육수준에 의하여 측정될 수 있는 바, 자녀의 학업에 도움을 줄 수 있는 인지적 환경과 관련되어 있다. 그리고 사회적 자본(social capital)은 부모와 자녀 사이 관계에 의하여 창출되어 주로 자녀교육에 대한 부모의 관심과 대화, 부모의 존재여부 및 시간의 투입이라는 형태로 나타난다. Coleman의 정의에 따라 앞에서 살펴본 연구

물들의 문항에 대한 특성을 살펴보면 <표 II-9>와 같다.

학생의 가족 배경은 대체로 부모와 관련된 것으로 교육수준, 직업, 수입, 부모의 수용도, 양육태도, 결손가족·정상가족 여부, 가족의 구성형태 등의 변인이 다른 변인보다 높은 빈도를 보였다. 이는 학생의 학업성적에 미치는 변인 설정 중 연구자들이 학생에게 가장 많은 영향을 끼치는 요인으로 부모라고 인식하고 있다고 해도 과언이 아닐 것이다. 특히 초등학생을 대상으로 한 연구가 절대 다수인 것으로 나타났는바, 이는 부모의 영향력이 학생의 연령이 낮은 시기에 보다 더 유의미한 영향력이 작용함을 보여준다 할 것이다.

이상의 국내 문헌 분석에서 나타난 변인의 특성을 살펴본바 본 연구에서 상정한 사회적 자본에 대한 용어를 갖고 연구를 수행한 국내 문헌은 아직 많이 부족한 실정이다. 그러나 사회적 자본이라는 용어는 사용하지 않았으나 사회적 자본 개념이 내포하는 정상가족 여부, 부모 외 성인 가족의 존재 여부, 형제자매 수, 자녀의 학습활동에 대한 부모의 지원 빈도, 부모의 교육활동 참여도, 학생의 과외활동 등의 변인이 국내 문헌에서 사용됨으로써 국내에서도 사회적 자본에 대한 관심과 학업성취에 영향을 미치는 다양한 변인 선정의 하나로써 사회적 자본 변인을 사용했다는 점에서 의미를 부여하고자 한다.

다. 사회적 자본의 구성요소

사회적 자본의 구성요소는 개념만큼이나 연구자별로 다양하게 제시되고 있지만, 크게 두 가지로 나누면 분석대상의 속성을 연구한 경우에는 신뢰를, 그리고 사회적 연결망 측면에서는 연결망에서의 위치 또는 구조적 특성에 의하여 연구되었다. 그러나 이와 같은 단일 차원적인 접근은 사회적 자본의 일면만을 강조하게 된다(박순미,

2000; Nahapiet & Ghoshal, 1998). 사회적 자본은 미시적, 중범위적, 거시적 세 가지 차원에서 분석될 수 있다. 미시적 차원의 분석은 배태된 행위자에 초점을 맞추며(개인 간의 관계 및 신뢰, 상호작용, 개인 간의 유대, 규범 및 통제), 행위자들은 자신이 배태되어 있는 사회적인 연결망을 통하여 다양한 자원을 동원 가능하다는 관점이다. 중범위적 차원의 분석은 사회적 자본의 연결의 구조화와 개인 행위자들 간의 연계의 유형화 및 연결망을 통하여 자원이 유통되는 방식에 초점을 집중한다. 거시적 차원의 분석에서는 특정한 사회적 자본의 연결망이 정치, 경제, 문화, 규범적인 체제 내에 잉태되어 있는 것으로 설명한다.

사회적 자본의 구성요소에 대한 연구는 크게 구조적, 관계적 차원에서 시작하여 그 구성요소가 확장하고 있음을 알 수 있다. Granovetter(1985)는 사회적 자본의 핵심 구성요소로 구조적 니재성(structural embeddedness), 관계적 내재성(relational embeddedness)[25]으로 구분하였고, 이에 대한 검증 절차는 Hakansson과 Snehota (1995), Lindenberg(1996)에 의하여 이루어졌다. 이후 구조적, 관계적 차원에 더하여 인지적 차원을 Nahapiet와 Ghoshal (1998)는 사회적 자본의 기능과 역할을 가치 창출을 위한 이론적이고 개념적인 틀로서 도입하였고[26], 이에 대한 검증은 Tsai 와 Ghoshal(1998)에 의하여 이루어졌다(Tsai & Ghoshal, 1998).

관계적 차원의 개념을 Lindenberg(1996)는 관계 차원을 구성원 개인의 행위에 대한 내재성으로 묘사하고, Hakansson과 Snehota(1995)는 행위자간의 연대로서 신뢰나 신뢰 관계를 형성하는 주요한 단면

---

25) 개인 상호간의 관계의 정도와 시간에 따라서 개인 간의 관계 진전도 등을 관계의 내재성으로 파악하고 있다(Granovetter, 1992).

26) Nahapiet와 Ghoshal(1998)은 사회적 자본의 세 가지 차원 즉, 관계, 구조, 인지 차원을 조직 내에서 자원의 교환과 결합을 통하여 조직의 목표에 활용되어질 수 있다는 속성의 개념으로서 이론적인 틀을 개념화하고 있다.

으로 이해되며(Putnam, 1993; Fukuyama, 1995), 또한 구성원 간의 동일시나 동일화로도 인식되어진다(Hakansson & Snehota, 1995; Merton, 1968).

구조적 차원의 개념을 Granovetter(1992)는 사회체제의 속성과 관련되며 전체 사회내의 관계 망(network of relations)으로서 설명한다. Bourdieu(1986, 1993)와 Putnam(1995)은 이러한 관계 망을 통해서 유용한 자원에 접근할 수 있고, 자원을 획득할 수 있는 관계행위로서 정의를 하고 있다.

인지적 차원 개념에 대하여 Coleman(1990)과 Putnam(1995)은 규범과 인정으로 인식하며, 더불어 이에는 의무와 기대가 포함된다(Mauss, 1954; Granovetter, 1985; Coleman, 1990; Burt, 1992)고 본다. 더불어 언어나 코드의 공유나(Arrow, 1974; Cicourel, 1973; Monteverde, 1995), 담론의 공유도(Orr, 1990) 인지적 차원의 사회적 자본으로 이해되어진다(Nahapiet & Ghoshal, 1998).

다음은 사회적 자본의 구성요소로서 관계, 구조, 인지적인 세 가지 차원으로 나누어 보다 구체적으로 살펴보면 다음과 같다.

1) 관계적 차원

관계적 차원(relation dimension)의 요소는 구성원 간의 관계 특성이 이익이나 가치 창출에 기여할 수 있는가에 초점을 두고 있다. 관계적 차원에서 가장 핵심적인 개념은 개인 간의 신뢰(trust)이다[27]. 이러한 신뢰의 사회적 자본은 사회적 지원관계에서 이용 가

---

27) 규범(Coleman, 1988), 일반적 호혜성(Putnam, 1993a), 그리고 연결망
    (Bourdieu, 1982)과 더불어 사회자본의 가장 중요한 요소로 인식되고 있
    는 개념의 하나는 신뢰이다(Lin, 2001; Yamagishi, 1998). 몇 몇 연구는
    사회자본의 가장 중요한 요소가 신뢰임을 경험적으로 보여주기도 하였
    다(Paxton, 1999; Zucker, 1986). 심지어 어떤 학자는 신뢰와 사회자본을

능한 자원으로 이해하는 입장이다(Jacob, 1965; Loury, 1977; Coleman, 1990). 관계적 차원의 사회적 자본은 신뢰나 신뢰할 수 있는 관계에 그 근원을 가지는 자산이다. 그리하여 신뢰의 행동은 관계성에 내재된 기제에 의해 발현된다(Uzzi, 1996). 신뢰는 관계의 속성이고 신뢰할 수 있는 관계는 관계 속에 내재된 개인의 행위양식의 속성을 지닌다(Barney & Hansen, 1994).

신뢰는 잠재적 생산성과 거래비용의 감소 효과를 가지고 있기 때문에 경제적인 가치를 지닌다. 신뢰는 사람 간의 관계에 관한 것이고, 그 관계 속에서 존재하며, 신뢰가 있으므로 해서 관련 행위자들은 서로 협동, 감시, 통제 비용을 절감할 수 있다는 점에서 사회적 자본의 전형적인 예라고 할 수 있다. 일반적으로 사람들은 모든 사람들과 신뢰관계를 형성하는 것이 아니라 혈연·지연·학연 및 그밖에 자신이 소속된 사회적 공동체 또는 조직 구성원으로서 지속적으로 접촉하는 일부 사람들 간에 신뢰관계를 형성한다. 그래서 신뢰가 조직 내 특정인들의 사적 이익을 추구하기 위한 파당(clique)을 형성하고 있다면 조직수준에서는 오히려 해로운 요소가 되기도 한다(이재열, 1996). 따라서 신뢰가 조직수준의 사회적 자본이 되기 위해서는 개별 구성원들이 가진 이익이나 기회의 총합이 아니라, 조직목표 달성과 공동 이익을 추구하는 공공재(public goods)로서의 특성이 추가되어야 한다. 따라서 집단에는 Pagden(1988)이 제시한 구성원들이 갖는 조직에 대한 신뢰인 공적 신뢰(public trust)와 구성원들 상호간의 신뢰인 사적 신뢰(private trust)가 공존한다. 공적

동일한 의미로 사용하기도 한다(Fukuyama, 1995b). 그러나 동시에 다른 많은 연구에서 신뢰는 사회자본을 만들어 내는 하나의 촉진 요인이라고 설명되기도 하고, 혹은 역으로 신뢰는 사회자본이 만들어 낸 하나의 결과적인 현상으로 접근되기도 한다(Portes, 1998)[1]. 물론 이러한 혼란은 개인의 심리적 상태를 가르치는 신뢰라는 미시적인 현상과 사회적 관계의 구조적 특성을 지칭하는 사회자본이라는 거시적인 현상을 구분하지 않고 사용하기 때문에 발생하고 있다(Adler & Kwon, 2000: 101).

신뢰는 사회내의 정보 배분과 통제에 밀접하게 연계되어 있으며 (Giddens, 1984), 조직 내부의 공적 신뢰의 정도는 제도적 규준의 투명성과 함께 정보의 개방성 정도를 알 수 있다(이재열, 1996). 또한 사적 신뢰는 협력(collaboration)과 매우 긴밀한 관계를 가지고 있기 때문에 집단 구성원들이 가진 사적신뢰와 공적신뢰 정도에 따라서 사회적 자본의 가치가 다르게 나타날 수 있다.

신뢰는 일반적으로 세 가지 단계를 거치면서 발전한다(Lewicki & Bunker, 1996: 119-124). 초기에는 신뢰를 어길 경우의 불이익이 신뢰를 유지함으로써 얻게 되는 이익을 초과하므로 신뢰를 지키는 '타산적 신뢰'(calculus based trust) 단계이고, 두 번째는 상호 교류가 증가하면서 상대방에 대한 경험과 자료가 축적하여 상대방의 행동에 대한 예측 가능성이 높아져 상대방을 믿게 되는 '지식의 신뢰'(knowledge based trust)가 형성된다. 마지막으로 서로의 목표, 규범, 가치 등이 일치하는 것이 확인되며 서로를 대신할 수 있고 내 이상으로 상대가 나를 대변해 줄 것으로 믿는 '동일화의 신뢰'(identification based trust)로 발전한다. 마지막의 세 번째 단계까지의 신뢰가 축적되면 개인은 가정의 규범과 기대 가치를 내면화하여 목표 달성을 보다 원활하게 이룰 수 있게 된다.

사회적 자본의 관계적 차원은 구성원들 간의 관계 특성이 이익이나 가치를 제공하는 것을 의미하기에 관계 속에 존재하며 관계는 교환을 통하여 창출된다(Bourdieu, 1986). 이러한 사회적 교환관계는 신뢰에 기반한 호혜주의 규범에 의하여 형성되며(Emerson, 1981), 이러한 호혜주의 규범은 협력 행동에 기꺼이 참가할 수 있는 근거를 제공하고(Putnam, 1993; Fukuyama, 1995; Tyler & Kramer, 1996), 감시 비용을 줄여주므로 거래비용 감소라는 경제적 효과를 제공하게 된다(Coleman, 1988).

부모-자녀의 신뢰 관계는 일반적으로 사적 신뢰로서 성격을 함

의하고 있으며 이에는 서로 간의 믿음, 대화, 관심과 지원, 협력 등
으로 구성이 된다. 사적 신뢰가 보다 바람직한 관계 신뢰를 추구하
기 위해선 공적 신뢰와의 조화와 연계선상에서 구축되어져야 할 것
이다. 부모의 자녀에 대한 왜곡된 관계 신뢰는 이기적인 교육열 양
상으로 표출된다. 이에는 "내 자식만 잘 키우면 된다", "남의 자식
이야 어떻게 되던 내 아이는 누구보다 소중하다". 그래서 부모들은
자녀를 위하여 자신은 물론 모든 가족이 자녀 교육을 위해 희생과
고통을 감내하고자 한다.

　　Coleman은 신뢰를 합리적 선택이론에 의거하여 사회적 관계에서
이익을 얻을 기회가 손해를 볼 기회보다 높을 때 신뢰가 생겨난다
고 보고 있다(Coleman, 1990). 김영화 외(1992)는 우리나라 자녀들
이 아버지와 대화하는 시간은 1주일에 평균 6.6시간 정도로 초등학
생의 경우 8.4시간, 중학은 6.6시간, 고등학생은 5.7시간으로서 학교
급이 올라갈수록 아버지와의 대화 시간은 줄어든다. 이것은 자녀가
아버지와 대화하는 시간이 하루평균 1시간도 채 안되며 주말에 대
화 시간이 몰려 있는 것을 감안하면 평일에는 대화 시간이 매우 짧
다는 것을 의미한다고 보고하고 있다.

가족배경의 사회적 자본

		낮다	높다
부모 자녀 간의 사회적 자본	낮다	Ⅰ. 저 신뢰형	Ⅱ. 불신관계의 신뢰
	높다	Ⅲ. 온정 관계의 신뢰	Ⅳ. 고 신뢰형

자료: 박순미(2000). 조직의 사회적 자본이 새로운 지적자본 창출에 미치
　　는 영향. 인적자원개발연구, 2(1). 171-203.에서 재구성.

[그림 5] 부모-자녀의 신뢰관계 유형

이러한 경험 연구를 통해 유추해보면 신뢰는 사람 간(부모-자녀)의 관계에서 생성되며 이러한 신뢰는 사람 간(부모-자녀)에 협동을 가능하게 하며, 감시나 통제의 비용을 줄일 수 있음을 고려한다면 일반적으로 부모와 자녀 간의 신뢰는 위험과 계산성의 수준에와 있다는 진단을 해 볼 수 있겠다.

가족 내에서 신뢰의 사회적 자본은 부모나 성인 가족과 자녀 사이의 관계 구조에 의하여 창출되어 다양한 형태로 표출된다. 일반적으로 정상가족이나 부모 가운데 적어도 한 사람이 자녀의 양육에 매달리고 있는 가족의 경우는 결손가족이나 부모 모두가 직업을 갖고 있는 경우와 비교하여 부모의 인간자본, 부모의 자녀에 대한 교육적 관심 및 조력, 자극적 교육환경, 부모와의 대화 등에서 차이를 보이며, 이러한 관계의 사회적 자본이 자녀의 학업성취와 비행행동에도 깊숙하게 관여하고 있다(이정선, 2000; Nye, 1958; Slocum and Stone, 1963; Chilton and Markle, 1972; Gove and Crutchfield, 1982). 부모-자녀 간의 신뢰관계 유형에 대하여 살펴보면 [그림 5]와 같다. 가족배경의 사회적 자본(family-background social capital; FBSC)의 축적에 대한 부모-자녀 관계의 사회적 자본(parent-child relations social capital; PCRSC)의 신뢰관계 유형은 크게 네 가지 유형으로 나타난다.

유형 I은 가족배경의 사회적 자본과 부모 자녀 간의 사회적 자본 모두가 낮은 경우로 이를 '저 신뢰형'이라 분류하자. 가족배경으로는 학생의 출생순위, 형제자매 수, 부모의 학력, 모의 취업 유무, 종교 활동, 정상가족 여부 등이 해당된다. 부모-자녀 간의 사회적 자본으로는 관계적 차원(신뢰, 대화, 관심 등), 구조적 차원(연결망), 인지적 차원(규범, 가치, 비전공유) 등이 속한다. '저 신뢰형'의 유형에서는 부모와 자녀 간의 대화나 관심의 부재, 많은 형제 수, 모의 취업 등 여러 가지 요소들이 작용하여 이러한 결과를 양산한다고

할 수 있겠다. 이와 대조적인 유형이 '고 신뢰형'이다. 이러한 유형
에 속하는 사회적 자본으로는 정상가족, 부모와 자녀 간의 풍부한
대화와 신뢰, 적극적인 교육적인 지원 관계 등을 들 수 있다.

'저 신뢰형'과 '불신관계의 신뢰'에 놓인 학생들은 학업성적과 행
동 측면에서 '온정 관계의 신뢰'와 '고 신뢰형'의 학생보다 학업성적
이 낮거나, 비행 학생이 많다는 것을 상정해 볼 수 있다.

<표 Ⅱ-10>은 국내외 연구자들이 사용하고 있는 관계 차원의 사
회적 자본을 나타내고 있다. 연구자들이 공통으로 사용하고 있는 관
계의 사회적 자본에는 학습조력 및 지원, 자극적 교육환경, 부모와의
대화, 지역사회의 학습자원[28], 대화 빈도 및 교육지원 등으로 여기서
국외 연구자들은 학습조력 및 지원, 자극적 교육환경을, 국내 연구자
들은 대화 빈도 및 교육지원 등의 변인들을 관계 차원의 사회적 자
본으로 동원하여 활용하고 있다.

국내·외 연구자들이 사용하고 있는 관계적 차원의 사회적 자본
으로 학습조력 및 지원(학습 분위기 조성 등), 부모와의 대화, 지역
사회의 학습자원 등의 변인들이 관계적 차원의 범주로 구분될 수
있는 근거는 다음과 같다.

---

28) Delgado-Garitan(1993)와 Ogbu(1991)는 학부모가 지역사회 활동에 참
여함으로서 얻은 교육적 정보를 자녀 학습에 대하여 어떻게 활용하는가
가 학업성공에 절대적이라는 점을 밝혀주었다. 부모가 지역사회 활동에
참가함으로서 자녀의 학업증진에 필요한 교육정보를 얻으며, 특히 구성
원들이 상호 밀접한 유대관계를 유지하고 있고, 타인 지향적일 때, 교육
정보(priviledged information)를 가지고 있는 타인에 더욱 의존하게 되
며, 따라서 학업성공에 있어서 지역사회의 영향은 더욱 증대된다.

<표 Ⅱ-10> 국내·외 연구자들이 사용한 관계 차원의 사회적 자본

연구자 \ 문항	Coleman (1988)	Sun (1998)	Pong (1998)	Edward (1999)	Rosenz weig (2000)	Kim (2000)	Zick et al (2001)	김경근 (2000)	오계훈 · 김경근 (2001)	이정선 (2001)	심미옥 (2003)
학습조력 및 지원: 자극적 교육환경	○	○		○	○		○				
부모와의 대화	○										
지역사회의 학습자원(박물관 등)		○	○			○					
대화 빈도 및 교육지원								○	○	○	○
학습 자료원(문화적 경험)										○	○
방과 후 가정 활동										○	○
학습 분위기 조성										○	○

첫째, 관계적 차원의 개념은 개인 간의 관계이고, 이러한 관계는 신뢰(trust)를 바탕으로 하여 견고(시간성과 지속성)하게 이루어진다. 이러한 신뢰의 사회적 자본은 사회적 지원관계에서 이용 가능한 자원으로 이해되며(Jacob, 1965; Loury, 1977; Coleman, 1990), 그리하여 부모와 자녀 간의 신뢰로운 행동은 관계성에 내재된 기제에 의해서 발현된다(Uzzi, 1996). 신뢰는 관계의 속성이고 신뢰할 수 있는 관계는 관계 속에 내재된 개인 행위양식의 속성을 지니기 때문이다(Barney & Hansen, 1994). 이러한 관계의 형성은 일반적으로 정상가족에서 보다 풍부하게 제공되는 것으로 부모가 있으므로 해서 자녀가 받을 수 있는 호혜적인 자산(asset)이기 때문이다.

둘째, 부모와의 대화나 학습지원(김경근, 2000; 이정선, 2001; 심미옥, 2003; Hoffer, 1986; Coleman, 1987, 1988, 1990) 등은 부모의 자녀에 대한 양육의 관심과 지원으로 자녀의 학업성취나 행동발달(Finn, 1989) 및 사회, 심리적인 측면(Mcneal, 1995) 등에도 상당한 영향력을 행사한다(Gove and Crutchfield, 1982).

Delgado-Garitan(1992)[29]과 Stanton-Salazar & Dornbusch(1995)는 미국에 거주하는 멕시코 인을 상대로 학업성취에 영향을 미치는 지역사회의 영향을 잘 설명하고 있다(이정선, 1996). 이들에 의하면 지역사회 구성원들 간의 사회적인 유대는 학생들의 학업 사회화를 규정하며, 가정 밖의 사회적 유대관계, 특히 교회나 대가족에의 참여 정도는 자녀의 학교교육의 과정과 결과에 지대한 영향을 미친다. 즉, 지역사회 구성원이 갖는 교육적 가치, 학업성취와 연관된 사회적 규범 및 유대관계는 학생들의 학업성적과 밀접한 관계를 갖는다. 지역사회 활동에 참여함으로써 부모는 자녀의 학업성적 향상 방법을 모색하며, 학생들은 학업성공 수준을 증가시키는데 도움을 얻는다. 지역사회의 학습자원은(이정선, 2001; Sun. 1988; Fukuyama, 1995; Pong, 1998) 부모가 가진 문화적인 자본과 사회적인 경험에 의해서 자녀에 대한 교육적인 관심과 지원을 하게 되고, 지역사회의 사회적 자본에 접근함으로써 교육에 대한 풍부한 자원과 정보를 자녀에게 제공하게 해준다. 자녀는 스스로 이러한 지역의 자원을 취득할 수도 있고, 부모나 지역의 인사에 의해서 획득이 가능한 관계 차원의 속성을 지닌 자본의 요소들이라 하겠다.

---

29) Delgado-Garitan(1993)와 Ogbu(1991)는 학부모가 지역사회 활동에 참여함으로서 얻은 교육적 정보를 자녀 학습에 대하여 어떻게 활용하는가가 학업성공에 절대적이라는 점을 밝혀주었다. 부모가 지역사회 활동에 참가함으로서 자녀의 학업증진에 필요한 교육정보를 얻으며, 특히 구성원들이 상호 밀접한 유대관계를 유지하고 있고, 타인 지향적일 때, 교육정보(priviledged information)를 가지고 있는 타인에 더욱 의존하게 되며, 따라서 학업성공에 있어서 지역사회의 영향은 더욱 증대된다.

2) 구조적 차원

구조적 차원(structural dimension)의 요소는 행위자들 간의 관계 연결망 특성(relational network properties) 또는 전체적 연결망 형태(total network configuration)를 말한다. 구조적 차원은 조직 내부에 형성된 사회적 관계의 합에 의하여 구축된 사회적 연결망을 말한다. 사회적 연결망은 정보와 자원의 흐름을 위한 채널이며, 사회적 상호작용을 통하여 다른 사람의 자원을 획득할 수 있는 기회를 제공한다(Burt, 1992). 여기서 정보의 흐름은 전체 조직에 균일하게 전달되는 것이 아니라 사람들 간의 상호작용과 긴밀한 연결망을 통해서 전달된다. 이러한 연결망은 구성원 간의 사회적인 관계의 유대 망(network)이라 할 수 있다.

이러한 개념의 기본 전제는 인간의 행동이 이를 촉진시키기도 하고, 반대로 구속하기도 하는 사회적 관계와 연결의 유대 망(network of social ties)에 의해 좌우된다. 이러한 사회적 연결은 정서적인 지지, 정보 및 물적 자원의 교환을 통하여 인간의 행동에 직접적으로 영향을 미치기도 하고, 사회적인 상호작용의 기초를 형성하는 규범과 기대, 그리고 사회적 구조를 통하여 간접적으로 영향을 미치기도 한다(Lee & Croninger, 1996: 4). 이를 부모-자녀 간의 교육장면에 대비시켜보면, 학부모가 자녀의 성공 기회를 증진시키기 위하여 축적한 복잡하고 다양한 사회적 기제(social mechanism)가 곧 사회자본이 된다. 즉 아동의 성장에 유용한 성인들과 아동간의 관계, 사회적 유대 망, 규범 등이 포함된다. 따라서 특정 사회의 구성원이 되거나 사회적 유대 망에 참가함으로서 형성되는 개인 간의 관계는 학교와 같은 제도적 구조를 지원하는 의무(obligation)와 신뢰(trust)의 발달을 촉진한다(이정선, 2001).

Tsai와 Ghoshal(1998)은 구성원 간의 사회적 상호작용 결속

(social interaction ties)정도가 구조적 차원을 의미한다고 보고 있으며, Nahapiet과 Ghoshal(1998)은 연결망 구조의 세 가지 특성으로 연결성(connectivity), 위계성(hierarchy). 밀도(density)를 제시하고 있다. 이러한 요소들 중에서 밀도는 사회적 연결망 연구에서 규모와 결합하여 강한 연결망(strong ties)과 약한 연결망(weak ties) 등으로 다시 구분할 수 있다.

　Hakansson과 Snehota(1995)는 구조적 차원의 사회적 자본은 사회적 상호작용(interaction)을 포함하는 것으로 행위자가 관계하는 집단에서 상호작용의 사회적 구조는 구성원에게 유리한 기회와 이점을 제공한다고 한다. 그리하여 개인은 다른 이와의 상호작용을 통하여 직업을 구하고, 정보를 획득할 수 있고, 특별한 자원에 접근할 수 있다고 주장한다. Burt(1992)는 연결망어서 구조적 여지(structural hole)를 가질수록 정보의 적시성, 적절성 그리고 소개(referring)에 의한 연결망의 재창출과 같은 정보력이 증대된다고 본다. 구조적 여지는 연결망에서 위계구조의 상층부에 있을수록 소유하게 된다는 점에서 구성원들이 적절한 정보를 신속하게 획득하기 위해서는 수평적일수록 정보와 영향력 집중도가 낮아지므로 정보의 흐름이 원활하게 이루어지며, 연결망 기반이 잘 구축되어 있을수록 상호작용 결속도가 높다는 것을 의미한다. 따라서 연결망 특성에 따라서 사회적 자본의 구조적 가치가 다르게 나타난다는 것을 알 수 있다(박순미, 2000).

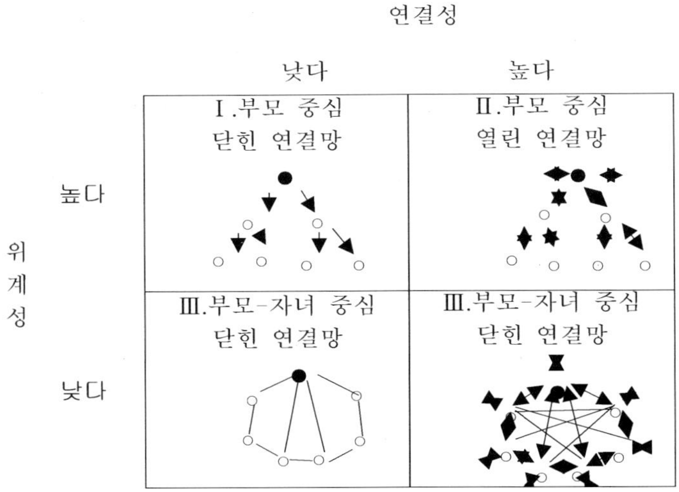

연결성

자료: 박순미(2000). 조직의 사회적 자본이 새로운 지적자본 창출에 미치
는 영향. 인적자원개발연구, 2(1). 171-203.에서 재구성.

[그림 6] 부모-자녀 간의 연결망(network) 유형

부모-자녀 간의 연결망(network)의 특성을 살펴보기 위하여 연
결성과 위계성 측면에서 파악하면 두 요소의 결합방식에 따라서
[그림 6]과 같이 네 개의 집단으로 유형화 할 수 있겠다. 연결성의
의미는 부모와 학생 간, 교사와 부모(학교교육활동 참여), 부모와
다른 부모 간(과외 및 양육 정보 교환), 자녀 간의 수평적·수직적
인 유대 관계 형성 정도를 의미하고, 위계성은 정보의 흐름, 영향력
과 권한의 집중정도를 의미한다. 여기서 위계성은 낮은 경우 가장
활발한 의사소통이 대인간에 이루어진다. 부모-자녀의 사회적 자
본이 가장 풍부한 경우는 제 Ⅳ 유형인 '부모-자녀중심 열린 연결
망'에서 가장 높고, 제 Ⅰ유형인 '부모중심 닫힌 연결망'에서 가장
낮게 나타날 것이다.

제 Ⅱ유형인 '부모 중심 열린 연결망'의 경우는 모든 정보가 부모

에게 집중되며 순차적으로 흐른다는 단점이 있으나, 다른 이와의 연결망이 높기 때문에 정보의 교환이 원활하게 이루어 질 수 있으므로 위계성과 연결성이 모두 낮은 '부모－자녀중심 닫힌 연결망'보다 필요한 교육적인 자원에 접근할 수 있는 기회가 더 높다고 할 수 있다.

연결망의 지원체제 의미로써 "가족이 소유하는 관계 망이 개인의 직업선택과 성공에 기여한다"고 정의한 Bourdieu(1977)에 따르면, 구조적 차원의 사회적 자본은 부모－자녀 간의 관계 망으로 인하여 학생의 발달에 영향을 미치는 부모의 실질적인 관여로 이해될 수 있고, 이에는 부모의 학교활동 참여(Coleman, 1988; Edward, 1999; Rosenzweig, 2000), 과외여부(Coleman, 1988), 전학 및 이사회수(Coleman, 1988; Pong, 1997, 1998) 등이 있다.

이러한 관계의 연결망은 부모의 계층에 따라 다양한 양상으로 드러난다. 부모의 계층에 따른 사회 망에 의한 자녀의 교육적인 지원 양상에 대하여 박소진(2003)은 양질의 정보를 많이 모을 수 있는 어머니의 능력은 그 자체가 자녀교육을 위한 문화자본(cultural capital)의 일종이며 그러한 능력은 어머니들 자신의 삶의 경험－특히, 교육 경험[30]－과 밀접한 연관이 있지만, 또한 의식적이고 지속적인 다양한 활동에 의해서 만들어지고 축적되어지기도 한다고 보고 있다.

중산층은 재생산의 도구로서 교육체제의 특별한 힘을 활용한다. 더욱이 교육시장 속에서 계층 전수의 메커니즘은 중복적으로 감춰져 있다고 볼 수 있다. 노동자 계층 가족들의 학교 선택, 교육열의 표출 방식은 장기간의 계획에 걸친 결정이 아니며, 미래에 관한 것이 아니라 여기에서 지금 일어나는 현실적인 것이다. 중류층 학부모에 의한

---

30) 이러한 교육경험은 부르디외가 말하는 제도화된 문화자본(학력)과 체화된 문화자본 둘 다를 포함한다 (Bourdieu, 1986).

교육시장의 활용은 재생산의 특별한 전략들을 그들은 구사하며, 그들의 자녀에 대한 교육열의 모습은 '계층 구성원 혹은 계층분류 전략은 계층에 관련된 구조 속에서 자신들의 위치를 유지하고 개선시키려는 의식적 무의식적 경향의 교육열 양상'이라 할 수 있겠다. 초등학생을 위한 사교육 시장의 팽창은 단순히 양적인 팽창이 아닌, 사교육의 내용, 가격, 형식 등의 면에서 그 시장의 "다양화"(diversification)와 "차별화"(distinction)를 내포하고 있다는 점이다. 그리하여 박소진(2003)은 인터뷰에 응했던 대부분의 여성들은 사교육 기관들의 이러한 차별성을 잘 알고 있었고, 자녀를 위해 어떤 사교육 기관을 선택할지 판단기준이 되는 다양한 정보들을 수집하려고 노력하고 있었다. 이러한 사실은 계층에 따른 자녀의 교육적 지원 양상은 가정의 수준뿐만 아니라 이를 부추기는 사회의 다양한 시장기구들도 그 한 몫을 담당하고 있음을 알 수 있다고 분석한다.

어머니들의 자녀 교육 지원에 대한 연결망(사회 망)은 철저하리만큼 계층 간에 서로 배제 적이고, 차별적인(distinctive)[31] 경향을 보이고 있다. 동일 계층 어머니의 교육적인 정보의 교환과 거래는 다양한 기준들에 의해서 배타적인 방식으로 구성된다. 이는 비슷한 경제 소비 지출이 가능한 집단과 계층, 지역을 중심으로 하여 학교 선택, 전학, 이사, 과외 선생 구인 등 이러한 교육정보 활동이 가치로 인정되고, 누구와 그것을 공유할 것인가 하는 구별 짓기와 차별화, 경계가 형성된다. 이리하여 최근 일부 연구(설동훈, 1994; 최샛별, 2002)에서는 한국 사회가 90년대를 넘으면서 점차 계급 간의 경계가 더욱 공고해 지는 방향으로 변화하고 있는 현상의 전조라는 해석을 하기도 한다.

---

31) 김진영(2003)은 소득이 상승하고 상대적으로 교육비용의 부담이 적어지면 능력이 낮은 사람들의 교육에 대한 수요가 증가하고 그러면 능력 있는 사람은 자신을 차별화하기 위해서 불필요한 추가적 교육을 더 받아야 하는 현상 때문에 교육열이 지나치게 과열된다고 본다.

구조적 차원의 사회적 자본은 부모의 계층에 따라 자녀 교육 지원
에 대한 다양한 양상은 가정의 교육 지원활동과 더불어, 지역사회, 학
교로까지 확장한다. 여기서 부모의 학교 관여나 학교 교육활동 참여
는 사회적 자본 형성의 주요한 열쇠가 된다(Samuel, 2000). 그래서
부모-자녀 간의 상호 작용과 학생의 학업에 대한 부모의 개입은 아
주 중요하다(Seginer, 1983; Chen & Uttal, 1988; Delgado-Garitan,
1992; Reynolds, 1992; 이정선, 2001에서 재인용).

가톨릭계 학교에서 학생, 교사, 학부모들이 종교의 공동체 의식을
공유하면서 갖게 되는 유기적인 관계 망(social network)을 사회적
자본으로 개념화한 Coleman(1982)과 그의 동료들은 이러한 유기적
인 구조의 관계 망이 공립학교보다 우월한 학업성취를 고양하는 하
나의 요인임을 밝히고 있다. 이러한 관계의 연결망은 개인 간 신뢰
의 상호작용에서 출발한다. 관계가 지속될수록 서로 신뢰하게 되고
그리하여 관계는 보다 구체적이 되고 서로에 대해 보다 많은 정보
의 공유와 다른 이와 차별적인 공통의 시각과 견해를 공유하게 된
다(Nelson, 1989). 이렇듯 구조의 사회적 자본은 가정과 지역사회
구성원 간의 유대와 상호작용의 양과 질에 따라 구체화된다. 가정
에서 강한 유대감을 형성하기 위해서는 양부모가 존재하여야 하며,
지속적으로 부모와 접촉하여야 하고, 부모의 관심과 개입이 있어야
한다. 이러한 지속적인 관심이 밀접하고 감시적인 분위기를 형성하
며 그러한 분위기 속에서 규범이 전수되고 제재와 상찬이 행동을
규제할 수 있다(이정선, 2001).

<표 Ⅱ-11> 국내·외 연구자들이 사용한 구조적 차원의 사회적 자본

문항＼연구자	Coleman (1988)	Sun (1998)	Pong (1998)	Edward (1999)	Rosenz weig (2000)	김경근 (2000)	이정선 (2001)	심미옥 (2003)
부모의 학교활동 참여	○			○	○			
과외 여부	○							
전학 및 이사 회수	○		○					
과외여부						○	○	○
교육에 대한 정보교환							○	○
학교교육 활동 참여							○	○

<표 Ⅱ-11>은 국내·외 연구자들이 사용하고 있는 구조적 차원의 사회적 자본을 나타내고 있다. 연구자들이 사용하고 있는 구조적 차원의 사회적 자본에는 부모의 학교활동 참여, 과외 여부, 전학 및 이사 회수, 교육에 대한 정보교환, 학교교육 활동 참여 등의 문항을 구조적 차원의 사회적 자본[32]으로 동원하여 활용하고 있다.

국내·외 연구자들이 사용하고 있는 구조적 차원의 사회적 자본으로 부모의 학교활동 참여, 과외 여부, 전학 및 이사 회수, 교육에 대한 정보교환 등의 변인들이 구조적인 차원의 범주로 구분할 수

---

32) 사회적 유대망의 강도와 밀접성 혹은 결핍 여부에 따라 사회자본이 지속되기도 하고 소멸되기도 한다. 부모-자녀와 같은 세대 간 관계에서 그러한 밀접성의 효과는 쉽게 발견된다. 세대 간의 밀접성이 각자 부모들로 하여금 자녀 양육에 대한 사회자본을 강화해 준다. 따라서 밀접한 사회적 유대망은 효과적인 규범의 존재를 위해서뿐만 아니라 의무와 기대의 증진을 가져오는 사회구조의 신뢰라는 측면에서도 중요하다(이정선, 2001).

있는 근거는 다음과 같다.

첫째, 구조적 차원의 사회적 자본은 부모-자녀 간의 관계 망으로 인하여 학생의 발달에 영향을 미치는 부모의 실질적인 관여로 이해될 수 있고, 이에는 부모의 학교활동 참여가 학생의 인지, 행동 발달 등에 중요한 영향력을 매개(주동범, 1988; 김경근, 2000; Coleman, 1988; Edward, 1999; Edwards & Warin, 1999; Rosenzweig, 2000)하기 때문이다. Beth(2000)는 학교 관여에 대한 부모의 유형 중 학생중심 관여와 학교활동중심 관여에 따른 학생의 학업성취를 살펴본바 학생 중심의 관여 형태가 학교 중심 관여에 비하여 3배정도 읽기 학습에 우월한 성취를 보이며, 수학 성적에는 양 유형 모두 동일한 영향을 매개하였다고 밝히고 있다. Pamela(2000)는 학생의 수학 숙제를 지원하기 위하여 부모 훈련 프로그램에 참여한 학부모들은 그렇지 않은 학부형보다 그들의 자녀들이 ITBS(Iowa Test of Basic Skill) 수학 시험에서 보다 낳은 학업성취를 보인다고 한다.

둘째, 전학이나 이사는 구조적 차원의 사회적 자본 형성에 있어 막대한 결손을 초래한다. 사회자본의 유지와 붕괴에 영향을 미치는 조건으로 사회구조의 안정성을 들 수 있다. 사회조직의 붕괴는 곧 사회자본의 소멸을 가져온다. 거주지 이주와 같은 개인의 이동은 구조 자체를 붕괴시킬 수 있는 잠재적 행동이 되며, 관계의 단절로 인하여 사회자본도 와해된다(이정선, 2001; Coleman, 1988; Pong, 1997, 1998; Pettit & Mclanahan, 2003). 질적으로 더 낳은 곳으로의 주거이동이 자녀의 교육기회를 증가시킬 수는 있지만 이동으로 인하여 사회적 연계가 손상되기 때문에 결과적으로 자녀의 생활에 부정적 효과가 발생할 수 있어서 이동의 효과가 상쇄된다고 본다(Coleman, 1988). Pong(1998)은 편친 가족 구조나 가족의 잦은 이사는 학교, 지역 사회 활동의 축소로 이어져 사회적 자본의 약화를 초래한다고 한다. 이는 학생이 지역 사회로부터 받을 수 있는 사회적 지원이나 다른 부모의 관심으로부터 제약을 가져오기 때문이라고 한다.

어머니들의 자녀 교육 지원에 대한 연결망(사회 망)은 철저하리만큼 계층 간, 지역 간에(강남 8학군과 대구의 경우 수성학군 등) 서로 배제 적이고, 차별적인(distinctive) 경향을 보이며, 동일 계층 어머니의 교육적인 정보의 교환과 거래는 다양한 기준들에 의해서 배타적인 방식으로 구성된다. 이는 비슷한 경제 소비 지출이 가능한 집단과 계층, 지역을 중심으로 하여 학교 선택을 위하여 전학이나 좋은 학군으로의 이사를 하게 되고 더불어 과외 선생에 대한 구인 활동, 가까운 이웃과 소풍 등으로 사회 유대 망 구축하기, 식사 초대 등으로 다른 가족과 비공식적인 동료 유대 망 구축하기, 자녀의 친구 부모와 시간 함께 하기 등 이러한 교육정보 교환활동이 가치로 인정되고, 누구와 그것을 공유할 것인가 하는 구별 짓기와 차별화, 경계가 형성되기도 한다.

Lee(1977)는 한인들의 사회활동은 교회 중심의 폐쇄적인 지역사회 안에서 이루어지며, 특히 교육 문제에 있어서 '타인 지향적'(other-directed)인 경향을 나타낸다고 한다. 그것은 이들이 이웃 특히 지역사회 내에서 교육정보를 많이 가지고 있다고 간주되는 사람에게서 거의 모든 교육정보를 얻으며, 이들의 권유에 쉽게 넘어가기 때문이다. 이러한 밀접한 유대 관계 때문에, 구성원 상호 간에는 학교교육에 관한 모든 정보를 공유하며, 이웃을 통해 입수한 정보(과외, 교육정보)를 자녀 교육에 활용한다. 그런데, 지역사회 내의 사회자본 혹은 정보에 접근하는 정도는 성적 우수 집단과 평균 이하 집단 사이에 차이를 보인다. 전자는 지역사회 활동에 적극적으로 참여함으로써 사회자본을 획득하여 자녀교육에 활용한 반면, 후자는 소극적 참여 혹은 불참으로 인하여 필요한 사회자본을 확보하지 못해 자녀교육에 필요한 정보를 제공해 주지 못한다(이정선, 1996).

셋째, 교육에 대한 정보교환은 유리한 교육조건의 지역으로 이사,

과외정보의 획득 즉, 유명하거나 명망 있는 강사나 과외 교사 등의 정보습득을 통하여 보다 유리한 조건에서 자녀를 양육하고자 하는 육아, 과외, 교육정보 등을 서로 교환한다. 여기서 사회적 자본의 폐쇄성을 지적한 Portes(1998)는 사회적 자본의 역기능으로 타 공동체 사람(계층)에 대한 배척과 외부인의 배제 등의 폐단을 지적하기도 하였다.

3) 인지적 차원

인지적 차원(cognitive dimension)은 Cicourel(1973)에 의하면 자원에 대한 표현(representation), 해석(interpretation)과 각 부분들 간의 의미 시스템들 간의 공유를 말한다. 인지적 차원인 비전의 공유는 구성원들을 공유된 목적의식과 견해, 가치관을 갖는 인지체계를 갖게 하므로 집합적인 의미와 상황을 해석할 수 있게 한다(Weick, 1979, 1993). 공유비전은 공통의 인지체계에 의하여 구성원들이 상호 정보 교류와 의사소통을 촉진하게 하며, 이를 Tadao(1988)는 조직 구성원들이 공통된 인지체계를 가지고 있을 때는 서로의 경험이나 학습 성과를 교류하기가 쉬워진다고 본다.

Nahapiet과 Ghoshal(1998)은 정보가 개인의 인지능력에 의하여 지식으로 변환되며, 지적자본은 사회적 상황 속에서 내재된다는 점에서 인지적 측면이 고려되어야 한다고 주장하였다. Hedberg(1981)는 조직은 사람과 다르게 두뇌를 가지고 있지는 않지만 대신 인지 체계를 가지고 있으며, 조직의 인지 체계란 특정한 조직구성원의 유입 또는 유출과 관계없이 조직행동의 일관성을 유지시켜주고, 조직의 규범, 가치, 문화 등을 보조·발전시켜주는 기본 메커니즘이라고 주장한다. Tsai와 Ghoshal(1998)은 구성원의 비전 공유(shared vision)[33]

---

33) 구성원에 대한 비전이나 규범의 공유를 인지적 차원의 중요한 구성요소

를 조직구성원들의 공동의 목표와 열망에 의하여 상황과 의미를 공유하게 한다는 점에서 인지적 차원의 특성으로 보았다. 인지적 차원이 사회적 자본의 한 측면으로 고려될 수 있는 이유는 조직 구성원들이 상황과 의미를 공유함으로써 조직이 필요로 하는 핵심가치와 역량이 무엇인가를 인식하고, 공동 목표달성을 위한 구심점 역할을 하게 되므로 조직 내부의 인지적 특성에 따라 가치 창출 정도가 다르게 나타날 수 있기 때문이다.

Nye(1958)는 가족 구성원에 있어서 한 가정의 공동 목표 달성에 대한 인지 즉, 부모와 자녀가 함께 느끼는 목표에 대한 상황과 의미의 공유도 정상가족에서는 자연스럽게 형성되고 유지되는 것으로 인식이 되나, 결손가족 특히, 계부와 자녀 간의 애정과 유대의 결핍은 자녀에 대한 통제의 상실을 의미한다고 지적하고 있다. 일반적으로 연구들은 부모의 교육 달성 정도가 그들 자녀의 학교 비행 관여에 영향을 매개한다고 주장하면서, 그러한 영향은 가정에서 교육적인 자원(West, 1982), 가족의 사회화(Cloward and Ohlin, 1960), 미래 교육에 대한 열망과 기대(Myers et al., 1987) 등으로서 활용되어지는 속성을 지닌다고 본다. 부모의 높은 학력은 그 반대의 부모보다 자녀로 하여금 보다 생산적인 학교생활과 교사나 학교 행정가와의 원활한 관계 형성에 기여한다고 주장한다. 특히 어머니의 교육 달성 정도는 보다 적극적으로 학생의 학교 몰입에 영향을 준다는 것이다.

이기는 하나 Coleman(1990)은 이에 대하여 한 사회에서 개인 구성원 간의 특별한 맥락의 인지적인 규범 공유가 부재하더라도 전체 사회의 집합적인 가치(collectively values)가 구성원들을 규제하고 규범을 서로 공유하게 만든다는 것이다. 이러한 사실을 그는 자녀를 둔 어머니가 시골에서 도회지로 이사를 가는 경우를 들어 설명하고 있다. 공원에서 아이가 혼자 놀 때 어머니가 없어도 지역의 어른이나, 친구 엄마, 기타 다른 성인들에 의해 자녀가 보호를 받을 수 있다는 것이다. 이는 사회 구성체가 서로 집합적인 가치를 서로 공유하기 때문이라고 설명하고 있다.

부모-자녀 간의 인지적 차원의 관계에서 학생은 부모의 바램과 소망을 인지하고, 반대로 부모는 학생의 원하는 바를 서로 인식하는 관계차원에 이르면 모두에게 만족을 줄 수 있는 부모-자녀 간의 관계라 하겠다. 가정의 공동목표를 위해 가족 구성원이 모두 협력하여 노력할 때 가족의 인지적 자원은 증대되고 보다 가치 있는 목표를 달성할 수 있다. 가족의 구조도 부모-자녀 간의 인지적 자원에 영향을 주는 대표적인 요인으로 일반적으로 결손가족(한 가족, 편친가족)의 경우는 정상가족에게서 보이는 인지적 차원의 사회적 자본은 부족하다고 볼 수 있겠다.

사회적 자본의 인지적 차원에 대한 요소로 부모의 자녀에 대한 교육적인 기대와 규범, 생활통제 등은 자녀에게 긍정적인 면과 부정적인 측면 모두를 가진다. 여기서 긍정적인 면은 자녀의 학업에 대한 지원과 관심이 학업성취에 주는 영향을 의미하고, 부정적인 면은 부모의 자녀에 대한 기대와 규범이 지나쳐서 오히려 자녀가 이에 대한 반작용으로 비행, 중도탈락, 일탈행위, 결석 등의 사회·심리적인 측면의 부작용을 초래 할 수도 있다. Lamb(1975)에 의하면, 아버지는 딸보다 아들의 행동과 능력에 대하여 보다 민감하게 반응하고, 아버지와 아들의 친밀한 관계는 아동에게 분석적인 인지양식을 길러주는 반면에, 어머니와 아들의 친밀한 관계는 분석적이기보다는 전체적인(global) 인지양식을 길러준다고 하며, 딸에 있어서는 딸의 학구적 진보에 관심이 있는 아버지라도 지나치게 친밀한 아버지 딸의 관계보다는 아버지로부터 약간의 거리감과 자율성이 요구되고 있을 때 오히려 딸의 인지적 발달이 보다 잘 이루어진다고 한다.

Thomas(2001)는 정상적인 부모와 함께 살고 생활하는 학생이 그와 반대의 경우 학생보다 좋은 학업성취를 보이며, 또한 부모와 떨어져 있거나 사람들로부터 고립된 학생들보다도 학업이 뛰어났다고 한다. 일반적으로 부모의 높은 기대와 포부, 학교생활 및 학업과 관련된 규범과 대화, 학교행사의 참여 등과 같은 자녀 교육에 대한 부모의 기대와 규범의 관심사도 학업성취에 긍정적인 영향을 준다고 볼 수 있겠다. Rosenzweig(2000)는 부모의 학생에 대한 기대 및 규범의 관여가 학업성취에 미치는 효과를 메타분석과 중다회귀분석을 통하여 7가지 부모의 긍정적·부정적인 관련 변인을 추출하여, 긍정적 관련 변인으로는 ① 교육적 열망, ② 부모의 관여, ③ 부모의 권위, ④ 부모의 학생에 대한 자율적인 지원, ⑤ 감정적인 지원, ⑥ 학습에 대한 경험적 자원의 제공, ⑦ 부모의 학교 활동에 대한 참여를 제시하고 SES, 학년, 인종의 세 변인은 위에서 제시한 7가지 변인과 학업성취 사이의 관계에 상호 작용하는 결과로 나타났으며, 부정적인 관련 변인으로 ① 낮은 성적에 대한 제한, ② 외부적 보상, ③ 부정적인 통제, ④ 숙제 검사, ⑤ 부모로부터의 이탈 ⑥ 순종에 대한 격려, ⑦ 허용과 통제 등을 들고 있다. 김경식·안우환(2003)은 초등학교 6학년 학생을 대상으로 한 가족의 사회적 자본 탐색 연구에서 사회적 자본의 하위요인 중 부모와 학생 간의 학교에 대한 이야기, 부모의 훈육 사항이 학생의 학업성취에 상당한 영향을 주며, 아울러 부모의 학습도움, 학원 과외 활동 사항도 역시 의의 있는 영향을 주는 것으로 나타났으며, 부모의 기대와 훈육 요인인 부모 벌(꾸짖음)의 문항은 경로 분석을 통해 확인한 결과 상당한 영향력이 매개함을 보고하고 있다. 인지적 차원의 요소인 이러한 부모의 기대 및 훈육(생활통제), 규범 등은 그것이 과열되고 지나칠 경우 가정의 문제를 넘어 사회적인 문제로까지 비화되기도 한다. 이러한 사실은 부모의 자녀 교육에 대한 기대가 넘쳐 교육 경쟁으로 치닫는 사실에서 확연하게 확인 할 수 있다. 교육 경쟁도 학생 사이의 경쟁보다는 이를 후원하고 기대하는 부모 사이의 경쟁 양상을 지니며, 강남의 한 초등학교 교사는 공부 경쟁이 아이들끼리의 경쟁이 아니라 학부모끼리의 경쟁이라고 다음과 같이 진술하고 있다.

　"여기 애들이 서로 공부하는데 경쟁하고 공부 샘내고 그런 건 별로 없는 것 같아요. 애들까지는 경쟁이 아니 예요. 학부모 경쟁이죠. 애들은 공부하기 싫어하는데 부모들이 그러는 거죠. 자기 스스로 하는 애들도 있지만 애들도 경쟁 같은 것 못 느끼겠어요. …… (중략) …… 내 생각에는 자기 스스로 공부에 대한 의욕이 생겨서 그러는 것 같으면 자기가 시간 내서 하는데 항상 공부해라, 공부해라 하는데 짓눌러서 기계적으로 하다보니까 자기 스스로는 그런 것 같아요"(김영화 외, 1992).

　이러한 부모들의 자녀에 대한 지나친 교육적 기대와 경쟁은 이기적인 교육열과 함께 학교교육의 불신을 낳고 심지어 자녀출세를 위해 조기유학이나 교육이민도 마다하지 않는다. 어머니의 자녀에 대한 지나친 기대를 임옥희(2001)는 다음과 같이 갈파하고 있다.

　"어머니들은 자식을 위해서라는 명분으로 교육정책이 해마다 바뀌도록 하는데 일조해 왔다. 강남개발 붐과 부동산 투기는 8학군을 선호한 어머니들의 치마 바람과 합세했다. 촌지와 부정입학의 이면에도 어머니가 있고 조기유학의 이면에도 어머니가 있다. …… (중략) …… 제도화된 모성과 가정 주부화 현상이 결합된 어머니들의 불안심리가 자녀교육에 투사되어 자녀교육 히스테리라는 주부 병으로 발산된다."(임옥희, 2001: 37).

　<표 Ⅱ-12>는 국내외 연구자들이 사용하고 있는 인지적 차원의 사회적 자본을 나타내고 있다. 연구자들이 사용하고 있는 인지적 차원의 사회적 자본에는 부모의 학생에 대한 기대, 부모 외 성인가족의 존재여부와 관계, 종교 활동, 학습과 생활 통제, 기대교육수준, 학습 및 생활통제 등의 문항을 인지적 차원의 사회적 자본으로 동

116

원하여 활용하고 있다.

<표 Ⅱ-12> 국내·외 연구자들이 사용한 인지적 차원의 사회적 자본

연구자\문항	Coleman (1988)	Sun (1998)	Pong (1998)	Edward (1999)	Rosenz weig (2000)	Kim (2000)	Zick et al (2001)	김경근 (2000)	오계훈·김경근 (2001)	이정선 (2001)	심미옥 (2003)
부모의 학생에 대한 기대	○		○	○	○						
부모 외 성인 가족의 존재여부와 관계	○	○			○		○				
종교 활동			○			○					
친구에 대한 부모의 인지	○		○								
기대교육수준								○		○	○
자녀 친구 부모인지								○			
학습 및 생활통제					○					○	○

국내·외 연구자들이 사용하고 있는 인지적 차원의 사회적 자본으로 부모의 학생에 대한 기대나 생활통제, 부모 외 성인가족의 존재여부, 자녀의 친구나 친구 부모에 대한 인지, 종교 활동 등의 변인들이 인지적인 차원의 범주로 구분할 수 있는 근거는 다음과 같다.

첫째, 부모의 자녀에 대한 기대나 생활통제는 부모-자녀 간의 인지적 차원의 관계에서 자녀는 부모의 바램과 소망을 인지하고, 반대로 부모는 자녀의 원하는 바를 서로 인식하는 관계에 이르면 모두에게 만족을 줄 수 있는 부모-자녀 간의 관계라 하겠다. 비전을 공유하는 부모-자녀 간의 관계는 교육적인 열망을 더욱더 향상시키며, 더불어 가정에 활기와 흥미를 불어넣는다. 진정으로 달성하기를 원하는 높은 목표를 설정하고 이를 달성하기 위한 위험 감수와 도전의식을 불러일으키기도 한다. Senge(1990)에 의하면 비전의 공유는 불신의 사람 관계를 함께 일하도록 하는 첫 번째 단계이며, 다양한 구성원들을 공동의 열망에 의해 서로 결합되고 결속되도록 하는 힘으로써, 구성원들이 지식 교환과 결합을 위한 동기부여의 조건을 충족시켜 주는 요소가 될 수 있다고 한다.

가족 간의 상호작용과 기대의 질과 더불어 부모가 자녀에게 부과하는 규범과 가치, 기대교육 수준 등은 자녀의 인지발달에 중요한 역할을 하며(Iverson & Walberg, 1982; Asp, 1985; Rohner & Pettngill, 1985; Mordkowitz & Ginsburg, 1986; Fehrmann, Keith & Reimers, 1987; Lobel & Bempechat, 1992; 이정선, 2001에서 재인용), 부모의 가치체계, 교육적인 기대, 행동양식 등이 자녀의 학업 성공에 영향을 미친다(Barwick & Arbuckle, 1962; Parsons, Adler, & Kaczala, 1982; Dornbusch et al., 1987; Lee, 1987; Grolnick, Ryan, & Deci, 1991; Duran & Weffer, 1992; 이정선, 2001에서 재인용). 부모의 자녀에 대한 기대는 국가, 사회적으로 우수한 인물이나 지역사회 내에 위치한 친구나 친척 중에서 사회적으로 인정되는 우수한 학생을 모델로 설정하여 이것으로 자녀에 대한 기대치를 설정하고, 더불어 가정, 학교생활 전반을 통제하기도 한다. 여기서 낮은 성적에 대한 제한이나 외부적 보상, 부정적인 통제 방식은 자녀의 발달에 부정적으로 작용하기도 한다(Rosenzweig, 2000).

둘째, 부모 외 성인가족의 존재여부, 자녀의 친구나 친구 부모에 대한 인지의 자원은 상황과 의미의 공유라는 측면에서 설명이 가능하다. Tsai와 Ghoshal(1998)은 구성원의 비전 공유(shared vision)를 조직구성원들의 공동의 목표와 열망에 의하여 상황과 의미를 공유하게 한다는 점에서 인지적 차원의 특성으로 보았다. 인지적 차원이 사회적 자본의 한 측면으로 고려될 수 있는 이유는 조직 구성원들이 상황과 의미를 공유함으로써 조직이 필요로 하는 핵심가치와 역량이 무엇인가를 인식하고, 공동 목표달성을 위한 구심점 역할을 하게 되므로 조직 내부의 인지적 특성에 따라 가치 창출 정도가 다르기 때문이다. 구성원에 대한 비전이나 규범의 공유를 인지적 차원의 중요한 구성요소이기는 하나, Coleman(1990)은 이에 대하여 한 사회에서 개인 구성원 간의 특별한 맥락의 인지적인 규범 공유가 부재하더라도 전체 사회의 집합적인 가치(collectively values)가 구성원들을 규제하고 규범을 서로 공유하게 만든다는 것이다. 이러한 사실을 그는 자녀를 둔 어머니가 시골에서 도회지로 이사를 가는 경우를 들어 설명하고 있다. 공원에서 아이가 혼자 놀 때 어머니가 없어도 지역의 어른이나, 친구 엄마, 기타 성인들에 의해 자녀가 보호를 받을 수 있다는 것이다. 이는 사회 구성체가 서로 집합적인 가치를 서로 공유하기 때문이라고 설명하고 있다.

부모와 자녀가 함께 느끼는 목표에 대한 상황과 의미의 공유도 정상가족에서는 자연스럽게 형성되고 유지되는 것으로 인식이 되나, 결손가족 특히, 계부와 자녀 간의 애정과 유대의 결핍은 자녀에 대한 통제의 상실을 의미한다고 지적하고 있다(Nye, 1958). 가정의 공동목표를 위해 가족 구성원이 모두 협력하여 노력할 때 가족의 인지적 자원은 증대되고 보다 가치 있는 목표를 달성할 수 있다. 가족의 구조도 부모-자녀 간의 인지적 자원에 영향을 주는 대표적인 요인으로 일반적으로 결손가족(한 가족, 편친가족)의 경우는 정상가족에게서 보이는 인지적 차원의 사회적 자본은 부족하다(Thomas, 2001). 그러나 부모와 함께 거주하지는 않으나, 여타 자녀를 돌볼 수 있는 인적자원(친척, 이모, 이웃주민, 친구의 엄마, 복지기관, 보모 등)이 있을 경우는 정상가족에서 보이는 인지적 차원의 사회적 자본의 양만큼 충분하지는 않지만, 그 결손을 보충할 수가 있게 한다. 학업성적의 향상에 있어서 친척이 주는 영향으로 성적이 우수한 친척의 구성원은 모방의 표본이 되기도 하고, 비교의 기준이 되기도 하며, 공부를 못하는 학생은 친척으로부터 암암리에 제재와 비난의 표적이 되기도 한다(이정선, 1996).

셋째, 종교 활동이 인지적 차원의 한 요소로 취급할 수 있는 근거는 일반적으로 높은 학업성적이 권장되고 공부 못하는 것이 무시되는 사회적 규범으로 말미암아 학업성적이 낮은 일부 부모는 수치심을 경험하기도 한다. 그들은 상한 자존심을 회복하기 위해 자녀교육에 적극적으로 개입하게 된다. 학생들 역시 지역사회 내에서 성적이 우수한 자만이 모방의 표본으로 간주된다는 점을 잘 인식하고 있다. 특히 교회는 상대적 성적에 대한 정보를 주고받는 기제이며, 이러한 기제는 부모들로 하여금 더욱 경쟁을 유발시키고 자녀의 교육에 적극 개입하게 한다(이정선, 1996). 그리하여 교회는 일반적인 종교적 기능 이외에도 지역사회 활동의 센터로서 경제, 문화 관계를 중재, 유지하는 기능을 수행한다(Hurh & Kim, 1990; Min, 1992; 이정선, 1996에서 재인용). 부모들은 교회 내의 사회자본을 획득함으로써 자녀들의 학교교육에도 중요한 역할을 수행한다. 교회가 부모들의 교육적 기대를 강화하고 새로운 교육정보를 교환하는 기제로 작용하며 주일학교 활동은 물론이고 방과 후, 토요일, 방학 등의 여가 활동을 통하여 지역사회의 규범을 인식시키고 학교교육에 긍정적으로 기여할 수 있는 태도 형성에 주력하고 있다. 부모는 교회 활동에 적극적으로 참여함으로써 교회 내의 교육 관련 사회자본을 획득하고, 학생은 긍정적 태도를 형성한다. 실지로 교회를 중심으로 형성된 사회자본을 공유하지 못한 부모는 그들이 가지고 있는 문화자본을 효율적으로 이용하지 못한다(이정선,

1996; Pong, 1999). 학업 중도 포기자, 비행학생, 학교의 교칙 위반이나 사회의 규범에 어긋나는 행동을 하는 학생의 일탈 방지를 위한 교회의 갖가지 프로그램이나 종교적인 계율, 교리는 인지적 차원의 풍부한 사회적 자본을 제공하여 학생의 바람직한 교육적인 성장에 기여하게 한다.

Coleman(1982)등에 의하면 종교적인 공동체 의식을 공유하고 있는 가톨릭계 학교가 공립학교에 비해 상대적으로 더 많은 교육효과를 발휘한다는 주장을 제기하였다. 가톨릭계 학교는 공립학교와는 달리 학생, 교사, 학부모들이 종교의 공동체 의식을 공유하면서 갖게 되는 유기적인 관계 망(social network)을 통하여, 학생들은 학교에서 개인적인 경쟁주의가 아닌 공동체 의식을 통해서 생활하며, 가정에서 부모로부터 받지 못하는 사회적 후원을 학교를 통해서 보충할 수 있다는 것이다. 또한 가톨릭 학교의 학부모들은 가정환경이 상대적으로 결핍되어 있는 학생들을 자기 자녀와 같이 대해 줌으로써 그들의 학업성취가 내려가는 것을 막아 줄 수 있다고 본다(Coleman and Hoffer, 1987; Coleman, 1988; Ramsay and Clark, 1990).

라. 사회적 자본의 변인 탐색

사회적 자본이라는 용어는 연구의 목적과 학문의 영역에 따라서 매우 다르게 사용되고 있다. 즉, 정치학, 사회학, 인류학의 문헌에서는 사회자본을 일반적으로 사람들이 의사결정과 정책형성을 가능하게 하는 수단인 권력과 자원을 획득하게 하는 일련의 규범, 신뢰, 네트워크 등을 말하고, 경제학자들은 사회자본의 경제적 성장에 대한 기여의 관점에서 바라본다. 미시경제학자들은 사회적 자본이 일차적으로 시장 기능을 향상시키는 것으로 보며, 거시경제학자들은 제도와 법률적 틀로 생산조직에 있어서는 정부의 역할이 어떻게 거시경제적 성과에 영향을 주는가를 고려한다(Serageldin & Grootaert, 2000: 45).

Coleman(1988)은 사회학 문헌에서 사회적 자본을 "한 사회의 구조 내에서 행위자의 특별한 행동을 용이하게 하는 사회구조"라고 정의하며, Etzioni(1998)는 Coleman과 유사하게 개인적 의사결정이 이루어지는 맥락을 제공하는 사회적 집합체 혹은 주요한 의사결정 단위라고 보며, Loury(1977)는 사회적 자본의 개념을 인종적 공동체의 사회적 자원이 인종적으로 불공평하게 분배되는 것을 분석하는 연구에서 사용하였다. 일반적으로 경제학자들은 사회자본의 측면이 경제 분석에서 항상 나타난다고 주장한다. Putnam(1993b)은 사회적 자본을 일련의 공동체의 사회적 생산성에 영향을 주는 사람들 간의 '수평적 단체'라고 본다. 그리하여 사회적 자본은 전통적인 자본과는 달리 개인자산이 아니라 공공재이며(Putnam, 1993b; 38), 사회적 자본은 축적되고, 사회자본의 합은 자기 강화를 증대하는 경향이 있다고 한다(Putnam, 1993a; 37).

Coleman(1988)은 사회적 자본 개념을 Putnam보다는 넓게 그 개념을 확장한다. 다른 형태의 자본과는 달리 사회자본은 행위자간의 관계구조 내에 포함된다고 본다(Coleman, 1998; 98). 사실 이러한 사회적 자본의 개념은 크게는 사회적인 구조를 포함하고 나아가 개인 간의 행위를 규제하는 규범의 총체를 포괄하게 된다(Serageldin & Grootaert, 2000: 46). Coleman은 사회적 자본이 기능에 의해서 정의된다며, 사회적 자본은 단일한 실체가 아니라 보통 두 개의 요소와 함께 하는 다양한 실체라는 것이다(Coleman, 1998; 98). 이러한 Coleman의 정의는 수평적인 단체뿐만 아니라 수직적인 단체를 포함하고, 기업 등과 같은 다른 실체들의 행위도 포함시키면서 개념을 확장시키고 있음을 알 수 있다.

이처럼 사회적 자본 개념은 학자들의 학·문분야나 관심영역에 따라 달리 개념이 규정되어 딱히 이것이 사회적 자본의 개념이라고 할 수 없듯이, 이를 측정하는 것 또한 다양한 방식이 존재할 여지를 가지고 있다 하겠다. 사회적 자본은 물적, 인적인 자본과는 달리 측정하기가 어려운 문제점을 내포하고 있다. 이는 사회적 자본 개념이 개인, 사회, 집단 내에서의 상호작용, 규범, 신뢰라는 무형의 형태로 존재하는 양상을 구체적인 상태의 측정 가능한 상태로 양화한다는 것이 과제로 대두되고 있다.

예를 들어 사회적 자본의 대표적인 핵심적 요소로 신뢰를 측정하는 문항을 만든다고 생각해 볼 때 이를 가정, 학교 차원이냐, 기업, 지역사회, 정부 차원이냐에 따라서 그 질문의 문화적인 상태나 맥락에 따라서 그 양상이 상당히 달라질 여지를 가지고 있다. 그리고 사회적 자본에 대한 정의와 그 근원이 다양하므로 인간적 자본을 측정하는 학력(졸업장)과 같이 학문 공동체 내에서 일반적으로 받아들여지는 표준화된 사회적 자본에 대한 지표는 아직 없다. 따라서 어떠한 사회적 자본 문항을 선정하여 측정할 것인가는 각 학문 분야별로 관심 분야에 따라서 적절하고 타당한 문항을 선정, 개발하여 사용하는 몫은 연구자에게 달렸다고 본다. 그리하여, 사회적 자본을 측정하는데 동원된 문항이나 요인들의 타당성 문제를 제기할 수 있다.

그 동안 구미에서 수행된 사회적 자본 문항들을 보면 표준화된 사회적 자본 문항이 아닌 Coleman, Putnam 등의 대표적인 학자들이 정의한 개념에 학자들이 자의적으로 문항들을 해석, 선정, 조합하여 동일한 데이터(NELS: 국가교육종단연구자료)를 가지고 수행한 연구에서도 서로 다른 연구 결과를 내어놓기도 하였다. 이하에서는 사회적 자본이라는 주제어를 가지고 연구를 수행한 연구자들의 사회적 자본 변인에 대해서 살펴보기로 한다.

Coleman(1988; 112-115)은 인적 자본에 영향을 미치는 가족·학교, 지역사회의 사회적 자본 연구를 수행하면서 가족의 사회적 자본으로 첫째, 가족형태 측정 방법으로 양부모, 확대가족, 핵가족, 편부모, 가구 내 성인의 수로 측정하고 있다. 둘째, 부모의 자녀에 대한 관심의 수준과 질을 측정하기 위하여 여가, 대화시간, 자녀의 일상생활이나 자녀 친구의 수나 친구 부모의 인지, 학교 모임 참석여부 등. 셋째, 사회적 자본의 양에 대한 측정을 위해 자녀의 수를 동원하고 있다. 여기서 자녀가 많을수록 부모의 관심이 분산된다는 전제 하에 형제의 수가 많을수록 학생의 가족 내 사회적 자본은 줄어든다. 학교의 사회적 자본으로 첫째, 교사 1인당 학생 수(적을수록 사회적 자본이 많다). 둘째, 교사와 학생 간의 지속적인 관계. 셋째, 담임교사의 교체 횟수. 넷째, 학생의 학교생활 만족도. 다섯째, 교사에 대한 존경심. 여섯째, 교육관계 등을 동원하고 있으며, 이를 보다 구체적으로 제시하면 다음과 같다.

① 학생의 전학 건수, ② 비 가톨릭 증교학교 대 가톨릭 학교의 사회적 자본 비교, ③ 사립학교 대 공립학교의 사회적 자본 비교, ④ 정상가족 여부, ⑤ 부모 외 성인 가족의 존재 여부, ⑥ 형제자매의 수, ⑦ 자녀의 학습활동에 대한 부모의 지원 빈도, ⑧ 부모의 학교 교육활동 참여도, ⑨ 학생의 과외 활동 여부, ⑩ 부모와 자녀와의 대화 빈도, ⑪ 부모가 인지하고 있는 자녀 친구의 부모 수, ⑫ 부모의 자녀에 대한 기대교육 수준, ⑬ 친절을 교환하는 이웃의 수, ⑭ 이웃에 대한 견해. 이웃과 거리에서 인사를 교환하는 비율 등을 이용하였다.

Putnam(2000; 291)은 미국의 사회적 자본 측정을 위해 동원한 변인은 시민사회 영역의 사회적 자본을 주로 측정하였는바 다섯 개의 영역에서 14개의 지표를 선정하여 사용하였다. 이러한 변인들은 장기적이고, 국가단위 연구에서 자주 인용이 되어 국가별 사회적 자본 비교연구를 위한 지표로 사용되었다. OECD(2001)에서는 Putnam이 사용한 사회적 자본을 동원하여 각 국의 사회적 자본 비교 연구를 수행하고 있다. 여기서 사용된 변인으로는 시민단체의 수와 참여인구, 자원봉사 참여인구, 개인의 신뢰 수준에 관한 보고 등의 변인을 가지고 영국, 네덜란드, 스웨덴, 오스트리아, 프랑스, 독일 등의 국가별 사회적 자본을 비교하고 있다. Putnam이 사용한 다섯 개의 영역을 살펴보면 다음과 같다.

첫째 영역, 공동체의 조직 생활 측정도구로 ① 지난 일년간 지역조직의 위원을 맡아본 비율, ② 지난 일년간 조직이나 클럽의 임원으로 있는 비율, ③ 인구 1000명당 사회단체 수, ④ 지난 일년간 클럽 모임에 참가한 횟수, ⑤ 그룹의 회원 수 등을 이용하였다. 둘째 영역, 공적 일(public affairs)의 참여도 측정을 위해 ① 대통령 선거 참여율, ② 지난 일년간 마을, 학교 일로 공공 회의에 참여한 비율. 셋째 영역, 커뮤니티 자원 활동(community volunteerism) 측정을 위하여 ① 인구 1000명당 비영리 조직의 수, ② 지난 일년간 커뮤니티 사업을 위해 일한 시간 량, ③ 지난 일년간 자원봉사 활동으로 일한 시간 량 등을 넷째 영역으로 비공식적인 사교활동(informal sociability) 측정을 위하여 ① 친구를 만나는데 많은 시간을 쓴다는 질문에 동의하는 비율, ② 지난 일년간 집에서 파티를 한 횟수를, 다섯째 영역, 사회의 신뢰(trust) 측정을 위하여 ① 대다수의 사람들은 믿을 수 있다에 동의하는 비율, ② 대부분의 사람들은 정직하다에 동의하는 비율 등을 활용하고 있다.

Putnam은 시민 사회에 존재하는 집단들과 그 회원 수를 합하여 사회적 자본의 측정을 시도하였다. 한 집단의 회원 수는 변수 n으로 표시된다. 그리하여 한 사회 내에서는 n1……t처럼 수많은 n들이 존재한다. 한 사회가 지니고 있는 사회적 자본의 총량(SC)은 모든 집단의 회원 수로 집단의 총합과 같다. Putnam은 시민사회의 기초로서 활동적이고 참여적인 사회단체의 중요성을 강조하고 사회자본의 측정공식을 <표 Ⅱ-13>과 같이 제시하고 있다(김남선, 2001).

<표 Ⅱ-13> Putnam의 사회적 자본 측정방법

공 식	범 례	설 명
(1) $SC = \Sigma n1 \cdots t$	총양: SC, 집단 회원 수: n, 집단 수: t	n과 t는 반비례함, 회원수가 적을수록 집단은 달성할 수 있는 과업이 제한적이다.
(2) $SC = \Sigma(cn)1 \cdots t$	집단의 내적 단결력: c	집단의 내적 단결력 수준은 사회적 자본의 질적 수준을 가늠함.
(3) $SC = \Sigma(rpcn)1 \cdots t$	긍정적 외부효과: rp	긍정적 외부 효과는 의도되지 않은 집단의 이득임: 베버의 청교도 주의
(4) $SC = \Sigma(1/m)rpcn1 \cdots t$	부정적 외부효과: rn 클수록 사회적 자본이 줄어듬	내적 단결력(c)과 부정적 외부효과(rn)는 정비례하나, c값은 최대화하고 rn값은 최소화하는 것이 이상적임.

① $SC = \Sigma n1 \cdots t$(n: 개별 집단의 회원 수, t: 집단의 총수)

가정은 아이들의 교육, 소규모 가족 식당의 경영 등은 잘 할 수 있지만 정치적 영향력의 행사나 대규모의 기업 경영에는 적합하지 않다. 개별 집단의 회원수인 n값과 그 사회 내에 존재하는 집단의 총수인 t값은 반비례한다. 즉 회원수가 많을수록 그러한 집단의 수는 적어진다. 그러나 개인들이 동시에 여러 단체에 참여할 수도 있기에 항상 그렇다고 볼 수는 없다. 한편, 내적인 결단력의 수준은 집단마다 서로 다르며, 그에 따라 이들이 행하는 집단행동의 수준도 다양한 편차를 가진다. 그리하여 사회적 자본을 측정할 때는 양적인 측면과 함께 질적인 측면도 고려해야 한다.

내적 결단력의 수준을 계수 c로 볼 때 이를 결정하는 방법은 외부 관찰자가 몇 가지 항목에 따라 조사하여 주관적으로 평가하기 때문에 그 측정은 주관적일 수밖에 없으며 사회적 자본의 질적인 수준을 가늠한다는 점에서 매우 중요하다.

② $SC = \Sigma(cn)1 \cdots t$(SC: 사회적 자본 총량, cn: 집단 응집력)

사회적 자본은 다른 자본보다 더 많은 외부 효과를 낳는다. 신뢰구역(radius of trust)은 한 집단이 집단적 목표를 수행하는 과정에서 발생하는 의도되지 않은 이득이라는 점에서 긍정적인 외부효과의 하나라 할 수 있다.

③ $SC = \Sigma(rpcn)1 \cdots t$(rp: 신뢰구역)

많은 집단들은 이러한 신뢰구역이 집단 구성원 전체에 미친다. rp는 긍정적 외부효과로 rp값이 1보다 적은 집단은 활동이 적은 집단이다. rp값이 1보다 큰 집단은 종교집단으로 신도들의 상호간 관계와 외부인과의 관계에서도 정직과 신용을 지키도록 장려한다면, 사회에서도 긍정적 효과를 확산시킬 것이다. 이는 베버가 주장하는 서구 자본주의의 청교도주의가 이에 속한다.

④ $SC = \Sigma(1/m)rpcn\ 1 \cdots t$(rn: 불신구역, c: 상수)

특정 단체의 사회적 자본을 측정하는 방법으로 기업의 인수전후의 시장가치 변화를 체크하는 방법이다. 기업에 대한 시장의 가치 평가는 기업의 유무형 재산과 구성원 사이에 구축되어 있는 사회적 자본이 포함된다. 이러한 공식은 합리성은 지니고 있으나 그 측정 방법을 현장에 적용하기가 매우 어렵다. 이것은 사회적 자본은 사회 구성원들의 긍정적인 신뢰와 네트워크를 의미하기 때문에 집단 내의 구성원 간에는 부정적 네트워크도 있을 수 있으며, 그러한 네트워크가 있다 해도 네트워크의 특성이 다양하기 때문에 사회적 자본을 측정하는데 있어서 한계를 드러내고 있다[34].

---

34) Putnam은 사회적 자본의 측정 방법상의 문제점을 보완하기 위하여 구

Fukuyama(1995)는 그의 저서 "Trust: the social virtues and the creation of prosperity"에서 Putnam의 사회적 자본 측정방법을 보완하는 방안을 제시하였다. 그는 사회적 자본의 측정방법으로 설문지 조사를 실시하여 사회 구성원들 간의 신뢰와 네트워크 정도를 파악 할 수 있음을 보여주고 있다. 그가 사용한 변인으로는 사회적인 협동의 부재와 역기능이라는 측면에서 시민 사회의 사회적 자본을 범죄율, 신뢰의 변화, 인구 당 경찰의 수, 경비원, 간수, 변호사, 재판관의 수, 가족의 해체 등으로 설정하고 있다.

Pong(1998)은 부모 – 자녀의 사회적 참여 및 활동을 통한 사회적 자본 획득 과정 연구를 위하여 ① 지역사회 스포츠 참여, ② 종교 활동, ③ 부모의 지역 사회 모임 참석, ④ 자녀의 친구 부모에 대한 인지도, ⑤ 편친 가족 구조, ⑥ 가족의 잦은 이사 등을 동원하여 활용하고 있으며 여기서 가족의 잦은 이사는 사회적 자본의 감소를 초래한다고 더불어 지적하고 있다. Sun(1998)은 학업 성취에 영향을 미치는 사회적 자본의 효과 분석이서 지역 사회의 사회적 자본이 가족의 사회적 자본과 인구통계학적 요소를 통제한 후에도 8학년 학생들의 학업성취에 끊임없이 관여한다는 사실을 경험적으로 보여주는 연구에서 가족의 사회적 자본 변인으로 ① 지역사회와 사회적 관계 망, ② 자극적인 교육환경, ③ 부모, 동료, 친척 관계 등의 변인을 활용하고 있다.

Lee와 Croninger(1996)는 미국 사회가 직면하고 있는 문제 중의 하나는 학교의 효율성의 저하라고 지적하면서 그러한 효율성의 저하는 곧 아동의 사회화 과정에 필요한 사회적 연결망과 사회적 자본의 약화를 초래했다고 주장하면서 사회적 자본을 4가지 차원으로

___

성원 간의 응집성을 통한 신뢰구역(radius of trust)과 불신구역(radius of distrust)을 보다 선명하게 구분하여 과학적 방법으로 측정하고자 시도하였다.

구분하고 있다(이정선, 2001).

첫째, 사적 사회적인 유대 망. 가족이나 친척, 이웃, 친구들 간의 관계로서 육아, 자녀양육에 대한 조언, 정서적 지지를 얻을 수 있다. 교육관련 정보의 획득, 자녀 행동에 대한 모니터, 그리고 나쁜 영향으로부터 자녀를 보호할 수 있게 한다. 이웃과의 긍정적인 상호작용도 여기에 포함된다.

둘째, 공적 사회적 유대 망. 공유된 목표를 가지고, 구성원의 권리와 책임이 공적으로 인지된 유대 망이다. 가령, 노동조합, 회사, 전문가 집단, 시민단체, 학교, 교회 등이 여기에 포함된다. 여기서는 특정 사회 구성원들만이 배타적으로 보다 풍부한 사회적 자원을 공유할 수 있다. 구성원 간 개인적 정보의 교환뿐만 아니라 상호의무, 지지, 관심, 그리고 신뢰를 구축할 수 있다.

셋째, 사회적 자본의 규범적 속성은 일부 자본이 개인적으로 이익이 되지 못하거나 사회적으로 바람직하지 못한 결과에 대한 경계를 말한다. 이웃으로부터 얻은 자녀교육에 대한 잘못된 정보나, 부모의 학교 개입의 악영향, 그리고 갱단의 정보 등은 부정적인 결과를 초래하는 것들이다. 따라서 설정된 협동, 신뢰, 상호 이익의 규범, 협력을 촉진하는 공공 정책, 사회적 프로그램, 그리고 조직의 실제들은 불신을 조장하고 협동을 방해하는 바람직하지 못한 것들과 구별된다.

끝으로 공적 속성은 사회적 자본이 사유재가 아니라 공공재이며, 공적 이익(도덕적 가치, 규범적 기대, 문화 전통 등)을 위하여 투자된다는 점, 그리고 신뢰감, 상호기대감, 공유된 규범 그리고 도덕적 가치와 같이 개인적 속성이라기보다는 공적 사회적 관계에 작용한다는 것을 의미한다. Lee와 Croninger(1996)의 연구는 아동이 사회화 과정에 필요한 사회적 연결망과 사회적 자본의 관계를 네 가지 차원으로 설정하여 기존의 연구에서 보여주는 단일 차원의 제한적인 연구 형태를 벗어나 사회적 자본의 다차원적인 실체를 보여준다는 것에서 그 연구의 의의가 있다고 보았다.

Edward(1999)는 가족과 교실의 상호작용 패턴(응집성과 유연성)에 대한 일치성 정도가 고등학생의 학업성취에 대한 관계성 연구에서 ① 부모와 학생 간의 응집성, ②부모와 자녀와의 관계, ③정상가족의 여부(편친 가족, 계부모, 양부모), ④ 부모 외 성인 가족의 존재여부, ⑤ 형제자매 수, ⑥ 자녀의 학습활동에 대한 부모의 지원 빈도, ⑦ 부모의 교육활동 참여도 등의 문항을 활용하고 있다. Rosenzweig(2000)은 부모의 학생에 대한 관여가 학업성취에 미치는 효과를 메타분석과 중다회귀분석을 통하여 7가지 부모의 긍정적·부정적인 관련 문항을 다음과 같이 보고하고 있다. 긍정적인 문항으로 ① 교육적 열망, ② 부모의 관여, ③ 부모의 권위, ④ 부모의 학생에 대한 자율적인 지원, ⑤ 감정적인 지원, ⑥ 학습에 대한 경험적 자원의 제공, ⑦ 부모의 학교 활동에 대한 참여를 들고, 부정적인 관련 문항으로 ① 낮은 성적에 대한 제한, ② 외부적 보상, ③ 부정적인 통제, ④ 숙제 검사, ⑤ 부모로부터의 이탈, ⑥ 순종에 대한 격려, ⑦ 허용과 통제를 들고 있다.

Kim(2000)은 학생들이 청년으로 성장하면서 그들에게 가장 영향을 주는 매개변인은 부의 사회적 자본으로 이는 이들이 사회적 역할 순응에 부의 역할이 매우 중요함을 밝혔고, 청년기에 있어서 아버지의 사회적 자본으로 ① 교회활동, ② 사회적 관계, ③ 온화한 성품 등을 사회적 자본으로 선정한다. Ka-Wei(2001)는 Coleman(1988)의 사회적 자본 개념을 동원하여 205개의 표집 학교 학생(8-12세)으로부터 학생의 인간적 자본 산출 관계를 검증하는 연구에서 학생의 사회적 자본 측정문항으로 ① 가족의 사회적 자본, ② 동료의 사회적 자본, ③ 그룹참여, ④ 성인관계 등을 동원하고 있다.

Thomas(2001)는 가족의 구조가 학업성취에 미치는 효과 분석 연구에서 사회적 자본 요소를 ① 정상가족, ② 이혼가족, ③ 편친가족, ④ 계모, ⑤ 양모, ⑥ 수양가족 등의 가족구조 배경으로 구성된 사회적 자본을 문항으로 선정하고 있다.

Zick(2001)등은 직장을 가진 부모가 직장이 없는 부모보다 더욱 많이 읽기, 숙제검사 같은 학습 보조 활동을 함으로써 학생의 문제 행동 교정과 학업성취에 긍정적인 영향을 미치는 것을 밝히기 위하여 ① 부모의 직장 여부, ② 학업조력(숙제검사, 책읽기), ③ 학습 보조 활동, ④ 자극적인 교육환경, ⑤ 친척관계, ⑥ 교실의 상호작용, ⑦ 민족성, 부모의 양육 스타일 등을 사회적 자본 문항으로 활용하고 있다. Little 과 Mclaughlin(1993)는 사회적 자본에 관한 체계적인 연구 결과 전문적 교사 공동체 연구를 통해서 ① 전문적 훈련과 책임에 관한 교사들의 관계성 강도, ② 교사 동료집단의 포함성, ③ 방침, 가치, 학생, 교수법, 학습에 관한 전문지식의 깊이 등의 세 가지 차원으로 사회적 자본 문항을 정의하였다.

황순희(1993)는 학력에 따른 사회적 자본을 연령과 성별에 있어 사회적 자본의 축적과 활용에의 차이 정도를 파악하기 위해 ① 학교문화 해석 여부, ② 동창회 참석 여부, ③ 동창회 참가 유형(연령별, 성별), ④ 동창회 관계 망의 확대와 활용 정도 등을 사회적 자본의 측정 변인으로 상정하고 있다. 이명주(2000)는 학교조직 구조의 개혁을 통해 교수법 개선을 위한 인적자원 개발을 위해서는 사회적 자본을 개발해야 하며, 이를 위해서는 지도성이 요구된다고 주장하면서, 학교장의 교사에 대한 지도력의 발휘 측면에서 필요한 사회적 자본으로 ① 교사들의 상호협력 관계 지원, ② 교사와 신뢰 증진, ③ 정보 채널의 제공, ④ 규범과 기대강화, ⑤ 학교 내부·외부와의 유대발전 등을 제시하고 있다. 김경근(2000)은 가족 내 사회적 자본과 아동의 학업성취와의 관계 연구에서 사회적 자본 문항으로 ① 양친가족 여부, ② 부모의 학력, ③ 과외여부, ④ 성인가족의 존재 여부, ⑤ 형제자매 수, ⑥ 기대교육수준, ⑦ 부모와의 대화 빈도, ⑧ 자녀교육 지원 빈도, ⑨ 부모가 알고 지내는 자녀친구 부모의 수 등을 활용하고 있다.

이정선(2001)은 Coleman의 사회적 자본이 가정, 학교, 지역사회에 있어서 집단 간(특히 성적 우수 상위집단과 하위집단) 차이가 있으며, 가정에서 이를 활용하는데도 차이가 있다는 점에 착안하여 사회적 자본과 학업성공 간의 관계를 문화 기술적으로 규명하여 가정 내에서 사회자본이 집단 간에 차이가 있는가를 고찰하기 위해 다음과 같은 문항들을 사회적 자본을 측정하는 도구로 활용하고 있다. ① 부모-자녀 간 상호작용, ② 부모로부터 받는 학습기대, ③ 교육관련 자료원, ④ 학교생활 및 방과 후 가정활동, ⑤ 학부모들의 자녀 교육에 대한 정보교환 방법 및 교육관련 지식을 얻는 방법, ⑥ 학부모 교육프로그램에서의 활동과 자모회 등 임원 활동, ⑦ 교사와 학생의 상호작용 등이다.

<표 Ⅱ-14> 국외 연구자들이 사용한 사회적 자본 변인

연구자	사용변인
Coleman (1988)	① 학생의 전학 건수. ② 정상가족 여부 - 양부모, 확대가족, 핵가족, 편부모, 가구 내 성인의 수로 측정. ③ 부모의 자녀에 대한 관심의 수준과 질 - 여가, 대화시간, 자녀의 일상생활이나 자녀 친구의 수나 친구 부모의 인지, 학교 모임 참석 여부 등. ④ 자녀의 수 - 자녀가 많을수록 부모의 관심이 분산된다는 전제하에 형제의 수가 많을수록 학생의 가족 내 사회적 자본은 줄어든다. ⑤ 부모 외 성인 가족의 존재 여부. ⑥ 자녀의 학습활동에 대한 부모의 지원 빈도. ⑦ 부모의 학교 교육활동 참여도. ⑧ 학생의 과외 활동 여부. ⑨ 부모와 자녀와의 대화 빈도. ⑩ 부모가 인지하고 있는 자녀 친구의 부모 수. ⑪ 부모의 자녀에 대한 기대교육 수준.
Pong (1998)	① 지역사회 스포츠 참여, ② 종교 활동, ③ 부모의 지역 사회 모임 참석, ④학생의 친구 부모인지도, ⑤ 편친 가족 구조, ⑥ 가족의 잦은 이사
Sun (1998)	① 지역사회와 사회적 관계 망, ② 자극적인 교육환경, ③ 부모, 동료, 친척 관계
Edward (1999)	① 부모와 학생 간의 응집성, ②부모와 자녀와의 관계, ③정상가족의 여부(편친 가족, 계부모, 양부모), ④ 부모 외 성인 가족의 존재여부, ⑤ 형제자매 수, ⑥ 자녀의 학습활동에 대한 부모의 지원 빈도, ⑦ 부모의 교육활동 참여도.
Rosenzweig (2000)	① 교육적 열망, ② 부모의 관여, ③ 부모의 권위, ④ 부모의 학생에 대한 자율적인 지원, ⑤ 감정적인 지원, ⑥ 학습에 대한 경험적 자원의 제공, ⑦ 부모의 학교 활동에 대한 참여, ⑧ 낮은 성적에 대한 제한, ⑨ 외부적 보상, ⑩ 부정적인 통제, ⑪ 숙제 검사, ⑫ 부모로부터의 이탈, ⑬ 순종에 대한 격려, ⑭ 허용과 통제
Kim(2000)	① 교회활동, ② 사회적 관계, ③ 온화한 성품
Zick et al(2001)	① 부모의 직장 여부, ② 학업조력(숙제검사, 책읽기), ③ 학습 보조 활동, ④ 자극적인 교육환경, ⑤ 친척관계, ⑥ 교실의 상호작용, ⑦ 민족성, 부모의 양육 스타일.

<표 II-15> 국외 연구자들이 사용한 사회적 자본 관련 변인 대조

차원/사회적 자본변인		Coleman (1988)	Pong (1997, 1998)	Sun (1998)	Edward (1999)	Rosenz weig (2000)	Kim (2000)	Zick et al (2001)
관계차원	학습조력 및 지원: 자극적 교육환경	○		○	○	○		○
	부모와의 대화	○						
	지역사회의 학습자원 (박물관 등)		○	○			○	
구조차원	부모의 학교활동 참여	○			○	○		
	과외 여부	○						
	전학 및 이사 회수	○	○					
인지차원	부모의 기대	○	○		○	○		
	부모 외 성인가족의 존재여부와 관계	○		○	○			○
	종교 활동		○				○	
	친구에 대한 부모의 인지	○	○					
	학습과 생활 통제					○		

<표 Ⅱ-16> 국내 연구자들이 사용한 사회적 자본 변인

연구자	사용변인
김경근 (2000)	① 양친가족 여부. ② 부모의 학력. ③ 과외여부. ④ 성인 가족의 존재 여부. ⑤ 형제자매 수. ⑥ 기대교육수준. ⑦ 부모와의 대화 빈도. ⑧ 자녀교육 지원 빈도. ⑨ 부모가 알고 지내는 자녀친구 부모의 수.
오계훈 · ·김경근 (2001)	① 가족구조 문항, ② 부모와 자녀의 대화 빈도, ③ 부모의 자녀교육 지원 빈도: 자녀의 숙제를 돕거나 점검하는 활동, 학과 공부를 가르쳐 주거나 점검하는 활동, 독서량을 점검하거나 독서지도를 하는 활동
이정선 (2001)	① 자녀-부모 간 상호작용: 대화 및 상호이해, ② 부모로부터 받는 학습기대. ③ 교육관련 자료원. ④ 학교생활 및 방과 후 가정활동. ⑤ 학부모들의 자녀 교육에 대한 정보교환 방법 및 교육 관련 지식을 얻는 방법. ⑥ 학부모 교육프로그램에서의 활동과 자모회 등 임원 활동. ⑦ 교사와 학생의 상호작용.
심미옥 (2003)	① 심리적 지원을 통한 교육지원 활동: 교육을 통한 성공에 대한 신념, 부모-자녀의 동일시, 심리적 위축(자녀의 성적이 낮으면 스트레스나 기가 죽음), ② 가정에서의 교육지원 활동: 학습 분위기 조성, 학습지도, 생활 통제, 시간 통제, 정보수집, 문화적 경험. ③ 학교관련 교육지원 활동: 공식적인 학교 참여, 비공식적인 학교 참여, 학교선택(이민, 조기유학, 이사), ④ 학교의 교육을 통한 교육지원 활동: 학교 외 교육(사교육 실시, 학원, 학습지 등의 과외 활동).

그 동안 여러 연구자들이 학업성취와 관련하여 사용한 사회적 자본 문항을 정리하면 국외 연구자들의 경우는 <표 Ⅱ-14>, 국내 연구자들의 경우는 <표 Ⅱ-16>과 같이 정리할 수 있고, 이를 차원에 따라 분류하면 국외의 경우는 <표 Ⅱ-15>, 국내의 경우는 <표 Ⅱ-17>과 같다.

<표 Ⅱ-17> 국내 연구자들이 사용한 사회적 자본 관련 변인 대조

연구자 차원/사회적 자본변인		김경근 (2000)	오계훈· 김경근(2001)	이정선 (2001)	심미옥 (2003)
관계차원	대화 빈도	○	○	○	○
	학습자료원(문화적 경험)			○	○
	방과 후 가정 활동 및 지원	○	○	○	○
	학습 분위기 조성			○	○
	교육에 대한 정보교환			○	○
구조차원	과외여부	○		○	○
	학교교육 활동 참여			○	○
인지차원	기대교육수준	○		○	○
	자녀 친구의 부모인지	○			
	학습 및 생활통제		○		○

다음으로, 사회적 자본을 연구한 국내·외 연구자들의 변인을 정리하면 <표 Ⅱ-18>과 같고, <표 Ⅱ-19>는 국내·외 연구자들이 사용한 사회적 자본 변인들을 서로 비교한 것이다.

<표 Ⅱ-18> 국내·외 연구자들이 사용한 사회적 자본 변인

차원	국 가	변인	연구자
관계 차원	국외	학습조력 및 지원: 자극적 교육환경	Coleman, Sun, Edward, Rosenzweig, Zick et al
		부모와의 대화	Coleman
		지역사회의 학습자원 (박물관 등)	Pong, Sun, Kim
	국내	대화 빈도 및 교육지원	김경근, 오계훈·김경근, 이정선, 심미옥
		학습 자료원(문화적 경험)	이정선, 심미옥
		방과 후 가정 활동	이정선, 심미옥
		학습 분위기 조성	이정선, 심미옥
구조 차원	국외	부모의 학교활동 참여	Coleman, Edward, Rosenzweig
		과외 여부	Coleman
		전학 및 이사 회수	Coleman, Pong
	국내	과외여부	김경근, 이정선, 심미옥
		교육에 대한 정보교환	이정선, 심미옥
		학교교육 활동 참여	이정선, 심미옥
인지 차원	국외	부모의 기대	Coleman, Pong, Edward, Rosenzweig
		부모 외 성인가족의 존재여부와 관계	Coleman, Sun, Edward, Zick et al
		종교 활동	Pong, Kim
		친구에 대한 부모의 인지	Coleman, Pong
		학습과 생활 통제	Rosenzweig
	국내	기대교육수준	김경근, 이정선, 심미옥
		자녀 친구의 부모인지	김경근
		학습 및 생활통제	오계훈·김경근, 심미옥

<표 II-19> 국내·외 연구자들이 사용한 사회적 자본 변인의 비교

차원	변인	Coleman (1988)	Sun (1998)	Pong (1998)	Edward (1999)	Rosenzweig (2000)	Kim (2000)	Zick et al (2001)	김경근 (2000)	오계훈·김경근 (2001)	이정선 (2001)	심미옥 (2003)
관계	학습조력 및 지원적 교육환경	O	O		O	O		O				
	부모와의 대화	O										
	지역사회의 학습자원(박물관 등)		O	O			O					
	대화 빈도 및 교육지원								O	O	O	O
	학습 자료원(문화적 경험)										O	O
	방과 후 가정 활동										O	O
	학습 분위기 조성										O	O
구조	부모의 학교활동 참여	O			O	O						
	과외 여부	O										
	전학 및 이사 회수	O		O								
	교육에 대한 정보교환										O	O
	학교교육 활동 참여										O	O
인지	부모의 자녀에 대한 기대	O		O	O	O						
	부모 외 성인가족의 존재여부와 관계	O	O		O			O				
	종교 활동			O			O					
	자녀 친구에 대한 부모의 인지	O		O								
	기대교육수준								O		O	O
	자녀 친구의 부모 인지								O			
	학습 및 생활통제									O		O

<표 Ⅱ-19>에서 보듯이 관계차원의 변인으로 학습조력 및 지원 (자극적 교육환경), 부모와의 대화, 지역사회의 학습자원, 대화 빈도 및 교육지원, 학습 자료원, 방과 후 가정 활동, 학습 분위기 조성 등 이, 구조차원의 변인으로는 부모의 학교활동 참여, 과외여부, 전학 및 이사 회수, 교육에 대한 정보교환, 학교교육 활동 참여 등이, 인지차 원의 변인으로는 부모의 자녀에 대한 기대, 부모 외 성인가족의 존재 여부와 관계, 종교 활동, 자녀의 친구에 대한 부모의 인지, 기대교육 수준, 자녀 친구의 부모인지, 학습 및 생활통제 등의 변인들을 활용 하여 사회적 자본을 측정하고 있는 것을 살펴볼 수 있다.

그리하여, 자녀의 학업성취에 도움이 되는 사회적 자본으로는 부 모와의 대화, 부모와 자녀와의 관계(상호작용 및 기대), 정상가족의 여부(편친가족, 계부모, 양부모), 모의 취업, 가정의 자극적 교육환 경(TV시청 시간의 제한), 종교 활동, 친구에 대한 부모의 인지, 교 실의 상호작용, 전학 및 이사 회수, 지역사회의 학습자원, 신뢰관계, 민족성과 부모의 스타일, 부모 외 성인 가족의 존재여부, 형제자매 수, 자녀의 학습활동에 대한 부모의 지원 빈도(숙제검사, 부모-자 녀 간의 토론, 책읽기 등), 부모의 교육활동 참여도, 지역사회의 사 회적 관계 망, 동료 및 성인과 친척의 관계, 조직의 구조 및 협동체 제 등이 있다.

3. 학군(지역)에 따른 사회적 자본의 차이

가. 학군에 따른 사회적 자본의 활용 양상: 교육의 시장화

유리한 교육환경을 위해 좋은 학교를 선택하려는 입시 예비기의 학부모들의 노력은 학군[35]이 좋은 지역으로의 이사나 학구 위반의 형태로 나타난다. 그러나 입시 교육기계는 좋은 학교를 선택할 수 있는 재량이 주어져 있지 않다. 따라서 배정된 학교를 보다 좋은 학교로 만들기 위해 집단적 노력을 하거나 과외나 학원 수강을 통해 개별적인 성적 향상 방법을 채택한다(김희복, 1992). 공교육이 소득 재분배 효과를 가지고 있어 공교육비의 사부담[36]의존도가 높

---

[35] 고등학교 학군제는 지난 1974년 이후 실시되어 온 고교 평준화 정책에서 비롯되었다. 1974년 서울과 부산지역에 고등학교 입학선발고사 제도로서 고교평준화 정책을 시행하였고 그 시행에 관한 규칙에 의거하여 서울특별시 고등학교 학군설정에 관한 조례가 공포되었다(서울시 조례 제 815조). 이에 의하면, 서울시내에 고교학군은 1개 공동학군과 5개의 일반학군을 두고 1974년 1월 25일부터 시행하기로 하였다. 이후 1975년부터 1980년에 이르기까지 매년 학군에 관한 조례는 개정되었으며, 현재의 8학군지역은 1974년 당시 성동구의 강북지역과 현재의 강남, 강동, 서초, 송파를 포함하며 남고 3개교, 여고 2개교, 공학 1개교 총 6개교에 불과한 3학군으로 지칭되었다. 1977년에도 현재의 8학군은 여전히 3학군에 소속되어 있었고 고교수는 총 11개교였다. 1978년에는 3학군 중에서 당시의 강남구 소재 고교를 분리시켜 8학군으로 되었는데 남고 4개교, 여고 4개교, 총 8개 고등학교가 소속되었다. 1980년에 비로소 현재 8학군 구역과 동일한 학군이 설정되었는데 공동학군은 폐지되고 당시의 행정구인 강남구와 강동구를 포함하는 지역으로 학교수는 남고 6개교와 여고 6개교 총12개교를 포함하는 학군이었다(임연기 외, 1970).

[36] 한국의 사교육비 지출은 교육인적자원부가 한국교육개발원에 의뢰해 2000년 말 실시한 전국 1백 25개 학교 학생, 학부모, 교사 등 2만 5천여 명을 대상으로 실시한 설문조사 결과에 따르면 2000년 한 해 동안 초·중·고생의 과외비는 7조1천2백76억 원으로 집계되었다. 이는 2000년도

아지면 계층 간의 불평등이 심화될 뿐만 아니라 나중에 훨씬 더 큰 대가를 치를 수도 있다는 역사의 교훈을 망각해서는 안 된다(김용일, 2001).

신자유주의37) 교육 개혁론자들은 공교육비의 절감과 열악한 교육 여건을 개선하고 진정으로 '교육 경쟁력'을 강화하기 위해 '자립형 사립학교(새교육공동체위원회, 2000. 7. 11)'을 내어놓았다. 정부의 재정지원으로부터 '자립'함으로써 사부담 의존도가 커질 수밖에 없는 학교 모델이라 할 수 있다. 학교 당국과 학부모가 그 필요성에 합의할 경우 수업료를 얼마든지 인상할 수 있어 보통의 가정에서는 엄두도 내지 못할 공산이 크다. 초·중등교육의 '자율성'과 '다양성'을 내세우지만, 능력 있는 '교육소비자'의 '학교 선택권'을 보장하는 대신 더 많은 사부담을 이끌어내어 '고품질'의 학교를 만들자는 의도이다. 공교육비 절감이라는 신자유주의 교육개혁의 목표를 제대

교육예산 22조7천억 원의 31.4%에 이른다고 한다. 특히 주민들의 교육열이 높고 소득 수준이 높다고 알려진 서울의 강남 지역과 분당 일산과 같은 신도시 지역의 과외비 지출은 전국 평균의 2배에 이르고 있다(교육인적자원부(2001). 2000년 사교육비(과외비) 실태조사연구보고서).

37) 신자유주의라는 용어는 프라이부르크 학파의 '질서자유주의'(Ordo-Liberalismus)를 지칭하는 개념이었다. 이 학파는 아담 스미스-리카르도의 자유방임주의가 독점을 초래하여 자유 경쟁을 저해하게 되므로 국가가 시장에 개입하여 자유 경쟁을 촉진해야 한다고 보았다. 이렇게 자유 경쟁을 보장하기 위하여 국가가 시장에 개입해야 한다고 주장하는 입장을 신자유주의라고 불렀던 것이다. 그러나 오늘날 일반적으로 사용하는 신자유주의는 프리드리히 하이에크로 대표되는 오스트리아 학파와 밀턴 프리드먼에 의해 대표되는 시카고학파의 이론적 입장을 지칭하는 용어로 사용되기도 하고, 다른 한편으로 1980년대 대처와 레이건 행정부 이래 범세계적으로 파급되고 있는 경제 정책적 경향을 일컫는 데 사용되기도 한다(윤선구, 1999: 108-109). 김세균(1998: 62)은 신자유주의는 원래 1970년대 중반 이래 세계 자본주의가 심대한 구조적 불황에 빠져든 이후 그 구조적 불황의 부담을 자국 및 제3세계의 노동자-민중 전체에게 폭넓게 전가시켜 해결하려고 한 선진국 독점 자본의 반동적인 공세로 출현하였다고 지적한다.

로 깨닫게 되는 계기를 제공하고 있다는 점에서 커다란 '기여'를 했다고 평가 할 수도 있다. 하지만, "학교를 재구조화하기 위한 적절한 수준의 재정적·사회적인 지원을 제공하지 못하는 사회나 국가는 그들의 학생과 사회가 뒤떨어진다는 것을 인식하여야 한다(황호진, 1999: 26)"는 지적에 주목할 필요가 있다. 시장 일변도의 논리가 공교육의 정신 즉, 경제학자들이 표현하는 '공교육의 외부효과'38)을 부정하기 때문이다(김용일, 2001).

신자유주의 교육개혁은 교육행정의 관료화와 공교육체제 전반에 만연되어 있던 비효율성에 대한 성찰의 계기를 마련해 주었다는 점은 긍정적으로 평가받아야 하나, 현재의 계급 내지 계층 차별적인 교육여건을 조성하는 한편, 교육과정과 학교운영, 교원 등 교육 전반에 대한 국가의 통제를 강화시켜 왔다는 비판에 직면해 있다. 교육권을 사회적 기본권이 아니라 '소비자 주권'으로 재해석한 결과 교육에서 민주주의적 조건을 크게 후퇴시켜왔다.

Carnoy는 학부모의 선택권을 강조하는 신자유주의 교육개혁은 높은 수준의 교육요구를 가진 중산층 가정에게는 득이 되었지만, 대다수의 학생, 그 중에서도 특히 낮은 교육 요구를 가진 집단에게는 오히려 실이 되었다고 결론짓고 있다. 달리 말해, 학업성취의 전반적인 향상을 가져올 것이라는 개혁론자들의 장담과는 달리 전반적으로 학력격차가 두드러지는 조짐이 나타나고 있다는 것이다(Whitty, 1997b: 20에서 재인용).

신자유주의적 교육개혁이 본격적으로 추진되던 기간에 공교육 재정이 상대적으로 축소되어 왔다는 사실에서 우리는 개혁론자들이 "공적 부담에 기초한 국가적 사업"이라는 교육에 대한 사회적 합의

---

38) 교육의 외부효과란 "양질의 교육 서비스가 질서 의식이 있는 양질의 시민을 양성함으로써 주민 전체의 삶을 질적으로 향상시키며, 노동의 질을 향상시켜 사회 전체의 생산성을 제고한다"는 경제학자들의 주장을 의미한다(박정수, 1999: 47).

를 깨뜨리고자 한 의도를 잘 파악할 수 있다. 그들은 투자가 축소되기는 하였지만 성과가 크다면, 그만큼 효율성이 제고된 것으로 해석해야 하지 않느냐고 강변하고 싶을 것이다. 그러나 교육의 사회적 분배 효과를 생각할 때, 교육재정의 감소는 교육의 민주적 제 조건을 압박하는 요인으로 작용 할 수밖에 없다. 더욱이 학부모의 선택권 강화라는 명분 하에 도입한 단위학교 재정 배분 방식과 입학 정책의 변질이 초래한 교육 현실을 놓고 볼 때, 신자유주의 교육개혁이 계층 간의 교육 불평등을 심화시켜 왔다는 비판을 면하기는 어렵다고 판단된다(김용일, 2001). 이러한 계층 간의 불평등을 학부모들은 현재 잘 인식하지 못하고 있지만, 영국의 자율학교나 미국의 현장학교와 같은 형태의 학교가 전격적으로 도입된다면 사정은 달라질 수 있을 것이다.

세계무역기구(WTO)의 교육시장 개방협상과는 별개로 경제자유구역의 교육시장은 초·중·고·대학에서 전면 개방되고, 국제자유도시인 제주도에는 외국대학 설립이 허용된다. 이들 지역에 들어서는 외국학교는 국내 교육법을 적용 받지 않고 잉여금을 본국으로 송환할 수도 있으며, 내국인도 자유롭게 입학할 수 있게 된다는 등의 경제자유구역 교육시장 전면개방을 교육인적자원부는 2003년 10월 2일 이런 내용의 '외국 교육기관 설립운영 특별법(안)'을 발표했다.

세계무역기구 협상에서 평생교육시설과 학원만 일부 개방하기로 한 것과 달리 경제자유구역인 인천·광양·부산(광양·부산은 지정 예정)에서는 모든 학교 급에서 시장개방이 이루어지며, 이곳에 들어서는 외국학교는 원칙적으로 분교 형태이지만 설립주체가 외국 정부나 자치단체일 경우 본교를 만드는 것도 허용된다. 이들 교육기관에는 국내법을 적용하지 않기 때문에 교과과정 편성, 신입생 선발방법, 운영 등은 학교 마음대로 할 수 있게 된다. 또 국내 교육기관과 똑같은 학력이 인정되고 법인세·소득세 등도 면제를 받는다.

학교 건물도 임차가 가능하도록 했고, 수익용 기본재산도 보험으로
대체할 수 있도록 했다. 결산상 잉여금의 본국 송환도 허용된다(한
겨레, 2003).

  이러한 상황에서 우리 국내 대학들은 긍장 우수한 신입생을 뺏기
지 않기 위해 애써야 할 것이고, 또 외국의 유명 대학이 분교를 세
울 경우 국내 대학의 서열까지도 걱정해야 할 지경이다. 자녀를 외
국의 초·중·고교에 보내려는 학부모들의 경쟁도 치열해질 전망이
다39). 이러한 신자유주의 사조의 교육에 대한 철학과 정책은 공교
육에 대한 국가의 교육 개입의 축소와 교육비 부담에 대한 전면적
인 삭감 조치 형태를 취한다. 교육자원이나 교육 혜택에 대한 분배
는 경쟁을 통해 배분하고자 하며 교육에 대한 질과 수월성의 논리
를 추구한다. 여기서 자연히 공교육에 대한 투자의 삭감은 상대적
으로 빈곤한 계층의 자녀에게는 치명적으로 작용한다. 이러한 사실
은 다음과 같은 자료에서 확연하게 확인할 수 있다.

  <표 II-20>의 지표는 교육개혁위원회가 교육의 기회 균등의 문제
를 지적하기 위해 두 대학의 조사 결과를 인용한 것이다. 이 지표를
기초로 교육개혁위원회는 '지역 및 사회계층간의 고등교육 기회의
격차 해소'와 관련하여 다음과 같은 설명과 대책을 부기하고 있다.

---

39) 한국 무역협회의 발표 자료를 보면 우리나라의 유학 연수 인원은 2002
   년에 34만 3천명에 이르고 있으며 이들의 경비지출은 5조 7000억 원에
   이르며 이는 우리나라 교육부 예산의 4분의 1이 넘고 무역 흑자의
   45%에 이른다. 이러한 현상은 해를 거듭할수록 매우 빠르게 증가하는
   현상을 보이고 있다(무역협회 2003년 2월20일 한국무역협회 보도자료).

<표 Ⅱ-20> S대 및 Y대학교 신입생의 사회 계층적 배경   (단위: %)

구 분	상류	중상류	중류	중하류	하류	무응답	전 체
S대	0.8	22.2	58.5	16.4	1.5	0.6	100.0
Y대	1.3	23.7	57.6	14.7	2.7	0.0	100.0

자료: 서울대학교(1997). 1997학년도 서울대학교 신입생의 일반 특성과 심리 특성 보고서. 13; 연세대학교 학생상담 연구소(1997). 연세상담연구; 교육개혁위원회(1998), 33면에서 재인용.

  "경쟁력 있는 대학 교육의 기회를 대도시 중산층 출신 학생들이 점유하고 있으며 빈곤 계층이나 농어촌 지역 출신은 대학 신입생의 10% 정도에도 미치지 못하고 있다. 고등 교육기회가 학생의 능력보다는 거주지나 경제적인 수준에 따라 달라지는 구조적인 문제를 해결하기 위해, 빈곤층의 고등교육 참여율을 현재 10% 이하에서 2003년까지 15%, 2008년까지 20%로 연차적으로 확대할 수 있는 방안을 마련한다"(교육개혁위원회, 1998: 42).

  국내의 경쟁력 있는 대학에 들어갈 수 있는 기회가 법에서 정하고 있는 개인의 능력이나 적성이 아니라 경제적 수준 및 거주 지역에 크게 의존하고 있다는 사실을 위 <표 Ⅱ-20>의 자료에서 다시 한번 확인해 볼 수 있다. 교육은 사회복지 그 자체이면서 동시에 그 주요 수단이다. 김영화(1999: 51-76)는 사회복지와 교육의 관계를 '사회복지의 한 영역으로서의 교육', 그리고 '교육을 통한 사회복지의 실현'이라고 언급하고 있고, 국민의 정부 시절 대통령비서실 삶의 질 향상 기획단(1999: 94-95)에서는 '교육의 형평성 보장'의 필요성에 대하여 다음과 같이 말하고 있다.

"학부모들은 비싼 사교육비를 부담하고 있으며, 사교육비 부담 능력이 없는 계층의 소외감은 사회 갈등을 유발하는 주요한 원인이 되어왔다. 이 과정에서 저소득층의 자녀는 충분한 교육기회를 얻지 못하고, 경쟁에서 뒤쳐진 자녀들은 교육현장에서 소외되고 있으므로, 정규교육 제도의 내실 있는 개선이 필요하다. 정부는 경제적인 이유로 교육을 받지 못하는 일이 없도록 정규교육의 형평성을 보장해 나갈 것이다."

사회복지의 한 영역인 학교교육의 근본적인 문제가 과도한 사교육비 부담에 있다는 것이다. 그간 우리는 공교육비에 버금가거나 훨씬 상회하는 수준의 사교육비로써 자녀에 대한 교육을 유지해 왔다. 공교육비 가운데 사부담 공교육비까지 합치면, 학부모가 자녀 교육을 위해 부담하는 교육비가 너무 무거웠던 것도 사실이다(천세영, 1999: 104). 이러한 사부담 교육비로 인한 계층 간의 격차 해소는 정부의 신자유주의적 정책 기조가 아닌 생산적 복지정책을 통하여 평등한 교육권과 평생 교육권의 보장을 이루어야 할 것이다. 분배를 시장 질서에만 맡길 때 시장경쟁에서 탈락한 계층에 대한 사회적 배려는 불가능하며, 그 결과 계층 간의 갈등과 사회분열이 초래 될 수도 있다. 따라서 시장경쟁에서 실패한 사회적 약자 계층에 대해서 국가가 적극적인 개입을 통해 배려하는 정책을 실시하여야 한다.

생산적 복지론에서 교육은 복지 그 자체이면서 동시에 복지사회를 구현 할 수 있는 주요한 수단이다. 이에 대하여 이돈희(1993: 140-141)는 교육기회가 제도적으로 창출되는 방식을 '사회 투자적 동기'와 '사회 복지적 동기'로 나누고, "복지적 동기에 의한 교육기회는 일종의 '소모적 가치'이며, 다른 무엇 때문에 가치로운 것이 아니라 그 자체가 목적이라는 의미의 내재적 가치"라고 분석한 바 있다. 김용일(2001)은 신자유주의 교육개혁이 가져온 폐단과 실패에 대하여 다음과 같이 지적하고 있다.

"최근 영미 계통의 연구문헌을 살펴보면, 신자유주의 교육개혁이
교육 불평등을 심화시켰다는 보고가 주를 이루고 있다. 여기에 더하
여 교육재정이 경향적으로 감소한 결과, 교육여건이 악화되고 교사
의 노동 강도는 오히려 강화되었다는 점을 언급하면서 '타자에 대한
무관심과 경멸이 내재된' 경쟁의 논리에 기초한 개혁의 당연한 결과
라고 해야 할 것이다. '교육소비자는 왕(王)이고, 교사와 학교는 살
벌한 시장 조건에서 생존과 확대 재생산을 위해 필사적으로 경쟁해
야 하는 생산·유통 활동의 주체인가? 그렇다면 교사 역시 때로 '덤
핑'도 하고 믿지 못할 '바겐세일'도 연출해야 하는 게 아닌가? 그런
교사를 보고 학생들이 자신들의 미래를 결정할 교육적 감화를 받기
를 바랄 수 있을까? 인격적 감화가 없는 가운데 인지적 교육의 '효
율성'을 기대해도 좋은가?"

소득이 상승하고 상대적으로 교육비용의 부담이 적어지면 능력이
낮은 사람들의 교육에 대한 수요가 증가하고 그러면 능력 있는 사
람은 자신을 차별화하기 위해서 불필요한 추가적 교육을 더 받아야
하는 현상이 우리 한국 사회의 교육열을 과열되게 달구고 있다고
해석할 수도 있다. 중·상류 계층은 자신들에게 절대적으로 유리한
학력을 선발 기준으로 채택함으로써 하류 계층의 계층 상승을 체계
적으로 봉쇄한다(오욱환, 1999: 7).

학교교육에 대한 가정배경의 영향력 문제를 다룬 연구들은 계층,
계급적 배경에 따라 학부모와 교사, 학교 사이의 관계가 다를 수
있음을 보여 주고 있다. Lareau(1989)에 따르면 보다 상위 계층의
학부모일수록 학교교육에 다가설 수 있는 기회 면에서 더 유리한
입장에 있다. 즉 보다 상위 계층의 학부모일수록 교사의 교수 용어
를 이해할 수 있는 능력, 학교교육에 관여하고 감독하며 그것을 보
충해 줄 수 있는 지위, 학교와의 관계를 원활히 할 수 있는 물적
자원, 아이들에게 역할 모델을 제공해 줄 수 있는 직업적 일의 패

턴, 교육적 정보를 얻을 수 있는 이웃, 친지, 친구 관계 등을 지닌
다. 예를 들어 중상층(upper-middle class)의 학부모는 학교에 대해
비판하고 적극적으로 감독하며 또한 그것을 보충해 준다. 이에 비
해 근로계층(working class)의 학부모는 교육은 교사가 하는 것이
고 부모는 학교에 갈 수 있도록 준비시켜 주는 역할을 담당한다고
인식한다. 이들에게 교사는 자신보다 사회적, 교육적 지위가 높은
전문가 집단으로 인식되며, 교육과 관련된 책임을 전적으로 교사에
게 맡긴다.

　교사는 가르치는 문제와 관련하여 학부모의 간섭을 받지 않는 전
문적인 자율성을 지닌다. 즉, 근로계층의 학부모는 학교교육에 간섭
하거나 감독하지 않으며 일반적으로 학교를 신뢰한다. 이상의 사실
에서 부모의 자녀에 대한 사회적 자본의 발현 형태는 계층에 따라
달리 작용하고 있음을 알 수 있다. Connell(1982)등은 Lareau와는
다른 지향점[40]을 지님에도 불구하고 계급 간 학부모와 학교가 갖는
관계의 차이를 같은 맥락에서 보여 주고 있다. 이들에 의하면 중간

---

40) Lareau는 계층에 따른 학교교육에 다가 설 수 있는 기회의 차이를 부
　각시키는 동시에 Bourdieu는 문화자본(cultural capital) 개념이 갖는 한
　계를 지적한다. 높은 문화적 자원(cultural resource)을 소유한다는 것이
　자동적으로 사회적 투자로 연결되는 것이 아니라, 문화적 자원의 소유
　는 단지 사회적 이익을 얻을 수 있는 기회를 갖는다는 의미를 지닌다
　는 점을 Bourdieu는 강조한다. 이에 비해 Connell 등은 계급에 따라 서
　로 다른 삶의 모양이 형성되는 데 있어 학교가 어떻게 작용하며, 동시
　에 계급은 학교의 형태를 어떻게 만들어 가는지에 대해 논의하고 있다.
　Connell 등에 따르면 중간계급에서 학교는 인간관계를 조직하고 그 관
　계망을 구축함으로써 계급의 결속성을 창조할 수 있게 하는 반면, 노동
　계급에게 학교의 의미는 이와 상반된다. 노동계급의 부모들이 자녀에게
　더 많은 학교교육을 바라는 이유는 노동계급에서의 탈출에 있으며, 학
　습에서 성공한 아이들의 부모는 실패한 아이들의 가정을 "희망 없는"
　가정으로 묘사하고 후자는 전자를 "귀족숭배자"로 묘사함으로써 서로
　는 분리된다고 본다. 계층에 따른 부모의 이러한 차별적인 사회적 자본
　의 차이가 구체적으로 아동의 학업에 있어 어떠한 방식으로 매개하는
　지에 대한 심도 있는 연구가 필요하다고 본다.

계급의 학부모가 학교와 맺는 관계는 시장 원리에 입각해 있으며, 중간계급의 학부모는 자녀가 다닐 학교를 선택한다. 즉 많은 학교 가운데 특정한 학교로부터 교육적 서비스를 산다. 이에 비해 노동 계급의 학부모와 학교와의 관계는 보다 관료주의적이며 부모들에 대해서 공립학교의 교사들은 일정한 힘을 지니고 있고 보다 권위적으로 분석하고 있다.

나. 학군 및 지역, 계층에 따른 부모의 교육지원양상

가정에서 부모가 자녀의 학습을 지원하는 활동은 교육제도와 정책의 변화에 영향을 미쳤던 과외 수업과는 달리 사회적인 관심을 크게 끌지는 못했지만, 경험적, 이론적으로 자녀의 학업성취에 영향을 미칠 수 있는 주요 요인으로 여겨졌으므로 자녀의 학업성취를 위해 실제로 각 가정에서는 부모의 역량에 따라 다양한 방법으로 교육지원활동이 이루어지고 있다. 부모와 학생 사이의 상호 신뢰 및 유대를 바탕으로 한 사회적 자본의 형성으로 인한 학생에 대한 관심과 격려는 낮은 사회경제적 지위에 있는 학생의 귀속적 요인에 기인한 불리함을 극복하는 데 상당 부분 기여할 수 있을 것이다. 실증적으로 부모의 교육지원 활동은 부모의 사회경제적 지위와 독립적으로 학업성취에 영향을 미치고 있는 것으로 나타났으며, 이를 통해 귀속적 지위의 불리함을 상쇄해 줄 것으로 기대되고 있다(김경근, 2000).

이종각(2002)에 의하면 교육열의 원형은 자식사랑으로 보고 있다. 이러한 사실은 자녀를 둔 학부모라면 누구나 가지는 속성이라 할 수 있다. 이종각이 개념화한 교육열의 개념을 사회적 자본이라는 분석 틀로서 이를 다시 해석한다면 부모가 자녀에 대하여 가지는 교육적인 관심과 열정, 지원 형태로 해석할 수 있겠다.

Coleman(1988)은 지역사회 내의 사회적 자본은 지역사회 거주 부모들 간의 사회적인 관계나 관계 구조의 긴밀성, 부모와 지역사회 내에 존재하는 제도들 간의 관계에서 발견된다고 한다. 이러한 지역사회의 사회적 자본은 사회 구조의 안정성과 강도에 따라서 서로 상이한 형태로 나타난다. 부모가 지역사회의 다양한 계층 사람들과 유대와 관계 망이 넓다면 지역사회 내의 도움과 지원을 얻는 것은 수월해진다. 그래서 자녀에 대한 교육적인 지원이나 활동이 지역사회에 의하여 공유될 때 자녀들은 보다 학업에서 성공할 가능성이 커지게 된다.

가정의 유대 망이 기대와 규범과 제재를 공유할 때 관계의 긴밀성, 특히 세대 간 긴밀성은 강화된다. 그 역도 성립한다. 공고한 유대 망이 형성될 때, 구성원들은 더 많은 규범, 기대, 제재 등을 공유하게 된다. 공고한 유대 망을 갖지 못한다면 행동은 불확실해지고 제재의 사용은 일관성을 잃게 된다. 공고한 유대 망을 가진 지역사회 내에서는 자녀 교육에 대한 상호 의무감이나 적절한 규범을 설정하고, 사회적 제재를 효과적으로 활용할 수 있다. 그리고 제재가 효과를 발휘할 수 있다. 즉, 학업결과이 대한 지역사회 내의 사회자본의 효과는 세대 간 밀접성이라는 사회자본의 차이에 따라 달라진다(이정선, 2001).

메타분석을 통한 한국형 학업성취 관련 문항을 탐색한 연구(오성삼·구병두, 1999)에 의하면 가족 문항 군기 학생의 학업성취에 교수-학습, 학생, 교사 문항 군 다음으로 영향력이 있는 것으로 나타났으며, 가정환경 문항에서는 과정문항이, 학부모 관련 문항에서는 사회경제적 지위, 부모의 역할 등이 학생의 학업성취에 영향력을 행사하는 것으로 보고하고 있다. 더불어 가족 구성원관계보다는 가족의 교육정도나 아버지 직업과 관련이 있는 학부모의 사회경제적 지위가 보다 높은 학업성취와의 상관을 나타내고 있음도 더불어 밝히고 있다. 특정 분야의 재능도 부모의 경제적 지원 없이는 발현되기 어렵다는 현실에서 보면, 결국 부모와 학생 간의 관계 형성에서 잉태하는 사회적 자본도 사회경제적 지위와 더불어 학업성취에 미치는 영향력의 정도에 대하여 구체적으로 고찰해볼 필요성이 있다 하겠다.

학업성취에 영향을 미치는 지역의 사회적 자본은 특히 미국에 있어서 소수민족 학생의 학업성적에 지대한 영향을 미친다. 지역사회 활동에 참여하는 부모의 자녀에 대한 학업의 지원은 학업성적 증진에 절대적이라는 것을 보여주고 있다(Delgado-Garitan, 1993; Ogbu, 1991; 이정선, 1996에서 재인용). 부모는 지역사회 활동에 참여함으로서 자녀의 학업증진에 필요한 사회자본을 얻으며, 특히 지역사회가 폐쇄적이며, 구성원이 밀접한 유대관계를 유지하고, 구성원이 타인 지향적(other-directed)일 때, 그리고 교육관련 정보(privileged information)를 동일 인종과의 교제에 의존하는 경우는 학업성적에 대한 지역사회의 영향이 더욱 증대된다는 것이다(이정선, 1996). 김희복(1992)은 한국인의 교육열은 교육과 관련된 행위, 그 행위를 주도하는 문화적 지식, 사회구조적 맥락(학군, 지역, 계층)이 상호 관련되어 있는 현상으로 볼 수 있다고 진단하면서 학교를 향한 학부모 집단의 능동적 힘이 발휘될 수 있는 제도적 통로가 마련되어 있지 않아 비공식적으로 이루어지는 학부모 집단의 학교 교육과정이나 운영에 대한 평가가 '과열', '오도'와 같은 부정적인 평가를 받거나 무시되는 결과를 낳았다고 평가되고 있다고 본다(1992: 222-227). 더불어 그는 학부모들의 자녀 교육과 관련된 문화는 우리 사회의 학력에 따른 기회분배 구조, 전통적 가치구조, 교육 제도적 맥락 속에서 형성된 것으로 파악하고 있다. 유아, 초등교육 단계에서 중산층 학부모들은 자기 자녀에 대한 교사의 기대를 불러일으키기 위해 물질적, 육체적 지원을 한다. 이에 비해 중, 고등학교 단계의 학부모는 자녀의 진학을 위해 교사와 공생적 관계를 형성하고 있으며, 상호간의 협조체제가 잘 이루어지지 않을 때에는 학부모들이 개인적, 집단적 압력을 행사하며, 중산층 학부모는 비효율적인 학교교육에 대하여 개인적, 집단적 힘을 발휘하여 학교교육을 입시위주 교육으로 고착시켜 버리는 힘을 지닌 주체로 파악한다.

오욱환(1999)은 한국 사회에서 학부모의 자녀 교육에 대한 관심은 외국과는 달리 매우 높기 때문에 학습지, 학원 산업이 다른 나라에서 볼 수 없을 정도로 대규모로 번성하기도 하고, 교육과 관련된 각종 정책을 둘러싼 집단 간의 이해관계가 대립하는 등 사회적 쟁점이 되고 있다고 지적하고 있다.

이상에서 한국의 연구자들은 사회의 교육에 대한 지나친 관심을 '교육열'이라는 용어로 개념화하고 이를 교육 현상을 분석하는 도구로 활용하고 있으며, 나아가 이러한 분석 속에서 공통적으로 발견되는 것 중의 하나가 부모와 자녀와의 관계, 지원을 하나같이 교육열을 분석하는 현상의 하나로서 제시하고 있다. 그들은 이러한 부모-자녀 간의 교육적인 지원 양식에 대해 '사회적 자본'이라는 용어로 표현하고 있지는 않지만 한국 사회에서 부모와 자녀 간의 관계에서 발생하는 사회적 자본에 대한 풍부한 양상과 그 실례를 제시하고 있다.

지역과 계층에 따른 자녀의 교육지원 활동의 양과 질이 다른 점을 문화적, 사회적 자본의 차이로 해석하는 연구들과 지역사회 내의 사회적 자본과 자녀의 학업성취와의 관련성을 밝히는 연구들을 살펴보면 다음과 같다.

첫째, 김영화(1992a)는 미술, 음악 관련 교습은 고학력 학부모와 중간 계급에서 더 많이 받는 반면, 체능관련 교습과 직업준비 관련 교습은 저학력 학부모 가정과 근로계급, 도시 하류계급, 농업 종사자 가정에서 더 많이 받고 있는 점을 중산층의 고급문화 추구 경향과 노동계층의 대중문화 추구 경향으로 해석함으로써 문화적 자본이 자녀의 학원, 과외 교습의 계층별 양태에 적용된다고 보았다.

둘째, 김경근(2000)은 아동의 학업성취에 경제, 인적 자본의 영향도 크게 작용하지만 이와 독립적으로 부모의 교육기대 수준이나 학업 활동에 대한 지원과 같은 사회적 자본이 영향을 매개하는 것으로 실증적인 연구를 통하여 보고하고 있다.

셋째, 이정선(2001)은 학업성공과 사회적 자본과의 관계연구를 위해 초등학교 5학년 아동과 학부모를 대상으로 문화기술 연구를 수행한 결과 사회자본의 실체, 사회자본에의 접근방법, 그리고 사회자본의 활용방법으로 한정하여 사회자본과 학업성공 간의 관계를 문화기술적으로 규명하여 가족 내에서 사회자본이 집단 간 다르게 실재한다는 점을 발견하고 동일 학교 내에서도 집단에 따라 사회자본이 다르게 활용되며, 지역사회 내의 사회자본이 집단에 따라 다르게 활용되고 집단 간에도 차이가 존재하는 것으로 보고하고 있다.

더불어 그녀는(1996) 재미 한인 고등학생의 학업성적에 대한 연구에서 지역사회 내 사회적 자본이 사회적 규범과 사회적 제재의 양상으로 나타나며, 이는 자녀의 학업성적에 영향을 미친다는 점을 밝히고 있다. 지역사회 구성원 간 밀접한 유대 망(교회 중심의 폐쇄사회) 때문에 구성원 상호간에는 학교교육에 관한 모든 정보를 공유하며, 이웃을 통해 입수한 정보를 자녀 교육에 활용한다. 그런데, 지역사회 내의 사회자본 혹은 정보의 접근에는 성적우수 집단과 평균이하 집단 간에는 차이가 있다. 전자는 지역사회 활동에 적극적으로 참여함으로서 사회자본을 획득, 자녀교육에 활용하는 반면, 후자는 소극적 참여로 인하여 필요한 사회자본을 확보하지 못해 자녀교육에 필요한 정보를 제공해 주지 못한다고 한다.

넷째, 심미옥(2003)은 초등학교 학부모의 자녀 교육지원 활동에 관한 연구에서 어머니의 학력이 높을수록, 수입이 많을수록, 저학년일수록, 자녀의 성적이 좋을수록 가정에서 학습지도 활동을 더 많이 하고 있으며, 가정의 수입이 많을수록 가정에서 아동의 생활을 더 많이 계획하고 통제하는 경향이 있는 것으로 보고하고 있다.

다섯째, Delgado-Garitan(1992)은 학업성적에 미치는 지역사회의 영향 연구를 통하여 지역사회 구성원들 간의 사회적인 유대 관계는 학생들의 학업사회화를 규정하며, 지역사회의 사회적인 유대 관계 (social network)에 참여하는 정도는 자녀의 학교교육 결과에 상당한 영향을 준다고 한다. 이는 지역사회 구성원이 함의하는 학업성취에 대한 사회적 규범, 유대 관계, 교육적인 가치는 학생의 학업성취와 연관이 있다는 것이다.

이상의 연구 결과가 시사하는 바는 부모의 자녀에 대한 교육지원 활동은 지역과 계층에 따라서 아버지의 학력, 어머니의 학력, 가정의 수입에 따라 차이가 있고, 학군(지역), 계층적인 배경에 따라 학부모의 교육 지원활동은 차이가 있으며, 부모의 학력과 수입이 높은 상위의 계층일수록 다양한 유형의 교육지원 활동을 더 많이 활발하게 하는 것으로 해석 할 수 있겠다. 동일한 지역과 계층으로 이루어진 특정한 학군에 거주하는 학부형들은 서로 이웃 간에 필요한 교육정보 망을 구축하여 긴박하게 돌아가는 교육현실에서 나름의 교육전선 구축을 통하여 자녀 교육에 필요한 각종 교육정보를 취합하여 이를 자녀의 교육지원과 협력에 활용한다. 이러한 일반적인 시각과는 다소 다른 방향과 각도에서 저소득층 분교 학부모들의 자녀에 대한 교육열 현상을 분석한 오자길(2003)과 도시 빈민지역 주민들의 학교교육에 대한 희망과 좌절을 연구한 신선미(1990)의 분석을 차례로 살펴보면 다음과 같다.

"분교 학부모들의 교육열 현상은 겉보기엔 침묵하고 있다. 침묵하고 싶어서가 아니라 교육열이 결합할 수 있는 대상이 적절치 않은 관계로 겉으로 표현하고 싶은 욕구 이상으로 말 많은 속앓이를 하는 것이다. 이들이 자녀들에 대한 교육열을 제대로 발산하지 못한다고 생각하고, 속으로 그 열을 끓이고 있는 가장 주된 이유는 무엇일까? 첫째로 경제적인 이유를 들 수 있다. 매스컴을 통해서 들려오는 도시 학부모의 교육열 현상은 농촌 학부모들로서는 도저히 감당하기 힘든 일들이다. 둘째로, 보다 나은 교육을 위해 도시로 이사를 가고 싶어도 삶의 터전을 옮길 수 없는 형편이 있기 때문이다. 이런 점 때문에 이들의 교육열 성격은 체념과 억압, 비애로서의 모습이 강하다. 그러다가 쭉 억눌린 교육열이 적당한 매개문항을 만나면 일시에 폭발해버리는 경우도 있다."(오재길, 2003)

주민들은 자녀들의 학교성적을 향상시키려는 노력을 하지만 결국은 자녀들의 대학 진학을 포기하고 그들을 실업계 고등학교에 진학시키기로 결정한다. 그들은 자녀들의 대학 진학을 포기할 수밖에 없는 현실에 대하여 한편으로는, 대학에 진학하지 못하는 사람도 그 사람들 나름대로 살아가는 방식이 있는 것이라고 자기 자신을 합리화하지만, 다른 한편으로는 공부를 잘 해야만 사회적으로 성공할 수 있는 현실에 대하여 불만을 표현하기도 한다. …… (중략) …… 결국 고용기회의 증가와 학력차별이라는 사회적 조건과 더불어, 학교교육은 도시빈민지역 주민들에게 자녀들의 안정된 직업을 획득하려는 희망을 불어넣고 있지만, 사실상 자녀들의 빈곤을 그들의 개인적인 결함으로 돌리는 역할을 하고 있다(신선미, 1990).

노동자(근로자) 계층의 자녀들은 성장과정에서 부모의 무관심 등으로 빈곤층 문화를 자연스럽게 학습하게 되며, 빈곤(경제력)에 따른 낮은 교육은 대를 이어 확대 재생산과 악순환의 연결고리를 형성하게 된다. 서울대 사회과학연구원(2004)에서 조사한 서울대 입학생의 부모 직업 조사를 보면 고소득직군 아버지를 둔 자녀의 서울대 입학률이 비고소득직군에 비해 20배 높고 그 격차가 계속 늘고 있다는 보고서를 발표한 바 있고, 이 후 한국개발연구원(2004)은 "빈곤의 정의와 규모" 보고서에서 우리나라 상위 10%, 고소득층 자녀는 하위 10% 자녀에 비해 7배 이상 높은 교육비를 투자하고 있어 빈부 격차

에 따른 교육의 차이가 빈곤의 대물림으로 이어질 가능성이 높다고
밝히고 있다.

더불어 한국교육개발원(2003)에 의하여 수행된 "교육격차 분석
연구"에 의하면, 서울의 상위계층과 하위계층 밀집지역 학생들의 문
해도 차이가 심각한 수준이고, 학교수업을 대부분 이해하지 못하는
학생 수는 하위계층 밀집지역이 상위계층 밀집지역보다 2.5배나 많
은 등 계층 간 교육기회 불평등 정도가 큰 것으로 나타났다는 연구
결과를 내어놓기도 하였다.

부모의 학력과 수입이 낮은 가정의 자녀들을 위해 교육지원활동
을 대체하거나 보완할 수 있는 정책적, 제도적 방안을 강구해야 함
을 시사하고 있다. 더불어 가정의 사회경제적인 계층과 학군이나
지역 사회 규모에 따른 학생의 배경과 부모－자녀 간 사회적 자본
의 영향력이 달리 작용하고 있을 개연성을 암시하고 있다 하겠다.
저소득층 가정이나 지역의 학부모들에 대하여 교육당국과 교육청,
학교 등에서 학부모의 학교 교육 활동에 대한 참여와 협력을 통한
교육력 제고 방안 마련의 필요성과 이들 저소득층의 자녀와 학부모
들의 교육적인 욕구가 충족 될 수 있도록 다양한 교육복지[41] 처방

---

41) 교육복지란 교육소외, 결손집단에 대하여 교육기회를 확충함과 동시에
   예방, 치료, 보상 활동을 통하여 교육의 질적 평등을 보장하고 정상적
   인 학생집단에 대해서는 잠재능력을 최대한도로 계발할 수 있는 기회
   를 제공하고 전인교육이 가능하도록 교육여건을 개선해 주는 것을 말
   하며 더 나아가 모든 국민의 교육적 요구에 부응하여 평생교육 기회를
   제공함으로써 모든 개인으로 하여금 교육적 욕구를 충족시키고 자아를
   실현케 하며 사회전체가 학습하는 사회로 발전하는 과정과 결과를 말
   한다고 정의하였다. 즉 교육복지는 정책적 차원의 교육기회의 확대와
   교육여건의 확대 등 교육기능의 극대화에 초점을 두고 있다(윤정일,
   1990: 132). 한편, 1995년 발표된 교육개혁 안의 신교육체제에서도 "교
   육은 이제 국민이 향유하는 권리인 동시에 삶의 질을 높이는 복지의
   하나이다"라고 제시하여 교육복지의 근거를 권리로 개념화하고 있다
   (이기범, 1996:24). 교육에 대한 사회복지서비스의 확대는 인적자본의
   향상을 가져와 생산성을 높이고 경제성장을 높이는 것으로 보고 되고

프로그램 마련이 절실히 필요하다고 하겠다.

가정에서 사회적 자본, 문화적 자본의 결핍과 교육경험의 부족으로 인하여 취학 당시부터 뒤쳐진 학생은 학교에서 특별한 인위적 조치가 있지 않는 한 다양한 경험과 지적 자극 속에서 성장한 학생들에 비해 상대적으로 학습결과가 뒤떨어지게 마련이고 그러한 결과는 사회의 노동시장과 직업구조로 연결되면서 결국 다시 빈곤을 경험할 수밖에 없게 된다. 따라서 이러한 빈곤의 확대, 재생산의 악순환을 반복하지 않기 위해서는 소외계층을 위한 의도적이고 계획적인 보상교육이 실시되어야 한다. 그리고 지역사회의 풍부한 사회적 자본은 자녀 교육에 있어서 대단히 중요하게 작용한다. 이러한 지역사회의 사회적 자본을 고양하기 위하여 지역사회에 대한 정책적인 배려도 필요하다.

교육은 이제 예전처럼 일부 지역이나 계층의 특권적 전유물이었던 시대는 지났으며 오늘날의 교육은 누구나 향유하여야 하는 하나의 기본적 인권으로 받아들여지고 있다. 오늘날 다수를 위한 교육에 있어서의 형평성 추구는 취학 기회에 접근할 수 있는 균등(equal access to education)을 통한 양적인 차원에서 교육성과의 균등화(equality of education outcome)를 중시하여 교육을 통해 심한 격차가 발생하는 것은 지양되어야 한다는 사회적 평형자(equalizer)로서의 역할을 강조하는 방향으로 바뀌고 있다(홍봉선, 2003).

있다. 또한 교육복지는 자본주의 사회에서 필연적으로 발생하는 불평등을 완화해 주고 불평등의 고착화로 인해 치러야 하는 엄청난 사회비용을 감소시켜 줄 수 있는 중요한 수단이다. 램프만(1984)의 연구에 의하면 교육과 건강에 대한 사회복지 프로그램으로 인하여 GNP의 약 4%가 증가하는 것으로 나타났다(이순형·류정순, 1999: 200).

다. 학군 및 지역 간 학력격차

학군제도는 학교의 위치, 특성 및 통학거리를 고려하여 수 개의 학교를 하나의 단위로 묶어 관리, 조정하는 제도를 말하며, 우리나라에서는 1968년에 중학교 학군제, 1974년에 고등학교 학군제가 실시되었다(서태열, 1987). 학군 및 지역 간의 교육격차는 여러 가지 교육적 문제와 사회적 문제를 야기 시킨다. 지역 간 교육격차의 교육적 문제로는 우선 그 자체가 공교육 정책이 추구해야 하는 평등성 이념에 반하는 것이 된다. 지역 간 교육격차는 교육기회 및 교육과정에서의 지역 간 불평등 현상을 초래하고, 교육결과인 학력 등에서도 불평등 현상이 초래하게 된다. 이러한 교육 불평등 과정에서 학생들은 거주지역에 따라 우열의식이 조장되기도 한다. 이에 따라 취약 지역의 학교에서는 학교 부적응 학생이 발생하고 학교에 등교하지 않는 학생이 많이 발생하는 것도 이러한 문제와 무관한 것은 아니라 볼 수 있다(김영철, 2004).

사회, 경제적인 특성이 서로 다른 사람들이 거주지나 학교를 선택할 경우 서로 다른 우선순위와 제약 조건에 의하여 특정 집단은 특정 지역에 집단적으로 거주하거나 학교를 선택하게 된다. 그리하여 특정 인구집단 거주지가 다른 집단들의 거주지와 구분되는 거주지 분리(residential segregation)현상이 출현하게 된다. 거주지 분리의 양극화나 심화라는 공간 측면에서 사회 구조의 양극화 과정은 공간 개념을 거주지, 학군이라는 새로운 무형의 계층과 계급을 양산해 낸다. 공간은 삶을 구성하는 중요한 요소로서 공간에 대한 이해나 분석을 통하여 우리는 사회의 전반적인 운용구조가 인간의 삶이나 교육, 문화, 정치, 경제 등 전반에 상당한 영향을 미친다는 것을 알 수 있다(최은영, 2004). 다음의 기사는 이를 잘 대변해 주고 있다.

평준화 이후 특정 학군과 지역에 우수학생이 집중되면서(신흥 아파트촌이 특정 지역과 학군에 대거 건설된 1990년 이래 학력 및 사회적 경제적 지위가 높은 주민들이 그 곳에 밀집하여 살기 시작하면서) 2003학년도 수능시험 결과, 전국 수험생의 4%에 해당되는 1등급 학생의 비율이 대구 시내 고교 간에 3배 이상 차이가 나기도 했고, 수성구 ㅎ고교의 경우 수능시험 1등급 학생이 122명으로 전체의 20%대로 대구의 전체 수험생 1등급 점유율 5%의 4배에 이르기도 하는 등 충분히 문제시할 만한 현상이 나타났다(정만진, 2004).

교육시설은 어린 자녀의 매일의 생활과 직결되기 때문에 거주지 선택에 있어 교육 환경이 차지하는 중요성은 크다. 특정한 지역의 우수한 성적과 높은 학교 지위는 사회계급에 따른 거주지 분리 강화와 불평등 심화라는 악순환을 확대 재생산해 낼 수도 있다.

집단 간, 지역 간에 발생하는 자녀교육에 대한 지원의 차이를 언급할 때 일반적으로 계급이나 계층의 표현이 직접적으로 사용되지는 않지만, 그 차이는 주로 그들이 가진 경제적이거나 문화적인 경험의 차이에서 주로 기반 한다. 아파트에 사느냐, 주택(다세대주택)에 사느냐, 강남에 사느냐, 강북에 사느냐 등 공간의 구분은 공간 그 자체에 이미 계층화된 이분법의 논리가 내재되어 있다고 하겠다.

중산층 어머니들은 우리 사회에서 어떻게 하면 교육이 자녀의 성공과 계층 재생산과 연결되고 있는지를 더욱 절실하게 인식하고 있다. 이러한 인식의 저변에는 다소의 고등교육이 필요하다. 대학 교육을 받지 않은 학부형들도 열심히 공부하면 훌륭하고, 좋은 대학에 가서 잘 살 수 있다는 사실을 견지한다. 그러나 학력, 계층에 따라 교육적인 신화를 이루기 위한 학부형들의 자녀에 대한 전략과 전술은 엄청난 격차를 보이고 있다. 따라가기 전략 즉, 중산층 학부형이 보이는 자녀 교육지원 모습을 여타 학부형들이 이를 따라서 가계 지출의 출혈을 감소하면서까지 자녀를 학원이나 과외 활동을 시킨다.

지역의 학력격차는 한국교육과정평가원(2001)의 학업성취도 평가 결과에서도 나타나고 있다. 이 자료에서는 고교는 물론 초등학교, 중학교부터 학교별 학력 차가 크다는 사실을 보여주고 있다. 평가 원은 2001년 6월 전국(1% 표집)의 초등학교 6학년 8,142명(222개 교), 중학교 3학년 6,828명(179개교), 고등학교 2학년 7,488명(175개 교)을 상대로 평가를 실시했다. 여기서 일부 드러난 사실은 확연하 게 서울 강남구 내 학교의 학력이 강북이나 지방보다 월등히 높은 것으로 나타났다. 그리고 지방의 대도시 내에서도 그 학력격차가 큰 것으로 나타나고 있다. 특목고와 실업계 고교, 비평준화 고교를 제외한 고교평준화 지역의 고교 간에도 학력 차는 뚜렷하게 나타났 다. 전국 초등학교 학년 학생들의 성적을 10분위로 나누어 하위그 룹(하위 10%)과 상위그룹(상위 10%)에 속한 학생들을 지역별로 살 펴본 결과, 충북은 100명 중 16.7이 하위그룹에 속하는 반면, 대구 는 100명 중 3.7명밖에 포함되지 않는 등 지역별로 4.5배 이상의 편 차를 보이고 있다. 한편 상위그룹의 경우 울산 5.4명, 충북 5.8명에 그친 데 반해, 제주는 울산보다 무려 4배나 많은 20.9명이 포함되어 있어 지역별로 큰 편차를 보이고 있다.

서울시 교육청의 2004학년도 기초학습 부진학생 현황을 분석한 결과에 따르면, 서울시 저소득층 밀집지역 18개 초등학교의 기초학 습 부진학생 비율은 5.8%로 교육인적자원부가 2003년 말 조사한 전 국의 기초학습 부진학생 평균 비율 0.3~0.5%보다 11~19배나 높은 것으로 나타났고, 강남 교육청 관내 학교에서는 50곳 중 20%인 10 개 학교는 기초학습 부진학생이 단 1명도 없는 것으로 조사되기도 하였다.

학력 격차는 학교, 지역의 차이보다는 학교 내, 지역 내의 차이가 보다 많이 존재한다. Coleman(1966)은 "교육기회의 균등" 보고서에 서 학교 간, 지역 간 학력 격차의 변량은 대체적으로 10-15%를 넘지 않는다는 사실을 보고하고 있다. 이후에 나온 Jenks(1912, 1975) 등과 Hauser, Sewell and Alwin(1976) 등의 연구에서도 이와 비슷한 연구 결과가 제시되었다. 결국 학업성취도의 학교 간 변량의 비율은 최대 15%(학교 내 차이가 보다 큼)를 넘지 않고 있다는 것이다. 이러한 학교 간의 학업성취도의 차이는 선행변인 즉, 고등학교 입학당시의 학업성취도 변인(가정배경, 지능 등)이 미치는 효과를 통제하게 되면 급격하게 줄어든다는 사실이다.

신세호 외(1990)는 지역 간에 발생하는 학력격차의 요인을 첫째, 물리적 여건과 교원의 자질. 둘째, 또래 집단 효과와 포부 수준. 공부와 관련되는 시간과 공간의 조직 방식을 포함하는 학교와 지역의 분위기, 가정배경 등 셋째, 학생들의 포부수준. 동일한 능력을 가지고 있는 사람이라도 목표를 높게 잡고 최선을 다하는 사람과 목표를 낮게 잡고 현실에 안주하는 사람 사이에는 그들이 이룰 수 있는 성취의 수준에 있어 뚜렷한 격차가 발생한다. 그리하여 서울에 있는 중류계층 출신의 자녀들이 달성하는 높은 성취는, 그들의 스스로의 강도 높은 포부수준과 그에 따른 노력으로 이루어지는 것이 아니라, 또래 집단의 영향, 그들 부모들의 경제력과 높은 사회적 지위를 기초로 한 간단없는 지원, 경쟁적인 분위기들이 한데 어우러져 나타나는 결과로 볼 수 있으며, 동일한 지적 가능성을 가지고 있다고 하더라도 서울의 일등이 시골 일등보다 그 가능성을 보다 더 많이 실현하는 것도 동일한 맥락에서 이해될 수 있다고 본다. 강영혜 외(2000)는 학교교육이 입시위주의 교과목으로 편성돼 교과 과목이 비정상적으로 운영되었으며, 동시에 지나친 경쟁의식이 조장되어 이기적인 교육풍토가 조성되어 학교 간 지역 간 교육수준의 격차가 심화되었다고 본다.

성기선(1999)은 지역별, 평준화 여부별로 고등학생들의 학업성취도 실태와 그 변화 양상에 대하여 고등학교 1학년 성취도변인의 변량을 살펴보면, 학교 간 변량은 전체 변량의 37.25%, 학교 내 변량은 62.75%로 1학년 학업성취도 점수는 학교와 학교 사이에서도 많은 격차를 보이고 있지만, 동일한 학교 내의 학생들 사이에서 발생하는 차이의 정도가 더 크다는 연구결과를 제시한다. 평준화를 적용하고 있는 고등학교의 경우, 학교 간 변량보다 학교 내 변량이 6배정도 크고, 비평준화 지역의 고등학교에서는 학교 간 학업성취도 격차 정도가 학교 내에서 발생하는 학생들 사이의 점수 차이보다 더 크게 나타났다는 결과를 밝히고 있다. 이를 경쟁선발에 의해서 입학을 하는 비평준화 고등학교의 경우, 학교 선호도와 입학성적의 수준이 뚜렷이 차이 나기 때문에 나타나는 현상으로 해석을 하고 있다.

김영철(2004)은 서울시 지역 간 교육격차 실태 연구를 통하여 다음과 같이 기술하고 있다.

"지역 간에 교원 격차는 그리 심각하지 않으나, 학교의 교육시설에서는 지역 간에 상당한 차이가 나타나고 있고, 대학 진학률이나 특수목적고 학생의 거주지 분포 등을 볼 때, 지역 간에 학력격차도 존재하는 것으로 보고하고 있다. 특히 일류대학에의 진학률에서는 지역 간 격차가 더 많이 나타나고 있다고 한다. 이러한 지역 간 교육격차는 세칭 강남학군으로 불리어지는 강남 서초구와 타 지역 간에 특히 심하게 나타나고 있으며, 강남학군의 교육여건이 전반적으로 양호한 것으로 나타나고, 학력 수준에서는 월등히 높은 것으로 나타나고 있다. 반면에, 강북 지역이나 한강 이남의 서부 지역의 교육여건이나 학력 수준이 전반적으로 낮은 것으로 나타나고 있다. 지역 간 교육격차는 여러 가지 교육적 문제와 사회적 문제를 야기 시킨다. 지역 간 교육격차의 교육적 문제로는 그 자체가 공교육 정책이 추구해야 하는 평등성 이념에 반하는 것이 되고, 교육기회 및 교육의 과정에서의 지역 간 불평등 현상을 초래하며, 교육결과인 학력 등에서도 불평등 현상이 초래하게 된다. 이러한 교육 불평등 과정에서 학생들은 거주지역에 따라 우열의식이 조장되기도 한다. 지역 간

교육격차로 인한 사회, 경제적 문제로는 지역주민 간에 위화감이 조성되고, 특정 지역으로의 학생 유입 등으로 부동산 가격 등에도 악영향을 미치게 된다. 즉 학부모들이 선호하는 학교와 학원 등이 밀집한 지역으로 이사를 가는 현상이 나타나고 있고, 이로 인해 교육특구라고 불리는 강남의 아파트 가격이 더 많이 상승하게 된다는 것이다. 이런 결과로 교육격차가 심한 지역주민 간에 위화감이 조성되고 있다."

일반적으로 학력격차는 학교의 교육기반 시설이나, 교원 등 제반 여건에서 지역 간에 심한 학력격차를 보인다. 이러한 지역 간에 학력격차가 발생하는 원인으로는 학교, 가정의 배경, 지역사회의 요인 등이 복합적으로 맞물려 발생한다고 볼 수 있다.

서울시의 지역 간 학력격차를 가정배경 변인의 효과를 고려하면서 분석한 한 연구 결과에 의하면, 학생의 가정배경 변인을 고려하지 않은 원 점수에서는 강남 학군이 우수한 것으로 나타나지만, 학교 변인 이외의 가정 변인 등을 통제한 경우, 학교효과에 별 차이가 없는 것으로 나타나고, 도리어 학교 순위에서는 강북 학군이 학교효과가 있는 것으로 나타나고 있다. 이처럼 강남 학군의 학력수준이 높게 나오는 것은 학교요인에서의 격차보다는 이 지역 학생들의 가정배경 요인이나 지역사회의 지원 등에서의 격차에 의한 영향 때문이라고 보아야 할 것이다(김영철, 2004).

박부권·이지혜(1989)는 학군 조정연구에서 연합고사 180점 이상인 학생을 대상으로 대학 진학 상황을 조사·분석하였고 그 결과, 대학합격률에 있어서 대다수의 학군 간에는 아무런 차이가 없으며 8학군의 대학진학률이 여타 학군의 대학진학률보다 높다는 증거 또한 찾을 수 없다고 주장하였다. 8학군에는 비교적 경제수준이 높고 학부모들의 교육수준이 높아 대학진학률이 높다는 것이다. 즉, 8학군이 특별해서가 아니라 부모들의 관심과 뒷받침 때문에 대학 진학에 있어 성과가 높다고 주장한다. 공부를 잘하는 학생일 경우 그가 어느 학군에서 고등학교를 다닌다고 하더라도 그가 소속한 학군으로 인하여 입학 할 수 있는 대학과 학과 수준이 높아지거나 낮아지는 것은 아니다. 따라서 강남 8학군이 일등학군이라는 주장이 근거 없는 주장임을 보여주고 있다(박부권·이지혜, 1989: 63).

학군 및 지역 간, 계층 간에 발생하는 이러한 학력격차는 교육기회의 불평등 문제를 야기할 수도 있다. 이에 대한 처방책으로 미국의 경우는, 성적이 우수한 지원자들이 넘쳐나는 미국의 미시간 대학교에서는 소수인종 우대정책인 "affirmative action" 정책을 통해 성적이 상대적으로 처지는 흑인이나 여성 등 소수자들에게 입시 특혜를 주어 그들의 입학을 수용하고 있다. 이러한 정책을 실시하는 이유는 공부만 잘하는 동질의 집단에서는 창의적 아이디어나 새롭고 다양한 발상이 나오기 어렵다는 것이 미시간 대학 당국의 설명이다. 일반적으로 학생들은 또래 집단(peer group)에서 많은 것을 배운다. 더불어 사회경제적 배경이 다양한 학생들이 한 교실에서 함께 공부할 수 있는 여건 마련도 지금 이 시점에서 한번 고려해 볼 만하다. 그리하여, 학력격차를 발생하는 요인으로 가족배경과 부모-자녀 관계의 사회적 자본, 학군 등이 학생 가족배경의 사회적 자본과 맞물려 어느 정도 학업성취에 매개하는지 보다 심층적인 분석 연구가 요청된다.

4. 가족 내 사회적 자본과 학업성취

가. 가족의 사회적 자본과 학업성취와의 이론 모형

학생의 가족배경, 부모－자녀 관계의 사회적 자본, 학군 등의 변인은 학생들의 학업성취도를 고양하는데 있어 상호 관련을 맺고 있으며, 밀접한 영향을 미치는 인과 관계에 놓여 있다. 이를 토대로 하여 본 연구의 이론 모형을 제시하면 [그림 7]과 같다.

이 모형에서는 가족배경의 사회적 자본으로 출생순위, 형제자매 수, 부모의 학력과 직업, 모의 취업 유무, 종교 활동 여부, 가족구조 등을 상정하고, 부모－자녀 관계의 사회적 자본으로 교육적 관심 및 대화, 적극적 지원, 교육활동 참여, 교우 및 사회관계 망, 기대와 규범, 생활통제 등을 상정하여 이들을 독립변인으로, 학군을 매개변인으로, 학업성취도를 종속변인으로 하여 연구의 기본 틀을 마련하였다.

자녀의 학업성취를 위해 실제로 각 가정에서는 부모의 역량(계층, 학군)에 따라 다양한 방법으로 교육지원 활동이 이루어지고 있다. 부모와 자녀 사이의 상호 신뢰 및 유대를 바탕으로 한 사회적 자본의 형성으로 인한 자녀에 대한 관심과 격려는 낮은 사회경제적 지위에 있는 자녀의 귀속적 요인에 기인한 불리함을 극복하는 데 상당 부분 기여할 수 있을 것이다. 실증적으로 부모의 교육지원 활동은 부모의 사회경제적 지위와 독립적으로 학업성취에 영향을 미치고 있는 것으로 나타났으며, 이를 통해 귀속적 지위의 불리함을 상쇄해 줄 수 있다(김경근, 2000; Stanton-Salazar & Dornbusch, 1995; Stanton-Salazar's, 1997).

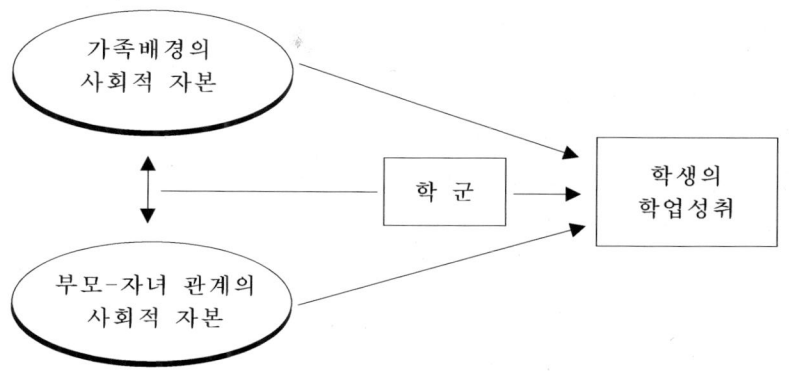

[그림 7] 사회적 자본이 학업성취에 미치는 영향력의 이론 모형

그리하여, 가족 내 사회적 자본의 축적에 따라서 학업성취는 변화될 수 있다(Topping, 1992; Muller, 1994; Valenzuela and Dornbusch, 1994; Furstenber and Hughes, 1995; Parcel and Geschwender, 1995; Ho sui-chi & Willms, 1996). 학부모의 교육시장 참여 방식이 학군별, 지역별, 계층적으로 차이가 있으며, 학생 및 교육자원에 대한 경쟁을 강요받고 있는 생산자 또는 교육자의 정책과 실천, 담론의 방식도 학교가 위치한 곳의 사회경제적 배경과 지역의 학군에 따라 상이하고 (Ambler, 1997; Wells, 1997), 지역사회 내의 사회자본이 집단에 따라 다르게 활용되고 집단 간에도 차이가 존재한다(이정선, 2001).

본 연구에서는 이러한 이론적인 배경에 의하여 학생의 사회적 자본이 학군이라는 매개변인을 통하여 학업성취의 영향력에 차이가 발생하고, 더불어 학군에 따라서 사회적 자본의 차이가 학업성취에 서로 상이한 영향을 준다는 가설을 취한다.

나. 부모의 학교 교육 관여

산업 사회에서 교육은 사회이동을 예측하는 주요한 요인으로 작용한다(Blau & Duncan, 1967; Sewell & Hauser, 1975; Featherman & Hauser, 1978; Erickson & Goldthorpe, 1992). 계층화 연구에서 가장 지속적인 사실은 자식의 성공과 높은 지위의 획득은 부모의 교육 수준과 연관이 있음을 보여준다. 가족 중심의 연구는 부모의 교육 수준과 직업적 위치(Blau & Duncan, 1967; Sewell & Hauser, 1975), 문화적 자본과 같은 가용 가능한 가정의 환경적인 측면(Bourdieu & Passeron, 1977; Dimaggio, 1982; Teachman, 1987)과 관련된 사회적 지원체제 즉, 사회적 자본(Coleman & Hoffer, 1987; Coleman, 1987, 1988)의 검정에 집중한다. 이것들의 각 요소는 학업성취에 긍정적인 영향을 주는 것들로 밝혀졌다.

대부분의 연구들은 부모의 자녀 교육에 대한 관여는 학업성취로 연결된다고 한결같이 주장한다(Majoribanks, 1979; Walberg, 1984; Boger, Richter & Paolucci, 1986; Coleman, 1991; Rock, Pollack & Hafner, 1991; Epstein, 1991, 1992; National Association of Secondary School Principal. 1992; Topping, 1992; Ho sui-chi & Willms, 1996). 반면 다른 연구들은 부모의 관여는 낮은 학업성취 수준과 관련된다고 보고하거나(Milne et al, 1986; Horn & West, 1992), 학업성취에 어떠한 영향도 주지 않는다고 한다(Epstein, 1991; Keith, 1991). 나아가 부모의 관여에 의한 학생의 학업성취는 소수민족이나 학생의 사회계층에 따라 다양한 가능성이 내재해 있다고 한다(Lareau, 1989; Madigan, 1994).

부모의 학교교육 관여에 관한 연구는 많으나, 이를 사회적 자본이라는 개념화된 틀로 정확하게 진술하는 것은 쉽지가 않다. 지난 20년 간 사회적 자본은 다양한 방식으로 개념화되고 조작되어 왔다

(Bourdieu, 1977, 1986; Coleman, 1988; Woolcock, 1988). 부모의 관여는 부모와 자녀, 부모와 교사, 부모와 다른 부모 간의 두 개의 쌍을 포함하는 것으로 생각할 수 있다. 이러한 두 쌍의 관계는 진공 상태가 아닌 유대(tie)의 관계를 발생시킨다.

부모와 자녀와의 관계는 혈족관계라 할 수 있다. 이러한 혈족관계는 보다 쉽게 자녀의 부모에 대한 복종의 규범과 상호 호혜성을 가진다. 부모는 다양한 수준의 물적, 인간적, 문화적 자본을 동원하여 그들 자녀에게 투자한다. 여기서 사회적 자본의 강력한 이점은 관계성과 사회적 위계(social hierarchy)에 따른 부모의 지위에서 파생하는 무형의 네트워크에 의존하는 성질을 가진다. Coleman과 그의 동료(Coleman & Hoffer, 1987)들은 사회적 자본은 학생의 학업적 성공을 결정하는 실질적인 결정체라 주장한다. 더불어 Coleman은 부모의 학생에 대한 학교교육에 대한 관여(학교교육 활동의 참여, 자녀 친구의 부모와의 관계 형성, 학교생활에 관한 부모-자녀 간의 토론과 대화)는 학생의 행동에 영향을 주는 사회의 제약적인 다른 자원을 창출한다고 주장한다. 예를 들어, 부모와 자녀 간의 대화나 자녀 학교에의 관여는 자녀로 하여금 학교교육과 교육의 중요성에 대한 메시지를 전달하는 기능을 수행한다는 것이다.

Epstein은 부모들이 자녀의 학습에 도움을 주지 않아도 된다고 인식하는 과목에 한해서 자녀의 학업성취가 고양된다고 주장한다. 이와 관련하여 Griffore와 Bubolz(1986)도 동일한 논증을 하고 있다. 그러나 이러한 가설에 관하여 그녀는 검정된 결과를 내놓지는 않았다. 초기 연구에서 Epstein(1988)은 부모가 자녀의 숙제를 돕는 것과 수학, 읽기 과목의 성적 간에는 부적인 관계를 있음을 보고하였다. 이를 그녀는 자녀의 도움이 필요한 경우 부모의 조력은 자녀의 학업에 부정적인 결과를 미친다고 해석하고 있다. 이러한 숙제의 조력과 학업성취의 부적인 관계는 Horn과 West(1992) 등에 의하여 지지되었고, 이와 유사한 연구가 Milne 등(1986)에 의해 드러났다. 그러나 Milne와 그의 동료들은 숙제 조력과 낮은 학업성취 간의 부정적인 관계 효과는 흑인 학생이 아닌 백인 학생에게서 나타났다고 보고하고 있다.

부모와 자녀 간의 학교 교육활동에 대한 토론은 학생으로 하여금 보다 낮은 학업 성취를 위해 노력하게끔 유도할 뿐만 아니라 무단 결석, 비행과 같은 비규범적인(non-normative) 일탈 행동의 가능성을 줄여준다. 더불어 자녀와의 대화, 토론은 자녀의 학업성적 저하나 학교 중도 탈락의 가능성에 대한 예측을 가늠해 주기도 한다(Finn, 1989; Mcneal, 1995). 부모의 학교교육 관여로서 사회적 자본의 하나인 부모-교사 조직(PTO: parent-teacher organization)은 부모의 학교 교육에 대한 관여의 전형적인 한 요소이다. 이것은 부모의 학교교육 인식에 대한 정보 망(network)의 확장과 정보공유로 인해 자녀의 발달 기제로 작용한다. 이것은 더불어 자녀의 비규범적인 사회적 행동을 통제하는 하나의 자원이 된다. 부모의 PTO 참여는 자녀의 무단결석과 중도 탈락의 가능성을 줄여주는데 의미 있는 관련성을 가진다(McNeal, 1999).

부모의 자녀에 대한 학교교육 관여 사회적 자본으로 감독(monitoring) 기능을 들 수 있다. 이는 자녀의 행동과 발달에 또한 영향을 미친다(Coleman, 1987, 1988). 부모의 긴밀한 자녀의 행동에 대한 감독과 관리는 자녀의 교육적 성취와 문제 행동의 감소로 연결되어진다. 이러한 부모의 감독 기능은 일반적으로 자녀의 학업성취보다는 행동에 보다 더 영향을 끼친다(McNeal, 1999). 예를 들어, 집안일의 요구, 학생 숙제 검사나 TV시청의 제한 등은 부모의 자녀에 대한 호혜적인 양육 방식이나 이것이 학업성취와의 직접적인 연관성은 불명확하다. 부모의 자녀와의 토론과 대화, PTO 참석, 감독, 교육적인 지원 등의 사회적 자본은 자녀의 학업과 행동 면에서 각각 차별적으로 영향을 매개한다고 할 수 있겠다.

다. 신뢰의 사회적 자본과 학업성취

1) 신뢰의 사회적 자본

사회적 자본은 새로운 현상을 설명하기 위한 개념이 아니라 기존의 자본 개념으로는 설명할 수 없었던 기존 현상의 암영대(shadow zone)를 보다 잘 이해하기 위한 개념으로 정립되어 가고 있다. 개별 단위의 존재 가치 외에 구성원 간의 신뢰(trust)라든지 네트워크와 같은 또 다른 유형의 자본이 개입되어 있을 가능성이 있다. 즉 개별 구성원을 단순히 합해 놓았다고 해서 전체 사회를 이루는 게 아니라면 개인적 자본(personal capital)과는 별개의 사회적 자본(social capital)이 사회 형성과정에서 개입되어 있을 가능성을 배제할 수는 없다.

신뢰는 사회적 자본의 대표적인 경우이다. 신뢰는 사람 간의 관계에 관한 것이고, 그 관계 속에서 존재하며, 신뢰가 있으므로 해서 관련 행위자들은 서로 협동, 감시, 통제 비용을 절감할 수 있다는 점에서 사회적 자본의 전형적인 예라고 할 수 있다. 더불어 신뢰는 사회적 자본으로서 공공재로서의 성격을 지닌다. 이 말은 가족과의 인간관계와는 달리 학교 내에서 교직원간의 인간관계는 일면 감시, 제재, 선택적 유인이라는 속성을 가진다고 볼 수 있다. 신뢰는 많은 생산적 원천을 가지고 있다. 즉, 이해관계에 기초한 타산적 형태의 신뢰로부터, 지속적인 상호작용과 경험을 통해 상대방에 대한 축적된 지식에 기반한 신뢰, 동일집단의 이념이나 가치 등을 공유하기 때문에 발생하는 신뢰 등 다양한 기반을 가지고 있다(Lewicki & Bunker, 1996). 신뢰를 구성하는 속성 또한 다양하다. 신뢰의 구성적 속성으로는 능력(competence)과 개방성, 상대배려, 행동의 일관성 등이다.

신뢰의 구성요소는 첫째, 위험(risk)을 항상 전제로 한다. 둘째, 신뢰는 정보의 불확실성과 감시의 불완전성을 전제로 한다. 셋째, 신뢰는 자발적이다. 넷째, 신뢰는 신뢰자의 계산성(calculativeness)을 전제로 한다. 이것은 신뢰자가 신뢰의 대상이 신뢰의 기대대로 행동할 확률과 실제로 기대대로 행동했을 때의 이익과 배반했을 때의 손실을 예상하고 이에 따라 신뢰할 것인가 아닐 것인가를 미리 정한다는 것이다. 다섯째, 신뢰의 궁극적인 목표는 협조(cooperation)이다. 여섯째, 신뢰란 사회적 관계성을 전제로 한다. 가족차원이나 학교조직차원에서의 신뢰에 대한 연구는 많이 부족한 실정이다. 가족 관계의 몰입, 학업이나 학교조직 몰입이나 학업에 대한 만족 등의 범주와 연계되어 학생의 학업성취를 거양 할 수 있는 차원에서의 학교조직 효과성에 대한 연구가 필요한 실정이다.

가족 간의 신뢰(정상, 편친 가족 상태에서의 관계 신뢰), 학생과 교사 간, 학부모와 학교 및 교사 간의 신뢰가 부족하게 되면 그들은 불확실성과 위험으로부터 자신을 보호하려 할 것이고, 그 결과 학부모들은 자녀를 학교에 맡긴 죄송한 채무자의 입장에서 자신의 자녀에 대한 보호와 보다 낳은 교육적 훈육을 위해 비용과 희생을 감내하려 할 것이다. 학생의 입장에서는 교사의 교육적인 지도에 대하여 불신을 하게 되어 학업성적의 저하, 비행행동, 학업의 중도포기라는 인지적, 정서적, 행동적인 측면에서의 이상이 나타날 수도 있다. 교사 차원에서는 교수활동, 생활지도, 연구 활동이나 학교조직에 몰입하기보다는 자신의 방어에 보다 많은 에너지를 쏟게 되어 결과적으로 학교 불신 등의 학교효과성이 떨어지게 된다. 즉, 불신은 규제를 강화시켜 성과의 퇴보를 가지고 오며, 신뢰는 오히려 방어비용을 낮추고 창의적 일에 자신을 투자할 기회를 만들어 준다(김호정, 1999). Coleman은 신뢰를 합리적 선택이론에 의거하여 사회적 관계에서 이익을 얻을 기회가 손해를 볼 기회보다 높을 때 신뢰가 생겨난다고 보고 있다(Coleman, 1990).

신뢰가 생겨나는 방법에 따른 유형42)을 살펴보면 첫째, 과정 의존적 신뢰(process-based trust)로서 개인에 대한 평판이나 선물교환 등 기대에 근거한 교환행위나 상대방의 과거의 행위와 관련되어 있다. 이는 게임 이론가들이 말하는 반복적인 PD 게임과 같은 것으로 신뢰는 한 행위자가 반복적으로 신뢰에 부응하는 행위를 했을 때 형성되는 평판을 통해 형성된다. 둘째, 특성 의존적(characteristic-based trust)신뢰로서 한 개인이 속하는 집단의 귀속적 특성에 기반한다. 이 경우 잠재적인 신뢰자와 신뢰의 대상 간에 같은 귀속적인 특징을 공유함으로써 이 유형의 신뢰는 높은 수준에 도달하게 된다. 셋째, 제도 의존적 신뢰(institutionally-based trust)로서 공식적인 제도에 의해서 신뢰가 제공되는 것으로 보다 광범위한 사회적 제도, 개인 혹은 조직의 특정한 속성 혹은 그 매개 메커니즘 등에 의존하는 것이다(Zucker, 1986). 현대 사회에서의 신뢰의 유형은 주로 제도 의존적인 신뢰라 할 수 있다. Zucker(1986)는 20세기 초부터 현재까지 미국 역사 분석을 통하여 사회의 지배적인 신뢰의 유형이 과정 의존적인 신뢰에서 제도 의존적인 신뢰로 변하여 왔다고 한다.

2) 학업성취를 설명하는 신뢰의 사회적 자본

학생 개인의 학업성취는 그들 개인의 특성과 기질에 의하여 영향을 받는다. 이와 더불어 학생은 가정, 학교, 지역사회의 구성원으로

---

42) 신뢰의 유형을 구분하는 것이 중요한 이유는 최근의 비교·역사적 연구들은(Zucker, 1986; Gambetta, 1988; Putnam, 1993)공통적으로 신뢰의 조건 자체가 사회, 역사적으로 다양하게 나타났다고 주장한다. 더불어 신뢰를 동일성 기반의 신뢰, 속성적 신뢰, 무조건적 신뢰, 절차 의존적 신뢰, 지식 의존적 신뢰, 약한 신뢰, 강한 신뢰 등 신뢰의 개념과 유형화가 다차원적으로 현재 진행되고 있다.

서 그들 학교 교육에서의 성공에 도움이 되는 사회적인 다양한 형태의 지원을 받는다. 대부분의 연구자들은 학생의 학업성취에 영향을 주는 사회적 지원의 중요성에 대하여 인식하여 왔다. 즉, 학생의 학업성취와 강한 관계 구조에 연구자들은 주목을 하고 연구를 수행해 오고 있다(Lareau, 1987; Jones & Maloy, 1988; Bank & Slavings, 1990; Garnier & Raudenbush, 1991; Lee & Croninger, 1994; Sui-chu & Douglas, 1996; Bryk & Schneider, 2002).

Steinberg(1996)는 부모의 학교 방문 형태의 관여는 학업성취에 긍정적으로 관여한다고 보고한다. 이러한 사실을 Coleman(1990)의 사회 이론(social theory)의 시각에서 본다면, 사회적 자본이라는 강한 부모와 자녀 간의 유대는 학생의 학업 성공에 긍정적인 효과로 작용한다. 그러나 부모와 자녀 간의 관계 개념은 단순히 사회적 자본의 형태는 아니다. Coleman과 Hoffer(1987)는 사회적 자본은 구조적, 기능적 두 가지 모두의 측면을 가지고 있다고 주장한다. 엄격히 말해서 관계는 사회구조의 한 형태이다. 그러나 한 개인이 다른 사람을 알고 있는 사실만으로는 생산적인 상호작용을 보장하지는 않고, 관계에 있어서 기능성이(functionality) 있어야 한다. 이리하여 추가적인 관계 망(relational networks), 상호간의 신뢰(trust), 집단 규범(norms)의 지원은 아주 중요하다.

부모와 자녀 간의 낮은 신뢰나 관계, 규범은 자녀로 하여금 낮은 학업성취와 낮은 학업몰입(academic commitment) 상태로 가게 할 수도 있다. Furstenberg와 Hughes(1995)는 사회적 자본의 구조적(관계 망), 기능적(신뢰, 규범) 문항 측정을 위해 부모의 자녀나 지역사회에 대한 투자는 자녀의 고등학교 졸업 가능성과 대학 진학의 가능성을 높여준다고 한다. 이러한 이들의 연구에서 사회 자본의 구조는 부모, 자녀, 지역사회의 연관과 더불어 행위자간 상호작용의 질(quality)적인 측면에도 관련된다고 볼 수 있다.

학업성취 면에 주목을 하면서 학업몰입과 학생의 성공 가능성 연구를 다룬 Goddard(2003)는 45개 시 지역의 초등학교 학생 2,429명과 444명의 교사를 대상으로 한 경험 연구에서 부모와 자녀 간의 사회적 자본의 유의미성은 자녀의 학업 몰입과 주에서 실시하는 시험에서 성공할 가능이 높음을 경험적으로 보여주고 있다. Coleman(1990)은 사회 이론을 다룬 그의 논문에서 3장에 걸쳐 간략하게 사회적 자본에 대하여 언급을 하고 있다. 그가 개념화한 사회적 자본의 3대 개념은 관계 망, 사회적 신뢰, 규범이다. 첫째 장에서 그는 한국 사회에서 사회적 망(연줄)에 의한 개인의 뛰어난 성취를 사회적 자본이라는 시각에서 분석하고 있다. 관계 망(사회 망＝연줄)에 속한 개인은 집단의 구성원으로서 자신의 출세와 성공 가능성에 대한 유익한 정보를 집단의 연줄, 관계 망에 의해 획득하고 활용한다고 보면서 한국 사회에서의 높은 사회적 자본에 대하여 분석하고 있다. 사회적인 관계가 없이는 집단의 목표 달성에 용이한 규범의 강화나 정보 교환의 가능성은 줄어든다.

조직이나 단체 차원에서의 높은 사회적 자본은 조직에 속한 개인으로 하여금 보다 더 조직에 몰입할 수 있는 자원을 제공해 준다. Coleman(1990)은 또한 정보 교환의 질은 개인이 관여하는 관계의 기능에 의존한다고 본다. 둘째 장에서는 환자와 내과의사간의 무너진 신뢰와 관계된 의료비용(의사의 불신으로 인한 약물 과다 복용)의 증가를 들면서 신뢰를 설명하고 있다. 조직에서의 신뢰는 타인을 신뢰하고 믿음으로서 타인을 신뢰, 존중하는 풍토를 의미한다. 높은 신뢰는 개인 간의 자유로운 정보 교환과 애정이 발생하여 우호적인 조직 풍토 형성에 기여하여 종국에는 조직의 목표 달성에 유리하게 작용한다. Bryk & Schneider(2002)는 최근의 한 연구에서 학교 내에서 성인들의 관계 신뢰는 학생의 학업성취, 학업 몰입에도 아주 중요하게 작용한다는 사실을 시카고 초등학교 연구를 통해서 밝히고 있다.

셋째 장에서는 학생이 학교에서 가정으로 안전하게 등·하교 할 수 있다는 사실을 규범적인 구조에서 찾고 있다(Coleman, 1990: 303). 학교 교육 활동에 있어서 학생의 철저한 수업준비와 숙제 이행이라는 규범의 준수 가능성은 그들 학업의 성공 가능성을 높여준다고 본다. 규범은 단체나 조직에 속한 개인의 행동에 효율적으로 작용한다. 이는 한 개인의 행동이나 행위는 개인이 속한 단체, 조직의 규범으로써 평가되기 때문이다.

사회적 자본은 집합적인 자원으로서 학교 내에 있는 모든 학생들의 학업적 성공과 같은 산출 결과의 자원으로서 작용하거나(Coleman, 1985), 지역사회(Hagan, Macmillan & Wheaton, 1996)나 사회의 경제적 자산으로 작용한다(Putnam, 1993). 이러한 속성은 사회적 자본이 공공재(public good)인 것으로 비쳐진다. 반면에 사회적 자본은 또한 개인의 직업적 이동과 같은 생산적인 자원으로 이용이 되기도 하고 (Granovetter, 1985), 개인의 건강과 심리적인 행복에도 기여한다. Lee와 Brinton(1996)에 의해 수행된 한국 사회의 엘리트 교육 연구에서 그들은 개인적인 사회적 자본과의 대척점으로서 제도적인 사회적 자본은 대학 졸업생들에게 좋은 직장을 얻는데 유익한 자원이 되는 것으로 보고하고 있다.

라. 가족의 사회적 자본과 학업성취

사회적 자본과 학업성취와의 관계 연구 형태를 띤 교육(효과성) 연구는 주로 투입-과정-산출 연구의 형태를 띠고 있다. 학업성취에 영향을 주는 것으로 가족배경과 학업성취, 가족배경-학교(학급)풍토와 학업성취, 가족배경-교사 상호작용과 학업성취, 가족배경(사회적 자본)-교사 효율성 인식과 학업성취 등의 형태로 연구가 진행되어 왔다. 국내 교육학계에서 사회적 자본이라는 주제어로 연구를 수행한 연구물은 상당히 부족한 실정이다. 학위 논문으로 발표한 사례는 찾아보기 어려우나, 학술지에 발표된 연구물은 그나마 사회적 자본에 대한 개념의 소개 수준에 머무르는 실정이다.

사회적 자본과 학업성취 관련 연구자들은 주로 가족 내의 사회적 자본 축적에 따른 학업성취와의 관련성에 초점을 맞추어 연구를 진행해 왔다(Muller, 1994; Valenzuela and Dornbusch, 1994; Fursten-ber and Hughes, 1995; Parcel and Geschwender, 1995). 즉, 그들은 대인관계구조에 의하여 창출된 사회적 자본이 학업성취에 주는 영향을 다루고 있다. 이들 연구에서 나타난 공통적인 점은 가족의 사회적 자본인 지속적인 부모-자녀 간의 상호작용, 정상가족, 적은 형제자매 수가 보다 자녀의 학업성적에 유의미한 영향력을 매개함을 보고하고 있다(Blake, 1985, 1989; Alwin, 1991; Lee, 1994; Muller, 1994; Downey, 1995; Pong, 1997, 1998; Sun, 1998). 이와 더불어 이러한 가족 내의 사회적 자본이 자녀의 정상적인 고등학교 졸업 기회를 제공해 주고 있음을 더불어 밝히고 있다(Hoffer, 1986; Coleman and Hoffer, 1987; Coleman, 1988; Israel and Beaulieu, 1995; Teachman, Paasch, and Carver, 1996). 이러한 연구들은 가족 내의 사회적 자본이 자녀의 학업성취를 고양하는데 일관되게 중요한 기여를 하고 있음을 시사하고 있다.

가족의 사회적 자본과 학업성취에 대한 연구는 크게 두 가지 패러다임의 양상을 보이고 있다. 첫째는 가족배경에 초점을 둔 사회적 자본과 학업성취 관련 1950년대 초기의 연구가 있으며 둘째, 1980년대부터 등장하는 가족배경의 사회적 자본과 더불어 부모-자녀 간의 관계, 상호작용에 초점을 둔 사회적 자본과 학업성취 관련 연구들이 그것이다. 이러한 경향에 맞추어 논의를 진행하고자 한다.

가족배경 중에서 특히, 가족구조와 자녀의 학업성취 연구는 다시

가족의 구조적 결손이 자녀에게 미치는 부정적인 측면의 연구와 중립적인 측면의 연구로 다시 구분되어진다. 부정적인 분야의 연구들은 한결같이 가족구조의 결함은 자녀들의 학업성취에 심각한 장애가 되어 성인기 이후 삶의 방식과 문화의 향유 기회를 제한함으로써 자녀에게 심각한 부정적 영향을 미친다는 것이다. 중립적인 측면의 연구들은 편친가족이나 한가족이라는 형태의 결손가족구조는 단순히 생물학적인 부모와 함께 살지만 않을 뿐이지 정상가족의 경우와 비교하여 부족한 지원을 받는 것은 아니다는 것이다.

부모와 함께 하는 시간이 학업성취에 긍정적인 영향을 미친다는 Coleman(1988)은 아시아계 이민자의 자녀가 뛰어난 학업성취를 보이는 이유를 어머니들이 주로 집에 머무르면서 자녀들을 지도하는 데서 찾고 있으며, McLanahan & Sandefur(1994)는 편친가족의 학생들이 낮은 학업성취를 보이고 비행에 빠지기 쉬운 이유를 이들이 집에 머무르면서 자신들을 돌보는 부모로부터의 혜택을 기대할 수 없는 데서 찾고 있다. 아울러 이러한 가족의 경우는 대개 거주지를 자주 옮김으로써 지역사회의 다른 성인들과 돈독한 친분을 쌓을 기회가 적어져 사회적 자본이 결여되기 쉽다는 점도 지적하고 있다.

Thomas(2001)는 정상적인 부모와 함께 살고 생활하는 학생이 그와 반대의 경우 학생보다 좋은 학업성취를 보이며, 또한 부모와 떨어져 있거나 사람들로부터 고립된 학생들보다도 학업이 뛰어났다는 결과를 제시하고 있고, Zick(2001)과 그의 동료들은 직장을 가진 부모가 직장이 없는 부모보다 더욱 많이 읽게 하고, 숙제검사 같은 학습보조 활동을 많이 함으로써 학생의 문제 행동 교정과 학업성취에 긍정적인 영향을 준다고 하며, 동시에 학생의 학교 입학 전 모의 취업은 일반적으로 학생의 학업성적에 어떠한 영향력도 매개하지 않는다고 한다. 이러한 Zick와 그의 동료들에 의한 연구 결과는 기존의 연구와는 아주 상반된 결과로 이에 대한 보다 심도 있는 탐색 연구가 요청되고 있다.

가족의 경제적 자본은 가족의 구조에 따라 차이가 있을 뿐만 아니라, 자녀의 학업성취를 예언하는 강력한 요인이라는 점에서 가족의 구조와 자녀의 학업성취 간 관계를 매개하는 요인으로서 가장 많은 관심의 대상이 되어 왔다(김경근·오계훈, 2001). 가족의 경제적 자원이라는 측면에서 편친가족이 절대적 및 상대적 빈곤 상태에 있다는 것은 많은 연구결과에 의해서 뒷받침되고 있다. 편친가족보다 정상가족에서의 높은 사회적, 경제적 자원은 초등학교 5학년 학생의 학업 성취에 긍정적인 영향을 끼치며(Brenda, 2000), 가정의 수입(경제적 자본)은 아동기(0~5세), 청소년기(11~15세)의 학업성취에 긍정적인 관계가 있고, 고등학교 시절 사회적 자본인 동료 학생의 음주 행동은 대학에서의 학업성취에 부정적인 영향을 끼치는데 이는 여자보다 남자에게 더 의미 있는 것으로 보고하고 있다(Maurice, 2000). 이러한 사실은 미국 인구 조사국에서 1992년에 발표한 미국 편모가족의 약 45%가 빈곤선(poverty line) 이하에서 생활하고 있으며, 이는 정상가족의 8.4%와 비교하여 매우 높은 비율로 볼 수 있다(McLanahan & Sandefur, 1994; 김경근·오계훈, 2001에서 재인용). 오계훈·김경근(2001)은 구조적 결손가족의 학생 연구에서 양친가족의 학생에 비하여 결손가족의 학생이 유의미하게 낮은 학업성취 수준을 보고하면서 이러한 결손가족 학생의 상대적으로 낮은 학업성취 수준은 부모의 부재 그 자체보다는, 이들이 직면하고 있는 열악한 경제적 여건에 의하여 초래되고 있을 가능성이 큰 것으로 해석하고 있다.

가족의 구조가 학업성취에 미치는 효과를 분석한 Thomas(2001)는 정상가족, 이혼한 가족, 편친가족, 계모, 양모, 수양가족 등의 가족구조 배경으로 구성된 고등학생들의 학업성취를 분석한 결과 정상적인 부모와 함께 살고 생활하는 학생이 그와 반대의 경우 학생보다 나은 학업성취를 보였으며, 또한 고등학생들의 학업성취는 부모와 떨어져 있거나 사람들로부터 고립된 학생들보다는 부모와 함께 지내며 생활하는 사회적 자본이 풍부한 학생의 학업이 보다 뛰어남을 더불어 밝히고 있다. White(1982)는 가족의 사회적 자본과 관련된 학업성취 요인을 다룬 연구물들을 메타 분석을 통하여 가족 배경의 사회적 자본 요인이 학생의 학업성취에 미치는 영향력은 53% 정도 된다는 사실을 제시하고 있다. 이러한 연구의 시사점은 가족의 구조적인 배경이 자녀의 사회적 자본 형성에 부모의 존재 여부가 자라는 시기에 중요한 역할을 매개하며, 타인과의 영향력 또한 자녀의 보다 낳은 학업 성취에 중요한 문항으로 작용하고 있음을 보여 주고 있다.

가족의 구조적 결손, 가족 내의 경제력과 더불어 부모의 자녀에 대한 높은 기대와 포부, 학교생활 및 학업과 관련된 대화, 학교행사의 참여 등과 같은 자녀 교육에 대한 부모의 관심사도 학업성취에 긍정적인 영향을 주는 것으로 나타나고 있다. 김경근(2000)은 학생에 대한 부모의 기대교육수준이나 학습활동에 대한 지원과 관여는 부모의 사회경제적 지위와는 독립적으로 학생의 학업성취에 영향을 주며, 그리고 가족 내의 사회적 자본이 한정된 상황에서 형제자매 수가 늘어나면 학업성취는 부정적인 영향을 받는 것으로 보고하고 있다. 그리하여 부모의 관여는 학생들의 학업성취에 매개(주동범, 1988)하며, 부모의 학교 참여는 학생의 학업성취를 끌어올릴 수 있다(Edwards & Warin, 1999)는 것이다.

Pamela(2000)와 Beth(2000), Caldwell(2001)의 연구는 가족의 배경 요인에 더해 과정적인 변인으로 학교요소에 관여하는 부모 변인들을 투입하여 수행된 연구들로써 Pamela(2000)는 학생의 수학 숙제를 지원하기 위하여 부모 훈련 프로그램에 참여한 학부모들은 그렇지 않은 학부형보다 그들의 자녀들이 ITBS(Iowa Test of Basic Skill) 수학 시험에서 보다 낮은 학업성취를 보인다고 한다. Caldwell(2001)은 초등과정에서 중등과정으로 전환하는 시점에서의 학업성취는 각 인종의 민족성과 사회경제적 지위배경이 유의미하게 영향을 끼치며, 부모의 스타일은 매개하지 않음을 밝히고, 가정에서 부모의 양육과 학업 동기는 유의미하나 전환 과정에서의 이러한 문항은 매개하지 않았음을 밝히고 있다.

Beth(2000)는 학교 관여에 대한 부모의 유형 중 학생중심 관여와 학교활동중심 관여에 따른 학생의 학업성취를 살펴본바 학생 중심의 관여 형태가 학교 중심 관여에 비하여 3배정도 읽기 학습에 우월한 성취를 보이며, 수학 성적에는 양 유형 모두 동일한 영향력이 매개하였다고 밝히고 있다. Rosenzweig(2000)는 이러한 부모의 학생에 대한 관여가 학업성취에 미치는 효과 중 교육적 열망, 부모의 관여, 부모의 권위, 부모의 학생에 대한 자율적인 지원, 감정적인 지원, 학습에 대한 경험적 자원의 제공, 부모의 학교 활동에 대한 참여는 긍정적으로 작용하여 SES, 학년, 인종 등의 세 문항과 더불어 학업성취 사이의 관계에서 서로 상호 작용하는 결과로 나타났고 낮은 성적에 대한 제한, 외부적 보상, 부정적인 통제, 숙제 검사, 부모로부터의 이탈, 순종에 대한 격려, 허용고 통제 등은 학생의 학업성취에 부정적인 요인으로 작용한다는 사실을 제시하고 있다.

Dave(1963)는 학생의 학업성취에 영향을 미치는 6가지 가족의 과정 변인을 다음과 같이 제시하고 있다. 첫째, 성취압력(부모의 높은 기대와 열망) 둘째, 언어(언어 발달의 기회와 복잡하고 다양한 수준의 언어 구사) 셋째, 학업적인 지도(학업과 관련한 가족의 물질적인 측면의 지원) 넷째, 적극성(부모의 적극적인 학생 교육에의 관여) 다섯째, 지적자극의 제공(학생에게 일상의 활동에 대한 창의적인 사고 기회 제공) 여섯째, 학습 습관 조절(학습에 적절한 시간, 장소의 학습 습관 관리). 한편, 가족의 사회적 자본과 더불어 지역 사회에 내재해 있는 학생들의 학습에 도움이 되는 지역사회의 사회적 자본을 연구한 연구물도 있다. Sun(1999)은 학업 성취에 영향을 미치는 사회적 자본의 효과 분석에서 지역 사회의 사회적 자본이 가족의 사회적 자본과 인구통계학적 요소를 통제한 후에도 8학년 학생들의 학업성취에 끊임없이 관여한다는 사실을 경험적으로 보여주고 있다.

Pong(1998)은 부모－자녀의 사회적 참여 및 활동을 통한 사회적 자본 획득을 다음과 같이 열거하고 있다. 지역사회 스포츠 참여, 종교 활동, 부모의 지역 사회 모임 참석, 학생의 친구 부모인지도 등을 통해서 교육적 정보나 경험의 교환을 통해 학생은 다른 성인들로부터 교육적 충고, 조언, 지도, 감독을 받게 된다고 한다. 더불어 편친가족 구조나 가족의 잦은 이사는 학교, 지역 사회 활동의 축소로 이어져 사회적 자본의 약화를 초래한다고 한다. 이는 학생이 지역 사회로부터 받을 수 있는 사회적 지원이나 다른 부모의 관심으로부터 제약을 가져오기 때문이라고 한다. 이상으로 가족배경의 사회적 자본과 부모－자녀의 관계, 상호작용의 사회적 자본과 학업성취와 관련한 연구는 다음과 같이 아홉 가지 측면에서 그 중요성을 종합해 볼 수 있겠다.

첫째, 가족의 구조적인 결손 요인은 자녀의 인지적, 정서적인 발달 측면에 부정적으로 작용한다.

둘째, 자녀가 정상적으로 성장, 발달하는 데에는 부모와의 원만한 관계와 상호작용이 필요하다.

셋째, 가족구조, 부모－자녀 관계의 사회적 자본은 모두 자녀의 학업성취에 영향력을 주는 요소이다.

넷째, 가족배경의 사회적 자본은 자녀의 비언어적인 능력보다는 언어적인 능력의 측정에 보다 연관이 된다.

다섯째, 가족구조, 부모－자녀 관계의 사회적 자본 연구들은 보다 자녀들의 학업성취와 관련되고, 언어적 능력이나 일반적인 학업 능력보다는 읽기, 수학 과목의 측정에 보다 더 밀접하게 관련이 되어 있다.

여섯째, 학업성취 부분의 영역 내에서 가족배경의 사회적 자본은 과학 과목과 같은 보다 세분화된 교과돈보다는 읽기와 같은 보다 일반적인 영역의 학업성취 부분과 연관이 있다.

일곱째, 사회경제적 배경과 민족 집단 내에 존재하는 가족 환경의 서로 다른 차이는 자녀의 부모 배경과 더불어 가족 내의 사회적 자본도 자녀의 전반적인 발달에 아주 중요하게 작용하고 있다.

여덟째, 가족의 구조적인 배경이 자녀의 사회적 자본 형성에 부모의 존재 여부가 자라는 시기에 중요한 역할을 매개하며, 부모-자녀 간의 관계와 상호작용, 타인과의 영향력(지역 사회의 사회적 자본) 또한 자녀의 보다 낳은 학업 성취에 중요하게 작용하고 있음을 보여 주고 있다.

아홉째, 그리하여 한국 사회, 문화 풍토에 적합한 부모-자녀 관계의 사회적 자본 변인을 발굴하여 이를 가족배경의 자본과 연결하여 학업성취와의 관계를 적용하는 실증적인 연구가 요청된다 하겠다.

Ⅲ. 연구방법 및 절차

1. 연구의 분석모형

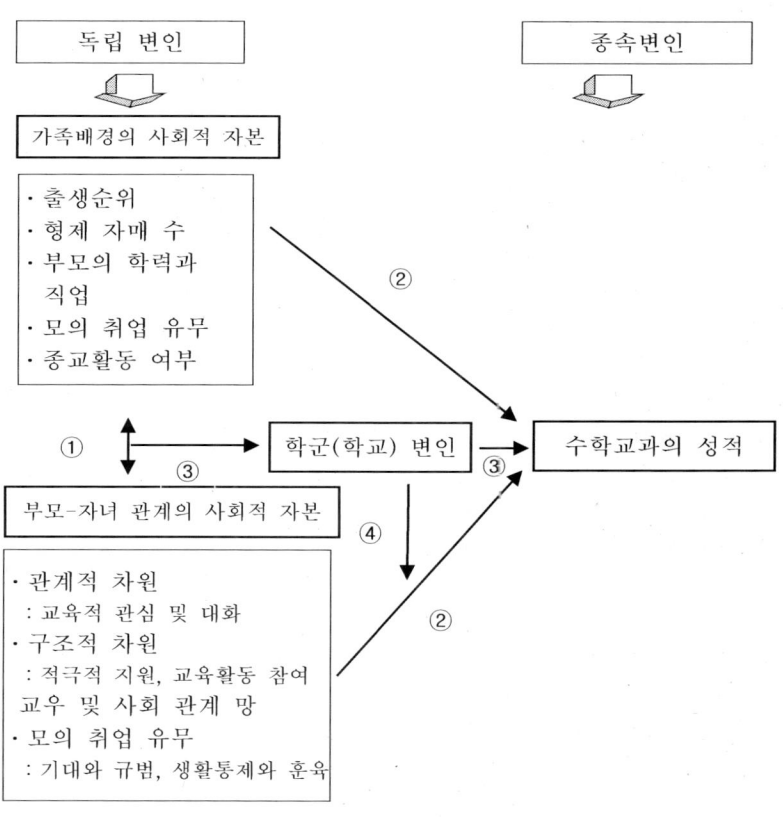

[그림 8] 연구의 분석도형

본 연구의 목적은 첫째, 학군 간 가족배경과 부모－자녀 관계 사회적 자본 사이의 관계를 분석하고, 둘째, 학군별 가족배경과 부모－자녀 관계의 사회적 자본이 학업성취에 미치는 영향을 확인하고, 셋째, 사회적 자본의 학업성취에 대한 학교(학군) 효과와 인과관계를 알아보고자 한다.

이러한 연구목적을 달성하기 위하여 본 연구는 학업성취를 종속변인으로 설정하고 이에 영향을 미칠 것으로 보이는 가족배경의 사회적 자본, 부모－자녀 관계의 사회적 자본을 독립변인으로, 학군을 매개변인으로 설정하였다([그림 8] 참조).

이 분석모형에서는 학업성취에 영향을 주는 것으로 가족배경의 사회적 자본, 부모－자녀 관계의 사회적 자본, 학군(학교)수준 변인(교사성별, 학교규모, 학생의 사회·경제적 지위평균) 등 세 가지 요소를 상정하고 있다. ①은 가족배경과 부모－자녀 관계의 사회적 자본과 관계를 분석하게 된다. ②는 가족배경과 부모－자녀 관계의 사회적 자본이 각각 학업성취에 미치는 영향력을 분석한다. ③ 가족배경과 부모－자녀 관계의 사회적 자본이 학군(학교)수준 변인에 의해서 설명되어지는 학업성취의 영향력에 대한 인과관계를 분석하게 된다. ④는 부모－자녀 관계의 사회적 자본에 따른 학교의 효과를 분석하게 된다.

2. 연구대상 및 자료수집 절차

본 연구에 동원된 표집은 서울의 강남이라 불리는 대구광역시 수성학군과 비수성학군 초등학교 6학년 학생들을 대상으로 실시하였다. 학군을 중심으로 하여 표집을 행한 이유는 사회적 자본을 창출할 수 있는 근원으로는 가족, 학교, 지역사회, 동료, 문화기관, 종교 단체 등의 다양한 영역이 있다. 여기서 부모의 자녀에 대한 교육지원 활동은 아버지의 학력, 어머니의 학력, 가정의 형편에 따라 차이가 있고, 계층과 학군(지역)이라는 배경에 따라 학부모의 교육 지원 활동은 차이가 있으며, 부모의 학력과 수입이 높은 상위의 학군에 있는 계층일수록 다양한 유형의 교육지원 활동을·더 많이 활발하게 하는 것으로(김영화, 1992a; 이정선, 2001; 심미옥, 2003)나타나고 있다. 그리하여 학교가 위치한 곳의 사회·문화적인 맥락과 배경 하에서 형성되는 학군이라는 지역의 변수에 따라서 학생들의 학업성취도 사회적 자본에 따라서 달라질 여지가 다분히 내재해 있으며, 학군에 따라 가족배경의 사회적 자본과 부모－자녀 관계의 사회적 자본이 학업성취에 매개하는 영향력의 정드를 구체적이고 실증적으로 분석하기 위함이다43).

수성학군에 대한 표집은(전집 30개 학교의 50%인 15개교) 학교가 소재하고 있는 지역사회의 교육적인 특성과 지역주민들의 특성,

---

43) 일반적으로 학업성취는 사회집단, 학군(지역)에 따라 차이를 보이며, 특히 우리나라의 경우 중산층, 도시지역, 남학생의 성적이 하층, 농촌지역, 여학생의 성적보다 높은 경향이 있다(최충옥 외, 1997: 186). 이러한 연구 결과는 서울의 강남과 강북 지역 고등학교 학생들의 성적을 비교, 분석 한 것(김종서, 1987)과 대구광역시 수성구 지역(서울의 강남 학군에 비유)과 여타 지역 학생들의 성적을 비교한 것에서도 지역, 계층에 따라 학업성취의 차이를 확인 할 수 있다(김경식 외, 2002).

수학기초문항 정답률 비교(2002년 2. 17일 대구광역시 시행)

구 분	동부교육청	남부교육청	서부교육청	달성교육청
상위 10% (18/177)	15 (국립1, 사립2, 수성구 소재 12)	2 (사립1)	·	1
하위 10% (18/177)	1(동구소재)	3	10	4

자료: 김경식 외(2002). 교육사회학. 서울: 교육과학사, 146.

학교 규모 등을 고려하여 15개의 초등학교를 추출하여 추출된 학교에서 다시 1학급을 무작위로 추출한 후에, 추출된 학급의 모든 학생들을 연구 대상으로 포함시키는 층화군집 표집법을 사용하였다. 비수성학군의 표집 방법은 수성학군을 제외한 대구시내 초등학교를 무선으로 동일한 비율의 학교 수인 15개 학교를 표집 하였다[44]. 표집 대상이 된 학교와 학생 수는 <표 Ⅲ-1>과 같다[45].

연구대상 학생의 성적은 학교 담임교사로부터 수집하였으며, 성적은 2004년 6월 대구광역시 주체로 실시한 학업성취도 검사의 수학[46] 교과의 점수를 사용하였다. 이러한 표집의 기간은 2004년 7월

---

44) 비교 분석에는 양극단을 비교하는 방법과 평균과 극단을 비교하는 방법이 있는데 본 연구에서는 전자의 방법을 택하였다. 이는 대구광역시 수성구 지역과 여타 지역 학생들의 성적을 비교한 수학기초문항 정답률 비교(2002년 2. 17일 대구광역시 시행) 자료를 바탕으로 상위 10%에 속하는 동부교육청 소속 수성학군(12개 학교)과 전혀 해당 사항이 없는 서부교육청 관내 학교를 연구 대상으로 삼았다.
45) 2004년 3월 1일 현재 수성학군은 동부교육청 소속(중구, 동구, 수성구)에 위치하며, 전체 초등학교 수는 68개이며 지역별로 살펴보면 중구 10개, 동구 28개, 수성구에 30개의 초등학교가 있다.
46) 수학 교과를 학업성취의 종속문항으로 선정한 이유는 첫째, OECD는 회원국 43개국을 대상으로 교육지표 사업 중 하나로 프로젝트 A사업인 국제학생성취도평가사업(PISA)을 통해 2000-2001년에 회원국 학생들의 학습능력을 평가하였다. 여기서 사용된 과목은 과학, 읽기, 수학 과목의 평균 학습능력을 조사하였고, 둘째, Pamela(2000)는 학생의 수학 숙제를 지원하기 위하여 부모 훈련 프로그램에 참여한 학부모들은 그렇지 않은 학부형보다 그들의 자녀들이 ITBS(iowa test of basic skill) 수학 시험에서 보다 낮은 학업성취를 보인다는 연구 결과를 제시하면서 가족의 사회적 자본과 학업성취와의 관련성 연구에서는 수학 과목이 다른 어떤 과목보다 변별력이 있음을 제시하고 있다. 셋째, Beth(2000)는 학교 관여에 대한 부모의 유형 중 학생중심 관여와 학교 활동중심 관여에 따른 학생의 학업성취를 살펴본바 학생 중심의 관여 형태가 학교 중심 관여에 비하여 3배정도 읽기 학습에 우월한 성취를 보이며, 수학 성적에는 양 유형 모두 동일한 영향력이 매개함을 밝히면서 수학 교과는 언어적 능력이나 일반적인 학업 능력보다는 수학 과목의 측정에 보다 더 밀접하게 관련이 되어 있음을 실증적으로 제시하고 있다. 이러한 선행 사례와 연구를 통하여 본 연구에서도 학업성취

12일에서 7월 24일 사이에 표집 학교를 대상으로 질문지를 우편으로 우송하여 이루어졌다. 그 결과 1,200투가 배포되어 1082(90.2%)부가 회수되었고, 그 중에서 응답이 부실하거나 성적과 결합되지 않는 설문지 6부를 제외하여 최종적으로 1076부가(남자: 602명, 여자: 474명) 통계처리에 이용되었다(<표 III-1> 참조).

<표 III-1> 연구 대상 학교와 학생 수(%)

문항유목/학교규모	설문지	학교수	배포부수	회수부수	사용부수	남학생	여학생
수성학군	12-17학급	2	80	77(96.3)	75(7.0)	38(6.3)	37(7.8)
	18-35학급	7	280	275(98.2)	274(25.5)	131(21.8)	143(30.2)
	36학급 이상	6	240	234(97.5)	233(21.7)	110(18.3)	123(26.0)
비수성학군	18-35학급	7	280	275(98.2)	275(25.6)	165(27.4)	110(23.2)
	36학급 이상	8	320	221(69.1)	219(20.4)	158(26.3)	61(12.9)
계	표집 30개교	30	1,200	1,082(90.2)	1,076(99.5)	602(56.0)	474(44.1)

의 종속문항으로서 수학 과목을 선택하여 적용하게 되었다.

3. 연구변인 및 기술 통계치

가. 연구변인

본 연구에서 사용되는 변인은 크게 4가지로 구분이 되어진다. 독립변인으로 학생 가족배경의 사회적 자본, 부모-자녀 관계의 사회적 자본, 학교변인이고, 종속변인은 학생의 학업성취이다. 여기서 학업성취에 해당하는 과목은 수학이다. 구체적인 각 변인에 대한 사항은 <표 III-2>와 같다.

<표 III-2> 연구에 사용된 변인

변인명	변인설명
<독립변인>	
학생수준 변인	
가족배경의 사회적 자본	
성별	더미변인; 남자-1, 여자-0
출생순위	연속변인
형제자매 수	연속변인
부의 학력	3: 대학교 이상 졸업, 2: 고등학교 졸업, 1: 중학교 이하 졸업
모의 학력	3: 대학교 이상 졸업, 2: 고등학교 졸업, 1: 중학교 이하 졸업
가구주 직업	5: 전문직 (변호사, 의사, 판사, 검사, 대학교수), 4: 관리직 공무원 (계장급이하 공무원, 회사원), 교사, 약사, 한의사, 의료 보조원, 종교인, 3: 자영업 (도·소매업, 가내 수공업, 요식 숙박업소 경영), 2: 판매직 (숙련 노동, 운전사, 이·미용 등의 서비스직), 1: 단순 노무자 (비숙련공, 임시 고용인, 수위, 청소부)
모의 취업유무	더미변인; 직업-0, 무직-1
종교유무	더미변인; 종교 활동-1, 무교-0
가족구조 여부	더미변인; 정상가족-1, 결손가족-0
부모-자녀 관계의 사회적 자본	
교육적 관심 및 대화(ECC)	
적극적 지원(PS)	
교육활동 참여(PEA)	Likert식 5품등;
교우 및 사회관계 망(FASN)	5: 매우 그렇다, 4: 그렇다, 3: 보통이다,
부모의 기대와 규범(ENP)	2: 그렇지 않다, 1: 거의 그렇지 않다.
생활통제(LC)	
학교(학군)수준 변인	
교사성별	더미변인: 남(1), 여(0)
학교규모	1: 11학급 이하, 2: 12-17학급, 3: 18-35학급, 4: 36학급 이상
학생의 사회·경제적 지위평균	SES 평균값
학교 소재 지역	더미변인: 수성학군(1), 비수성학군(0)
<종속변인>	
학업성적	수학교과의 성적

나. 기술 통계치

 연구에 동원된 변인들의 기술 통계치를 학생수준과 학교수준으로 구분하여 <표 Ⅲ-3>에 제시하였다. 본 연구에서는 학생수준의 독립변인으로 가족배경의 사회적 자본 9개와 부모－자녀 관계의 사회적 자본 6개 요인군(하위변인 37개)과 종속변인인 학업성적과의 관련성을 분석하였다.

<표 Ⅲ-3> 변인의 평균 및 표준편차

변인명	평균(수성/비수성)	표준편차
<독립변인>		
학생수준 변인		
가족배경의 사회적 자본		
성(남학생)	.56	.50
출생순위	1.94	.96
형제자매 수	2.13	.57
부의 학력	2.60	.57
모의 학력	2.48	.59
가구주 직업	3.44	1.29
모의 취업유무	.43	.52
종교유무	.71	.48
가족구조(정상가족 여부)	.93	.26
부모－자녀 관계의 사회적 자본		
교육적 관심 및 대화(ECC)	3.34(2.4/3.33)	.77
적극적 지원(PS)	3.58(3.7/3.5)	.78
교육활동 참여(PEA)	2.42(2.5/2.4)	.70
교우 및 사회관계 망(FASN)	3.16(3.2/3.1)	.73
부모의 기대와 규범(ENP)	3.51(3.6/3.5)	.73
생활통제(LC)	3.57(3.6/3.5)	.62
학교(학군)수준 변인		
교사성별	.54	.50
학교규모	3.43	.61
학생의 사회·경제적 지위평균	2.84	.61
<종속변인>		
학업성적	79.17(78.99/79.36)	16.82

학생수준에서 가족배경 변인을 우선 살펴보면, 학생의 가정에서의 위치는 대체적으로 첫째이거나 둘째 서열에 속하는 것을 알 수 있다. 부모의 학력 수준은 전반적으로 고교 졸업자들이 많으며 가구주의 직업은 자영업이나 회사원 등이며 모의 취업 정도는 가사에 전념하는 어머니보다는 많은 경향을 나타내고 있다.

부모-자녀 관계의 사회적 자본 변인에 대한 응답은 전반적으로 보통이다(3), 그렇다(4)에 응답을 한 학생들이 많았으며, 다만 모의 교육활동 참여(PEA)에 대한 질문에서는 그렇지 않다(2)에 응답을 한 학생들이 많았다. 부모에 의한 적극적인 지원 응답에는 수성, 비수성 학군 모두 높은 평균을 보이고 있고, 교육적 관심 및 대화(ECC)는 학군 간에 심한 편차를 보이고 있음을 알 수 있다([그림 9] 참조).

학군에 따른 지역의 차이를 고려하기 위해 설정한 학교수준 변인들의 특성을 살펴보면 교사의 성비(더미변인 남: 1, 여: 0)는 남자 교사가 여자 교사보다 다소 높은 비율로 구성이 되어 있음을 알 수 있다. 설문에 응답한 학생이 다니는 학교규모는 18학급 이상에서 35학급이 많았고, 부모의 학력과 직업에 대한 학생의 사회·경제적 지위평균은 2.84로47)나타났다. 30개 학교 학생의 학업성적 평균은 79점으로 비교적 양호한 정도의 학업성취를 보이고 있다.

---

47) 학력에 대한 코딩의 경우 부모의 학력이 중졸이하면 1, 고졸이면 2, 대졸 이상이면 3으로 입력하였다. 평균 SES를 산출하기 위하여 부의 직업에 대한 5단계 점수(전문직류-5, 공무원류-4, 자영업-3, 판매직류-2, 단순 노무직-1)를 3단계 척도로(전문, 공무원-1, 자영업 및 판매-2, 단순 모무직-1) 리코딩 하여 산출하였다.

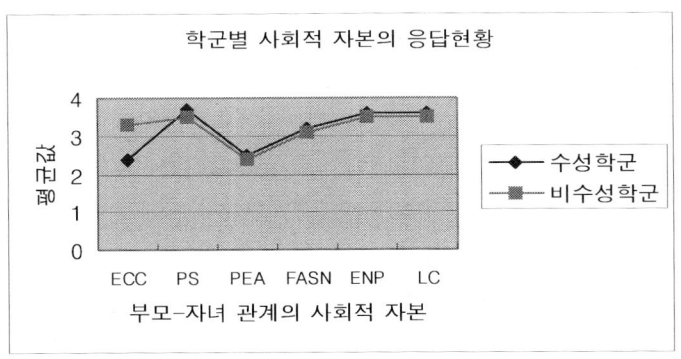

[그림 9] 학군별 부모-자녀 관계 사회적 자본의 응답 현황

4. 측정도구 및 계량모형

가. 측정도구 제작

이 절에서는 부모-자녀 관계의 사회적 자본이 학업성취에 미치는 영향에 대한 측정도구를 제작하는 것이다. 다음과 같은 절차를 통하여 측정도구가 제작되었다.

첫째, 국내·외 연구자들이 사용한 사회적 자본 문항을 고찰한다.

둘째, 국내·외 연구자들이 사용한 사회적 자본 문항 고찰을 통해서 추출된 문항에 대하여 전국 단위 표집을 통하여 타당도(안면, 요인, 준거 타당도)와 신뢰도를 구한다.

셋째, 전국 단위 표집을 통하여 검증된 문항과 한국 풍토에 적합한 문항[48]을 다시 선별 투입하여 문항에 대한 최종적인 타당도 검토를

---

48) 여기서 한국적인 풍토의 의미는, 국외 연구자들이 사용한 사회적 자본
   문항들의 성격을 보면 인종, NELS(국가교육종단연구 자료), HSB(고교

거쳐서 본 연구에 적용할 최종적인 문항을 제작한다.

1) 사회적 자본 문항의 고찰

국내·외 연구자들이 사용한 사회적 자본 문항에 대한 고찰은 II 장의 <표 II-18>, <표 II-19>과 같이 분석 정리하였다.

2) 사회적 자본 문항의 추출과 보완

국내·외 연구자들이 사용한 사회적 자본의 문항에 대한 고찰을 통하여 국내·외 연구자들이 사용한 사회적 자본 문항의 비중을 각 차원별로 살펴보면(<표 III-4> 참조), 관계 차원에서는 부모에 의한 학습의 조력 및 지원(5), 대화빈도와 교육지원(4), 지역사회의 학습 자원(3) 등의 순으로 비중이 높게 나타났그, 구조 차원에서는 부모의 학교활동 참여(3), 전학 및 이사 회수(2) 등이며, 인지 차원에서는 부모의 기대(4), 부모 외 성인 가족의 존재 여부(4), 기대교육수준(3) 등으로 나타났다. 이러한 문항들의 비중을 고려하여 최종적인 문항들을 <표 III-5>와 같이 추출하였다. 추출된 문항에 더하여 한국의 교육문화 풍토를 대변하는 문항을 추가 및 보완하여 최종적으로 연구에 사용할 문항을 <표 III-6>과 같이 제작하였다.

졸업 후 자료), 민족과 관련한 문항들이 많이 등장한다. 이러한 문항들을 제외하고 한국적인 교육문화 풍토에 적합한 문항들을 선정한다는 의미이다.

<표 III-4> 사회적 자본의 각 차원별 문항의 사용 빈도

차원	사회적 자본 문항	빈 도 수
관계	학습조력 및 지원: 자극적 교육환경	5
	부모와의 대화	1
	지역사회의 학습자원(박물관 등)	3
	대화 빈도 및 교육지원	4
	학습 자료원(문화적 경험)	2
	방과 후 가정 활동	2
	학습 분위기 조성	2
구조	부모의 학교활동 참여	3
	과외 여부	1
	전학 및 이사 회수	2
	교육에 대한 정보교환	2
	학교교육 활동 참여	2
인지	부모의 자녀에 대한 기대	4
	부모 외 성인가족의 존재여부와 관계	4
	종교 활동	2
	자녀 친구에 대한 부모의 인지	2
	기대교육수준	3
	자녀 친구의 부모인지	1
	학습 및 생활통제	2

<표 Ⅲ-5> 국내·외 연구자들이 사용한 사회적 자본 문항 추출

연구자	차원	추출문항
Coleman (1988)	관계	· 부모의 자녀에 대한 관심의 수준과 질 · 자녀의 학습활동에 대한 부모의 지원 빈도 · 부모와 자녀와의 대화 빈도
	구조	· 학생의 전학 건수, 학교 모임 참석 · 과외 활동 여부.
	인지	· 정상가족 여부, 부모 외 성인 가족의 존재 여부 · 부모가 인지하고 있는 자녀 친구의 부모 수 · 부모의 자녀에 대한 기대교육 수준.
Pong (1998)	관계	· 지역사회 스포츠 참여 · 부모의 지역 사회 모임 참석
	구조	· 가족의 잦은 이사
	인지	· 종교 활동, 학생의 친구 부모인지도
Sun (1998)	관계	· 자극적인 교육환경
	구조	· 지역사회와 사회적 관계 망
	인지	· 편친 가족 구조
Edward (1999)	관계	· 부모와 학생 간의 응집성, 부모와 자녀와의 관계 · 자녀의 학습활동에 대한 부모의 지원
	구조	· 부모의 교육활동 참여도
	인지	· 부모 외 성인 가족의 존재여부
Rosenzweig (2000)	관계	· 교육적 열망, 부모의 학생에 대한 자율적인 지원 · 학습에 대한 경험적 자원의 제공
	구조	· 부모의 관여, 부모의 학교 활동에 대한 참여
	인지	· 부모의 권위, 낮은 성적에 대한 제한 · 부정적인 통제, 숙제 검사 · 허용과 통제, 외부적 보상
Kim (2000)	관계	· 사회적 관계
	구조	·
	인지	· 교회활동

연구자	차원	추출문항
Zick et al (2001)	관계	·학업조력, 학습 보조 활동 ·자극적인 교육환경
	구조	·
	인지	·친척관계
김경근 (2000)	관계	·부모와의 대화 빈도. 자녀교육 지원 빈도
	구조	·과외여부
	인지	·기대교육수준 ·부모가 알고 지내는 자녀친구 부모의 수
오계훈· 김경근 (2001)	관계	·부모와 자녀의 대화 빈도 ·부모의 자녀교육 지원 빈도
	구조	·
	인지	·숙제를 돕거나 점검
이정선 (2001)	관계	·대화 및 상호이해 ·교육관련 자료원 ·방과 후 가정활동
	구조	·학부모들의 자녀 교육에 대한 정보교환 ·학교임원 활동 ·부모-자녀 간 상호작용
	인지	·부모로부터 받는 학습기대
심미옥 (2003)	관계	·가정에서의 교육지원 활동
	구조	·학교 활동 참여, 학교선택(이사), 과외
	인지	·생활 통제

<표 Ⅲ-6> 추출된 사회적 자본 문항과 추가 및 보완 문항

차원	연구자	추출문항	추가 및 보완 문항
관계 차원	Coleman (1988)	· 부모의 자녀에 대한 관심의 수준과 질 · 자녀의 학습활동에 대한 부모의 지원 빈도 · 부모와 자녀와의 대화 빈도	· 집에서 부모님과 함께 학교생활에 대해 이야기를 나눈다. · 내가 공부 할 때는 조용한 분위기를 만들어 주신다. · 수업을 마치고 집에 돌아가면 부모님은 그날 대운 내용에 대해 물어 보신다. · 내가 살고 있는 고장에는 나의 학습활동에 도움을 주는 사람들이 많다. · 하루 평균 1시간 이상 부모님과 대화를 나눈다 · 우리 부모님은 학교 공부에 대해 모르는 것이 였으면 잘 가르쳐 주신다. · 공부를 잘하는 방법에 대해 부모님으로부터 들은 적이 있다. · 시험을 친 후에는 시험성적이나 등수를 알려고 하신다. · 나의 관심사나 고민에 대해서 자주 물어 보신다. · 학교 공부나 학습에 도움이 되는 대화를 부모님과 자주 나눈다. · 공휴일(연휴, 주말)에는 부모님과 함께 보낸다. · 우리 지역에는 학습에 도움이 되는 교육 환경이 많다. · 학교 숙제나 과제가 어려울 경우 부모님은 함께 고민하고 도와주신다. · 학교에서 배운 교과서를 가지고 부모님으로부터 지도를 자주 받는다. · 시험 때는 시험공부를 직접 지도해 주신다. · 박물관, 문화시설 등 학습에 도움이 되는 곳에 자주 데리고 가신다. · 내가 공부할 때 함께 앉아서 직접 가르쳐 주신다. · 학교에서 배운 내용이외에 부모님이 따로 과제를 내어 공부를 지도해 주신다. · 공부를 하다 모르는 낱말이나 의미가 있을 경우 부모님은 잘 도와주신다. · 내가 사용하는 문장이나 단어, 어휘가 이상할 경우 고쳐 주신다. · 나에게 공부할 수 있도록 공부방을 따로 마련해 주신다.
	Pong (1998)	· 지역사회 스포츠 참여 · 부모의 지역 사회 모임 참석	
	Sun (1998)	· 자극적인 교육환경	
	Edward (1999)	· 부모와 학생 간의 응집성 · 부모와 자녀와의 관계 · 자녀의 학습활동에 대한 부모의 지원	
	Rosenzwe ig (2000)	· 교육적 열망, · 부모의 학생에 대한 자율적인 지원 · 학습에 대한 경험적 자원의 제공	
	Kim (2000)	· 사회적 관계	
	Zick et al (2001)	· 학업조력, · 학습 보조 활동 · 자극적인 교육환경	
	김경근 (2000)	· 부모와의 대화 빈도. · 자녀교육 지원 빈도	
	오계훈· 김경근 (2001)	· 부모와 자녀의 대화 빈도 · 부모의 자녀교육 지원 빈도	
	이정선 (2001)	· 대화 및 상호이해 · 교육관련 자료원 · 방과 후 가정활동	
	심미옥 (2003)	· 가정에서의 교육지원 활동	

차원	연구자	추출문항	추가 및 보완 문항
구조 차원	Coleman (1988)	· 학생의 전학 건수 · 학교 모임 참석 · 과외 활동 여부.	· 어머니는 학급 어머니회 임원이나 학교 운영위원으로 활동하신다. · 어머니는 교통지도 등의 학교 자원봉사 활동에 참여하신다. · 선생님께 성의를 표시하거나 학교행사를 돕기 위해 학교를 방문한 적이 있다. · 우리 어머니는 학교에 행사(수업공개, 운동회, 체험학습)가 있으면 참석하신다. · 나의 학교생활에 대해 학교에 건의하거나 항의를 하신 적이 있다. · 교육환경이 좋은 곳으로 이사했거나 부모님은 이사하기를 원하신다. · 선생님을 찾아가거나 전화로 나의 교육문제에 대해서 상담을 하신다. · 부모님은 학교 일에 적극적(발전기금이나 교실청소)으로 참여하신다. · 교실에 필요한 물품을 지원해 주신 적이 있다. · 나는 수업 후 집에서 과외를 받거나 학원에 다닌다. · 담임선생님을 돕기 위해 학교를 1년에 2번 이상 방문한 적이 있다. · 공부할 때는 집안일을 시키지 않는다. · 부모님은 교육과 관련된 정보를 광고나 TV를 통해서 수집하신다. · 부모님은 나의 장래를 위해서 직업이나 취미생활을 그만 둔 적이 있다. · 학습에 도움이 되는 학습지나 학원에 대하여 자주 알아보신다. · 부모님은 나의 학습에 도움을 주시기 위해 학원에 다니신다. · 도서관이나 서점 등에 자주 가라고 용돈을 주신 적이 있다. · 내가 읽을 책을 직접 사다 주신다. · 나의 장래를 위해서 이민이나 조기 유학을 시킬 수 있다고 말씀하신 적이 있다. · 나의 공부와 학습을 위해 신문(소년동아나 어린이 신문 등)을 보게 하신다.
	Pong (1998)	· 가족의 잦은 이사	
	Sun (1998)	· 지역사회와 사회적 관계 망	
	Edward (1999)	· 부모와 학생 간의 응집성 · 부모와 자녀와의 관계	
	Rosenzweig (2000)	· 부모의 관여 · 부모의 학교 활동에 대한 참여	
	Kim (2000)	·	
	Zick et al (2001)	·	
	김경근 (2000)	· 과외여부	
	오계훈 · 김경근 (2001)	·	
	이정선 (2001)	· 학부모들의 자녀 교육에 대한 정보교환 · 학교임원 활동	
	심미옥 (2003)	· 학교 활동 참여 · 학교선택(이사) · 과외	

차원	연구자	추출문항	추가 및 보완 문항
인지 차원	Coleman (1988)	·정상가족 여부 ·부모 외 성인 가족의 존재 여부 ·부모가 인지하고 있는 자녀 친구의 부모 수 ·부모의 자녀에 대한 기대 교육 수준.	·우리 부모님은 나에게 너는 자라서 훌륭한 사람이 되어야 한다고 자주 말씀하신다. ·부모님은 나에게 대학을 진학해야 한다고 말씀하신다. ·나의 성적에 대하여 우리 부모님은 다른 친구와 비교하신다. ·내가 동생을 돌보거나 집안일을 도우면 부모님께서는 나를 칭찬해 주신다. ·부모님은 TV시청이나 컴퓨터의 사용 시간을 통제하신다. ·부모님은 참고서, 학습지, 학원 선택에 대하여 도움을 주신다. ·학용품, 전과 등 학습에 필요한 물건들을 잘 사주신다. ·부모님은 내가 잘못된 행동을 할 때마다 꾸짖어 주신다. ·공부하는 시간에는 친구들과 놀지 못하도록 하신다. ·우리 부모님은 나에게 반에서 10등 안에는 속해야 한다고 말씀하신 적이 있다. ·재수를 해서라도 원하는 대학에 보내야 한다고 생각하신다. ·우리 부모님은 종종 훌륭한 사람들에 관한 이야기를 해 주신다. ·우리 부모님은 내가 자라서 다녀야 할 직업에 대해 종종 이야기하신다. ·우리 부모님은 숙제 검사를 잘 해주신다. ·나도 공부를 열심히 해야겠다는 생각을 부모님으로부터 많이 느낀다. ·학교에서 상을 받아 가면 그에 따르는 보상을 해주신다. ·부모님은 성적보다 인성, 예의 등 정서적인 면을 강조한다. ·나보다 공부를 잘하는 친구와 사귀도록 하신다. ·손님 초대나 친척 집 방문은 시험기간을 피해서 계획하신다. ·현재 나의 취미 생활(독서, 음악 감상, 운동)은 부모님의 권유로 인해서 생겨났다. ·우리 부모님은 TV프로그램을 선택하여 시청하게 하신다.
	Pong (1998)	·종교 활동 ·학생의 친구 부모인지도	
	Sun (1998)	·편친 가족 구조	
	Edward (1999)	·부모 외 성인 가족의 존재 여부	
	Rosenz weig (2000)	·부모의 권위 ·낮은 성적에 대한 제한 ·부정적인 통제 ·숙제 검사 ·허용과 통제 ·외부적 보상	
	Kim (2000)	·교회활동	
	Zick et al (2001)	·친척관계	
	김경근 (2000)	·기대교육수준 ·부모가 알고 지내는 자녀 친구 부모의 수	
	오계훈· 김경근 (2001)	·숙제를 돕거나 점검	
	이정선 (2001)	·부모로부터 받는 학습기대	
	심미옥 (2003)	·생활 통제	

3) 설문 문항 제작

국내·외 연구자들이 사용한 사회적 자본 문항에 대한 고찰(Ⅱ장의 <표 Ⅱ-18>, <표 Ⅱ-19>, Ⅲ장의 <표 Ⅲ-4, 5, 6>)을 통하여 70개의 문항을 <표 Ⅲ-7>과 같이 추출하였다. 다음으로 이를 경북대학교 교육사회학 전공의 박사 3인과, 교육심리 전공의 교수 1인과 동 대학원에서 심리측정·평가를 전공하고 있고, 검사 도구를 제작한 경험이 풍부한 박사과정 학생 4인과 석사 1인, 그리고 교육사회 및 행정에 재학하고 있는 학생 4인에게 사회적 자본 문항을 알려주고 이에 대한 문항 타당성, 표현의 적절성 등에 관하여 토론회를 가졌다.

여기서 각 사회적 자본 문항을 타당하게 정의하였는지를 살펴보고, 각 사회적 자본 문항의 정의에 부합하지 않는 문항이나 그 내용이 중복되는 문항을 살피고 그 정의에 따라 각 문항이 타당하게 제작되었는지를 살펴보았고, 연구자가 의도한 것과 다르게 학생들에게 해석될 수 있는 문항이나, 학생들이 이해할 수 없는 진술문이나 잘못 표현된 문항들을 예비조사를 실시하여 수정하였다. 이러한 작업은 2002년 6월 250명의 6학년 초등학생들을 대상으로 실시한 1차 예비연구, 2002년 10월 4개 초등학교 학생들을 대상으로 실시한 2차 연구49), 2003년 7월 6개 초등학교 학생을 대상으로 실시한 3차

---

49) 김경식·안우환(2003)은 "학업성취 결정요인으로서 가족의 사회적 자본 탐색"(교육학논총, 24(1)) 연구를 통하여 가족배경과 학업성취와의 경로분석(path analysis)을 통하여 학업성적에 가장 많은 상관이 있는 가족배경으로 아동의 가족 수(가족상태)를 밝힌바 있다. 여기에 사용된 사회적 자본 측정도구의 각 하위 문항별 신뢰도는 부모의 기대와 훈육(.821), 학교 참여(.783), 교육적 관심과 대화(.766), 친구인지(.618) 등의 순서로 나왔다. 더불어 사회적 자본의 요인분석 결과 각 문항의 Eigen 값이 교육적 관심과 대화(3.689), 친구인지(1.516), 학교 참여(1.168), 부모의 기대와 훈육(1.084) 등으로 나타났다.

연구50) 등을 통하여 신뢰성과 타당성을 확보한 최종 30문항을 선정
하여 전국단위 예비 설문 검토에 동원되었다.

각 문항의 형식은 Likert식 5품등 척도로 구성이 되었는바, 이는
긍정적인 반응과 부정적인 반응 그리고 긍정과 부정을 선택하기 곤
란한 상황에 직면할 때의 중간적인 입장을 고려하여 채택하였다.
즉, 각 진술문 내용은 평가자의 생각이나 느낌에 따라 '매우 그렇다
(5)', '그렇다(4)', '보통이다(3)', '그렇지 않다(2)', '거의 그렇지 않다
(1)'로 이루어져있다. 본 검사 도구는 학생 가족배경의 사회적 자본
문항과 부모-자녀 관계의 사회적 자본 문항으로 구성이 되어 있
다. 검사실시는 학급을 단위로 집단적으로 시행되었다. 학급 담임교
사가 학생들에게 검사에 대한 일반적인 지시사항을 알려준 후 집단
적으로 실시하였다. 검사반응 시간은 대체적으로 30-40분 정도가
소요되는 것으로 나타났다.

---

50) 안우환(2003)은 "가정의 사회적 자본이 아동의 학업성취에 미치는 효과
분석"(한국교육, 30권3호)에서 6개 초등학교에 다니는 6학년 아동(366
명; 남자 199명, 여자 167명)을 대상으로 하여 학생의 가족배경과 부모
-자녀 간 관계의 사회적 자본과 학업성취와의 관계를 분석하기 위하여
중다회귀분석(multiple regression analysis)과 위계선형분석(multilevel
analysis or hierarchical linear model: HLM)을 각각 실시하여 가족배경
과 부모-자녀 간의 관계가 학업성취에 영향을 미치는 사회적 자본의
성취변량은 전체적으로 12.4%로 드러났다. 아동 가족배경 사회적 자본
의 학업성취에 대한 영향력은 1.6%, 부모-자녀 간의 관계에 따른 사회
적 자본의 영향력은 10.8%로(부모-자녀 간 관계의 사회적 자본의 하위
문항 각각에 대한 회귀분석 결과(R^2) 학업성취에 대한 영향력의 크기는
교육적 관심과 대화(6.7%), 학교 참여(2.5%), 부모의 기대와 훈육(1.7%),
친구인지(1.2%) 등의 순서로 나타났다.)나타났으며, 이는 가족배경의 사
회적 자본에 부모-자녀 간의 관계 문항 9.2%가 더하여져 학업에 대하
여 상승적인 작용을 한 것으로 나타났다. 아동의 가족배경 사회적 자본
중 어머니의 취업상태 문항이 유의도 5%에서 학업성취에 영향을 주는
것으로 나타났다.

<표 Ⅲ-7> 1차 사회적 자본 문항

차원	추출된 사회적 자본 문항(70개)
관계 차원 (17개)	· 집에서 부모님과 함께 학교생활에 대해 이야기를 나눈다. · 내가 공부 할 때는 조용한 분위기를 만들어 주신다. · 수업을 마치고 집에 돌아가면 부모님은 그 날 배운 내용에 대해 물어 보신다. · 내가 살고 있는 고장에는 나의 학습활동에 도움을 주는 사람들이 많다. · 하루 평균 1시간 이상 부모님과 대화를 나눈다. · 박물관, 문화시설 등 학습에 도움이 되는 곳에 자주 데리고 가신다. · 내가 공부할 때 함께 앉아서 직접 가르쳐 주신다. · 학교에서 배운 내용이외에 부모님이 따로 과제를 내어 공부를 지도해 주신다. · 우리 부모님은 학교 공부에 대해 모르는 것이 있으면 잘 가르쳐 주신다. · 공부를 잘하는 방법에 대해 부모님으로부터 들은 적이 있다. · 시험을 친 후에는 시험성적이나 등수를 알려고 하신다. · 시험 때는 시험공부를 직접 지도해 주신다. · 학교 숙제나 과제가 어려울 경우 부모님은 함께 고민하고 도와 주신다. · 공부를 하다 모르는 낱말이나 의미가 있을 경우 부모님은 잘 도와 주신다. · 나의 관심사나 고민에 대해서 자주 물어보신다. · 학교 공부나 학습에 도움이 되는 대화를 부모님과 자주 나눈다. · 공휴일(연휴, 주말)에는 부모님과 함께 보낸다.

차원	추출된 사회적 자본 문항
구조 차원 (31개)	· 어머니는 학급 어머니회 임원이나 학교 운영위원으로 활동하신다. · 어머니는 교통지도 등의 학교 자원봉사 활동에 참여하신다. · 선생님께 성의를 표시하거나 학교행사를 돕기 위해 학교를 방문한 적이 있다. · 우리 어머니는 학교에 행사(수업공개, 운동회, 체험학습)가 있으면 참석하신다. · 나의 학교생활에 대해 학교에 건의하거나 항의를 하신 적이 있다. · 공부에 도움이 되는 친구와 사귈 것을 이야기 해 주신다. · 어머니는 이웃 아줌마와 자주 교육에 관련된 이야기를 하신다. · 교육여건이 좋은 곳으로 이사를 한 적이 있다. · 친구의 부모 가족과 함께 소풍을 간 적이 있다. · 과외 선생님을 구할 때 이웃 사람의 도움을 받아서 구한 적이 있다. · 친구의 가족을 식사에 초대한 적이 있다. · 우리 가족은 친구 집에 초대되어 친구 집에 방문한 적이 있다. · 교육환경이 좋은 곳으로 이사했거나 부모님은 이사하기를 원하신다. · 선생님을 찾아가거나 전화로 나의 교육문제에 대해서 상담을 하신다. · 공부에 도움이 되는 친구를 초대한 적이 있다. · 나는 수업 후 집에서 과외를 받거나 학원에 다닌다. · 부모님은 학교 일에 적극적(발전기금이나 교실청소)으로 참여하신다. · 교실에 필요한 물품을 지원해 주신 적이 있다. · 담임선생님을 돕기 위해 학교를 1년에 2번 이상 방문한 적이 있다. · 우리 부모님은 친구 부모님과 함께 시간을 자주 가진다. · 우리 부모님은 선생님께 항의를 한 적이 있다. · 우리 부모님은 학교의 일에 솔선수범하여 참여하신다. · 학교 행사에 적극적으로 참여하신다. · 부모님은 교육과 관련된 정보를 광고나 TV를 통해서 수집하신다. · 부모님은 나의 장래를 위해서 직업이나 취미생활을 그만 둔 적이 있다. · 학습에 도움이 되는 학습지나 학원에 대하여 자주 알아보신다. · 부모님은 나의 학습에 도움을 주시기 위해 학원에 다니신다. · 도서관이나 서점 등에 자주 가라고 용돈을 주신 적이 있다. · 내가 읽을 책을 직접 사다 주신다. · 나의 장래를 위해서 이민이나 조기 유학을 시킬 수 있다고 말씀하신 적이 있다. · 나의 공부와 학습을 위해 신문(소년동아나 어린이 신문 등)을 보게 하신다.

차원	추출된 사회적 자본 문항
인지 차원 (22개)	· 우리 부모님은 나에게 너는 자라서 훌륭한 사람이 되어야 한다고 자주 말씀하신다. · 부모님은 나에게 대학을 진학해야 한다고 말씀하신다. · 나의 성적에 대하여 우리 부모님은 다른 친구와 비교하신다. · 내가 동생을 돌보거나 집안일을 도우면 부모님께서는 나를 칭찬해 주신다. · 부모님은 TV시청이나 컴퓨터의 사용 시간을 통제하신다. · 우리 집은 종교 활동을 통하여 종교의 교리와 윤리를 실천한다. · 반에서 나와 친한 친구가 누구인지 우리 부모님은 알고 계신다 · 이름, 전화번호, 얼굴 등). · 부모님은 내가 잘못된 행동을 할 때마다 꾸짖어 주신다. · 공부하는 시간에는 친구들과 놀지 못하도록 하신다. · 우리 집에는 가훈이나 규칙이 있어 이를 따르도록 한다. · 우리 부모님은 나에게 반에서 10등 안에는 속해야 한다고 말씀하신 적이 있다. · 재수를 해서라도 원하는 대학에 보내야 한다고 생각하신다. · 우리 부모님은 종종 훌륭한 사람들에 관한 이야기를 해 주신다. · 우리 부모님은 내가 자라서 다녀야 할 직업에 대해 종종 이야기하신다. · 우리 부모님은 숙제 검사를 잘 해주신다. · 나도 공부를 열심히 해야겠다는 생각을 부모님으로부터 많이 느낀다. · 우리 집에는 부모이외에 나의 학습에 도움을 주는 친척이 있다. · 부모님은 성적보다 인성, 예의 등 정서적인 면을 강조한다. · 나보다 공부를 잘하는 친구와 사귀도록 하신다. · 손님 초대나 친척 집 방문은 시험기간을 피해서 계획하신다. · 현재 나의 취미 생활(독서, 음악 감상, 운동)은 부모님의 권유로 인해서 생겨났다. · 우리 부모님은 TV프로그램을 선택하여 시청하게 하신다.

(가) 예비 검사에 동원된 연구 대상 표집

예비 검사에 동원된 표집은 전국 초등학교 6학년 학생을 대상으로 실시하였다. 국외의 사회적 자본 연구물에 나타난 대상은 주로 청소년(12세~17세)을 대상으로 수행된 연구물이 주류를 이루고 있다. 그래서 초등학교 단계의 수준에서 수행된 연구물이 일천하여 이에 대한 관심을 고무시키고 보다 빠른 시기에 학생의 학업성취에 영향력을 매개하는 사회적 자본을 부각시키고자 초등학교 의무교육의 마지막 단계인 6학년 학생을 대상으로 사회적 자본이 학업성취에 미치는 영향을 분석하여 봄으로써 중학교 진학에 대한 정보 제공과 교육정책 수립에 일조 하고자 초등학교 6학년 학생들에게 실시하였다.

　표집 방법은 전국 시·도교육청 별로 초등학교를 추출51)하여 추출된 학교에서 다시 2-3학급을 무작위로 추출한 후에, 추출된 학급의 모든 학생들을 연구 대상으로 포함시키는 유층층화군집표집법을 사용하였다. 설문조사는 2003년 11월 3일에서 12월 5일 사이에 이루어졌다. 표집 대상이 된 학교와 학생 수는 <표 Ⅲ-8>과 같다.

---

51) 연구대상 학교의 표집은 전국 각 시·도 교육청 홈페이지를 방문하여 무작위로 4개 초등학교를 선정하여(4개의 초등학교 선정 방식은 설문 회수의 실패율을 고려하여 6학년 학급수가 5학급 이상인 학교를 우선 대상 학교로 하여 의도적으로 선정함), 각 학교 홈페이지를 방문하여 6학년 담임교사를 대상으로 On-Line 설문 협조 Mail를 발송하여 이루어졌다. On-Line 설문 안내 메일의 내용은 설문에 대한 취지와 자세한 설문 처리 방법을 안내하였으며, 설문 방법으로는 첫째, 학교에 설치된 컴퓨터실에서 담임교사의 안내 하에 솔문을 실시하거나, 둘째, 가정에서 숙제로 부과하여 설문에 응답하도록 하였다. 기한 내에 연구자의 메일서버(mail-server)에 도착된 설문 결과를 검토하여 응답이 부실하거나, 응답이 지연된 학교에는 3-5차례의 안내 메일 발송과 더불어 각 학교의 담임교사, 연구 부장에게 설문을 당부하는 협조 전화를 통하여 이루어졌다.

<표 Ⅲ-8> 조사 대상의 표집 및 회수 현황

구 분	학교		학생	
	배포	회수(%)	표집대상	응답(%)
전체	60	27(45.0)	1,937	1,240(64.0)
학교소재지별				
서울	4	2(50)	160	142(88.8)
부산	4	2(50)	143	62(43.4)
대구	4	4(100)	320	295(92.2)
인천	4	1(25)	75	52(69.3)
광주	4	2(50)	157	66(42.0)
대전	4	2(50)	146	42(28.8)
울산	4	1(25)	52	35(67.3)
경기	4	2(50)	154	126(81.8)
강원	4	1(25)	67	46(68.7)
충북	4	1(25)	51	35(68.6)
충남	4	2(50)	119	54(45.4)
전북	4	2(50)	125	31(24.8)
전남	4	1(25)	56	37(66.1)
경북	4	3(75)	240	179(74.6)
경남	4	1(25)	72	38(52.8)

(나) 신뢰성 검증과 상관관계

① 신뢰도 분석

<표 III-9> 부모-자녀 관계의 사회적 자본 문항의 각 요인별 신뢰도

요인	문항	Cronbach α
교육적 관심과 대화	방과 후 배운 내용에 대한 부모의 관심도 학용품, 책, 전과 등 학습에 필요한 물건구입 지원 박물관 등 학습에 도움이 되는 곳을 방문 부모님과의 학교생활에 대한 대화 하루 2시간 이상의 대화 집안일 보조 우리 고장의 학습 자원 참고서, 학습지, 학원에 대한 조력 공부방 마련	.7784
친구인지	나와 친한 친구에 대한 부모님의 인지 (이름, 전화번호 등) 친한 친구 부모에 대한 인지 학습에 도움이 되는 친구와 교제 학습에 도움이 되는 친구의 초대 성적에 대하여 친구와의 비교	.7662
학교 참여	학교 행사의 참석 방과 후 과외 이사를 통한 전학 교통지도 등의 학교 자원봉사 활동에 참여 학급 어머니회 임원이나 회원으로 활동 학교 일에 금전적으로 지원 선생님을 찾아가거나 전화로 상담 선생님께 성의를 표시하거나 식사 대접	.6972
부모의 기대와 훈육	부모의 학생에 대한 기대 부모의 통제 잘못된 행동에 대한 부모의 꾸짖음 TV시청이나 컴퓨터의 사용 시간을 통제 대학을 진학해야 한다고 말씀하신다 공부하는 시간을 정해 준다 공부하는 시간에는 친구들과 놀지 못하도록 하신다 공부하는 분위기 조성	.7045
전체	Cronbach α = .7874	

전국 초등학교 6학년 1,240명의 학생을 대상으로 실시한 문항에 대한 신뢰도 검사를 실시했다. 그 결과는 <표 Ⅲ-9>와 같다. 전체적인 신뢰도는 .7874로 나타났으며, 하위 문항별 분포는 .6972~.7784를 이루어 검사 도구의 양호도를 뒷받침하고 있다. 이것으로 보아 부모-자녀 관계의 사회적 자본 검사는 하위요인별로 모두 문항의 내적 일관성을 유지하고 있으며, 초등학생들을 대상으로 한 부모-자녀 관계의 사회적 자본을 측정하는데 믿을 만한 검사의 신뢰도를 확보하고 있음을 보여주는 것이라고 할 수 있겠다.

② 하위 문항 간 상관관계 분석

부모-자녀 관계의 사회적 자본의 하위 문항 간의 관계를 살펴보기 위하여 상관관계 분석을 실시하였다. <표 Ⅲ-10>을 살펴보면 각 하위 문항 간 .3683~.6487의 상관을 보이고 있다. 이러한 사실은 각 하위 변인 간의 상관은 대체적으로 낮아 요인분석의 양호성을 나타내고 있다 하겠다.

<표 Ⅲ-10> 사회적 자본의 하위 문항 간 상관관계

	교육관심	친구인지	학교 참여	부모기대
교육관심	1.0000			
친구인지	.5024	1.0000		
학교참여	.5160	.3683	1.0000	
부모기대	.6487	.4738	.3734	1.0000

(다) 타당도 분석

사회적 자본 검사의 안면 타당도, 내용 타당도 및 요인 및 준거 타당도를 검토하였다. 안면 타당도와 내용 타당도[52]는 사회적 자본 설문 문항의 이론적 배경과 정의를 기반으로 교육학자 3명, 교육학 박사학위를 소지한 교직경력 10년 이상의 현직교사 5명으로 구성된 전문가에게 문항의 타당도를 검토하도록 의뢰하여 검증하였다. 문항 전체에 대한 요인분석을 통해 내용영역의 내적 구조를 파악하고 사회적 자본 하위 척도들의 타당성 여부를 검증하고자 요인분석을 실시하였다.

요인분석은 주요인분석(Principal Component Analysis)과 베리맥스(Varimax) 직교회전 방식을 활용하였다. 1차적인 주요인분석 결과 고유값(Eigen Value)이 1.0 이상이 되는 4개의 요인이 산출되었는데, 이들 요인이 설명하는 공통 변량은 전체의 66.2%에 해당되었다. 이어서 Cattell(1965)[53]이 제시한 스크리 플릿(Scree Plot)을 검토한 결과 고유값이 1.52 이상 되는 요인이 4개일 때 직선의 기울기가 완만해지기 시작하였다(그림 10참조). 그리하여 4개의 요인을 사회적 자본 측정의 하위영역으로 확정하였다. KMO(Kaiser-Meyer-Olkin)의 MSA(Measure of Sampling Adequacy)는 .700으로(1%) 요인분석 진행에 대한 유의한 값을 보여주었다.

---

52) 검사의 문항들이 본래 측정하고자 하는 내용 영역을 얼마나 잘 대표할 수 있으며, 얼마나 충실히 측정하고 있는지 논리적으로 평가하는 것이 내용타당도이다(이종승, 2002).

53) Cattell, R. B. (1965). Factor analysis: an introduction to essential. *Biometrics*, 21, 190-215.

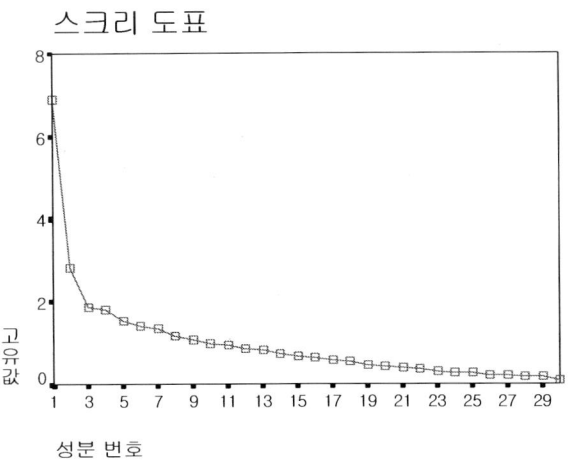

[그림 10] 스크리 플롯(Scree Plot) 도표

　이러한 결과에 근거하여 평균자승 오차를 이용한 Varimax법에 의해서 회전된 인자 행렬표를 구하였으며, 이들 4개 공통요인 중에서 부하량 ±.30 이상의 문항을 사회적 자본 측정 도구문항으로 확정하였다. 추출된 4개의 요인에 대한 분석결과는 <표 Ⅲ-11>과 같다. 부모-자녀 관계 사회적 자본 문항의 직교 회전 후 요인 행렬에서 나타났듯이, 4개 요인으로 전체적인 설명양은 70.6%를 나타내고 있다. 추출된 4성분(요인)의 고유치는 각각 6.888, 2.820, 1.859, 1.802로 비교적 양호한 상태를 나타내고 있다. 요인 행렬에서 보듯이 4개 요인에 .380 이상의 높은 부하량을 보여서 전체 문항이 요인타당도로서 적절함을 시사하고 있다.

<표 Ⅲ-11> 부모-자녀 관계의 사회적 자본 문항의 요인행렬

문항	요인								Commu nalities
	회전 전				회전 후				
	요인1	요인2	요인3	요인4	요인1	요인2	요인3	요인4	
16	.710	-8.443E-02	-.240	5.529E-02	.689	3.197E-02	.286	5.706E-02	.561
9	.657	.250	6.193E-02	.214	.678	-5.691E-03	.182	-9.053E-03	.492
17	.656	-4.000E-02	-5.778E-02	-.206	.629	.215	6.783E-02	-4.295E-02	.448
11	.630	6.191E-02	7.487E-02	.168	.617	.360	.197	.148	.571
30	.604	.232	-.361	-.110	.463	.382	.342	2.439E-02	.478
2	.585	-.342	-.223	-3.058E-02	.434	.104	.211	.348	.365
15	.573	-.337	.192	.174	.422	.237	9.600E-02	.388	.394
12	.560	5.887E-02	-.137	.240	.414	-.161	-4.120E-02	.226	.250
19	.554	.330	-7.910E-02	-5.389E-02	.111	.747	-9.593E-02	1.704E-02	.580
18	.545	.114	-.132	.191	8.641E-02	.718	-.127	.243	.599
6	.529	.105	.114	-.185	-.142	.687	.181	-.152	.548
29	.514	-5.518E-02	-.393	.163	4.120E-02	.605	3.847E-02	.104	.380
5	.503	.195	-.430	-.129	.198	.577	.269	-.369	.580
3	.501	.256	.136	-.129	.148	.574	.133	.374	.509
8	.484	-.336	.171	.442	.494	.501	-1.885E-02	.118	.510
1	.440	.345	-5.060E-02	-.113	.151	-6.236E-02	.667	6.176E-02	.475
22	.424	.248	.238	.191	-2.668E-02	-3.570E-03	.661	.156	.463
25	.416	.249	.101	-.200	-.427	-3.828E-02	.609	.118	.569
8	.484	-.336	.171	.442	.494	.501	-1.885E-02	.118	.510
1	.440	.345	-5.060E-02	-.113	.151	-6.236E-02	.667	6.176E-02	.475

문항	요인								Communalities
	회전 전				회전 후				
	요인1	요인2	요인3	요인4	요인1	요인2	요인3	요인4	
22	.424	.248	.238	.191	-2.668E-02	-3.570E-03	.661	.156	.463
25	.416	.249	.101	-.200	-.427	-3.828E-02	.609	.118	.569
13	.205	.192	.153	-.194	.247	.113	.520	9.097E-02	.352
20	.398	-.634	8.806E-02	-.111	.227	8.033E-02	.476	-1.021E-02	.285
21	.431	-.621	.121	.115	.447	2.243E-03	.451	.145	.425
7	.419	.470	.231	-.160	.267	.251	.450	3.732E-02	.338
14	.293	-.460	.384	-.321	.363	-4.632E-02	.437	5.733E-02	.328
26	.382	-.445	.186	-4.007E-02	8.949E-02	4.806E-02	.427	.376	.334
4	.369	.403	.399	-6.611E-02	4.965E-02	3.422E-02	.362	7.156E-02	.140
10	6.560E-02	.349	.664	-3.957E-02	2.198E-02	-7.508E-02	-7.483E-02	.678	.472
28	.232	.164	-.351	.214	8.377E-02	.470	-8.282E-03	.586	.572
23	.172	5.266E-02	3.722E-02	.662	4.925E-02	9.291E-02	.237	.554	.375
24	.418	-.290	9.834E-02	-.558	.367	.106	.445	.447	.544
27	.387	.103	.211	.411	.307	.352	.266	.382	.435
고유값(Eigen)					6.888	2.820	1.859	1.802	
분산설명비율(%)					22.959	19.400	16.198	12.008	
누적분산설명비율(%)					22.959	42.359	58.557	70.565	

(라) 준거 타당도

사회적 자본의 형성은 부모와 자녀 간의 관계, 정상가족의 여부 (편친 가족, 계부모, 양부모), 부모 외 성인 가족의 존재여부, 형제

자매 수, 자녀의 학습활동에 대한 부모의 지원 빈도, 부모의 교육활
동 참여도, 지역사회의 사회적 관계 망, 등료 및 성인과 친척의 관
계, 조직의 구조 및 협동체제 등이 사회적 자본 형성의 자원들이라
할 수 있겠다. 가족 중심의 연구는 부모의 교육 수준과 직업적 위
치(Blau & Duncan, 1967; Sewell & Hauser, 1975), 문화적 자본과
같은 가용 가능한 가정의 환경적인 측면(Bourdieu & Passeron,
1977; Dimaggio, 1982; Teachman, 1987)과 관련된 사회적 지원체제
즉, 사회적 자본(Coleman & Hoffer, 1987; Coleman, 1987, 1988)의
검정에 집중한다. 이것들의 각 요소는 학업성취에 긍정적인 영향을
주는 것들로 밝혀졌다. 대부분의 연구들은 부모의 자녀 교육에 대
한 관여는 학업성취로 연결된다고 한결같이 주장한다(Majoribanks,
1979; Walberg, 1984; Boger, Richter & Paolucci, 1986; Coleman,
1991; Epstein, 1991, 1992; Rock, Pollack & Hafner, 1991; National
Association of Secondary School Principal. 1992; Topping, 1992;
Ho sui-chi & Willms, 1996).

<표 Ⅲ-12> 부모-자녀 관계의 사회적 자본 검사와 학업성취와의
상관(N=295)

변수	평균	표준견차	pearson 상관
관계차원	3.03	.68	.211**
성적	61.07	14.06	
구조차원	2.85	.59	.178**
성적	61.07	14.06	
인지차원	3.77	.53	.141*
성적	61.07	14.06	

* $p<.05$, ** $p<.01$.

이와 같은 선행 연구결과에 근거하여 본 연구에서 개발된 사회적 자본 측정도구의 준거 타당도로서 학업성적을 사용하였다. 부모－자녀 관계의 사회적 자본 질문지의 구성요인과 학업성취와의 상관관계를 분석한 <표 Ⅲ-12>에 의하면, 구성요인들이 r＝.141～.211의 범위를 보였다. 관계, 구조, 인지 차원과 성적과의 상관은 각각 .211(1%), .178(1%), .141(5%)에서 유의한 상관이 있는 것으로 나타났다. 이것으로 본 연구에서 개발된 '부모－자녀 관계의 사회적 자본 질문지'(Parents-Child Relations Social Capital Questionnaire: PCRSCQ)는 적절한 준거 타당도을 확보하고 있다고 하겠다.

(마) 부모－자녀 관계의 사회적 자본 질문지

<표 Ⅲ-13>은 부모－자녀 관계의 사회적 자본 검사 도구의 문항을 나타내고 있다. 관계적 차원에 8문항, 구조적 차원에 12문항, 인지적 차원에 10문항 등 모두 30문항을 나타내고 있다.

<표 III-13> 부모-자녀 관계의 사회적 자본 검사 도구

차 원	요 인	문 항	문항수
관계적 차원	교육적 관심과 대화	집에서 부모님과 함께 학교생활에 대해 이야기를 나눈다. 부모님은 참고서, 학습지, 학원 선택에 대하여 도움을 주신다. 나에게 공부할 수 있도록 공부방을 따로 마련해 주신다. 학용품, 전과 등 학습에 필요한 물건들을 잘 사주신다. 내가 공부 할 때는 조용한 분위기를 만들어 주신다. 수업을 마치고 집에 돌아가면 부모님은 그날 배운 내용에 대해 물어 보신다. 내가 살고 있는 고장에는 나의 학습활동에 도움을 주는 사람들이 많다.. 하루 평균 2시간 이상 부모님과 대화를 나눈다.	8
구조적 차원	학교 교육활동 참여	어머니는 학급 어머니회 임원이나 회원으로 활동하신다. 어머니는 교통지도 등의 학교 자원봉사 활동에 참여하신다. 선생님을 찾아가거나 전화로 상담을 하신다. 선생님께 성의를 표시하거나 식사 대접을 하신다. 부모님은 학교 일에 금전적으로 도움을 주신다. 우리 어머니는 학교에 행사가 있으면 참석하신다. 우리 부모님은 선생님께 항의를 한 적이 있다.	7
	교우 및 사회관계망	우리 집은 이사를 해서 학교 입학 후 전학을 한 적이 있다. 공부에 도움이 되는 친구와 사귈 것을 이야기 해 주신다. 나는 수업 후 집에서 과외나 학원에 다닌다. 공부에 도움이 되는 친구를 초대한 적이 있다. 친구의 가족을 식사에 초대한 적이 있다.	5
인지적 차원	부모의 기대와 훈육	우리 부모님은 나에게 너는 자라서 훌륭한 사람이 되어야 한다고 자주 말씀하신다. 부모님은 나에게 대학을 진학해야 한다고 말씀하신다. 성적에 대하여 우리 부모님은 다른 친구와 비교하신다. 동생을 돌보거나 집안일을 도우면 부모님은 나를 칭찬해 주신다. 부모님은 TV시청이나 컴퓨터의 사용 시간을 통제하신다. 나와 친한 친구의 부모님이 누구인지 우리 부모님은 알고 계신다. 우리 집은 종교 활동을 통하여 종교의 교리와 윤리를 실천한다. 부모님은 내가 잘못된 행동을 할 때마다 꾸짖어 주신다. 공부하는 시간에는 친구들과 놀지 못하도록 하신다. 우리 집에는 가훈이나 규칙이 있어 이를 따르도록 한다.	10
합계			30

4) 최종 설문 문항

전국 단위로 실시된 사회적 자본 30문항과 더불어 보다 한국적인 상황에서 부모-자녀 관계의 사회적 자본을 대표하는 문항들을 추가하여 대구시내 초등학교 6학년 학생(2개 학급, 67명)들을 대상으로 설문을 실시한 후 이에 대한 요인분석을 통하여 최종적으로 실시할 부모-자녀 관계의 사회적 자본 문항으로 확정하였다.

(가) 최종 요인분석과 요인에 대한 정의

부모-자녀 관계의 사회적 자본과 관련한 70문항(전국단위 실시 30문항 포함)을 초등학교 6학년 2개 학급 학생 67명에게 실시하였다. 여기서 결측치가 있는 아동 3명을 제외하고, 64명의 설문을 대상으로 하여 첫째, 신뢰도가 낮거나, 상관행렬에서 지나치게 상관이 높거나 지나치게 낮은 문항 둘째, 요인 부하량이 4.0이하, 셋째, communality 4.0 이하인 부적절한 문항을 제거한 후 요인분석을 실시하였다(<표 Ⅲ-14> 참조).

여기서 26문항이 제거되고 최종적으로 44개의 문항이 선정되었다. 44개의 문항 중에서 2개 이상의 요인에 모두 포함되어 있거나, 요인 간에 중복되는 성격의 7개 문항을 제외하고 최종 37문항이 부모-자녀 관계의 사회적 자본 질문 문항으로 최종 확정되었다. 직교 회전 후 요인 행렬에서 나타내듯이 6개 요인으로 묶였으며, 전체적인 설명양은 57.7%을 나타내고 있다. 추출된 6성분(요인)의 고유치는 각각 8.022, 4.446, 3.906, 3.405, 3.095, 2.515로 양호한 상태를 나타내고 있다. 요인 행렬에서 보듯이 6개 요인에 .40 이상의 높은 부하량을 보여서 전체 문항이 요인타당도로서 적절함을 시사하고 있다.

이러한 6개의 요인들을 관계적 차원, 구조적 차원, 인지적 차원 등의 세 차원으로 이론적인 배경에 의하여 문항들을 범주화하였다. 관계적 차원의 요인으로 교육적 관심 및 대화, 적극적인 교육지원, 구조적 차원에는 교육활동 참여, 교육 및 사회관계 망, 인지적 차원에는 기대와 규범, 생활통제와 훈육 등으로 문항들을 범주화하였다.

<표 Ⅲ-14> 부모-자녀 관계 사회적 자본 문항의 최종 요인행렬

문항	요인						Communal ities
	요인1	요인2	요인3	요인4	요인5	요인6	
18	.787						.878
21	.587						.563
23	.615						.551
29	.819						.725
34	.739						.773
38	.827						.795
39	.792						.753
41	.531						.506
4		.787					.676
5		.747					.773
8		.731					.587
15		.725					.718
16		.684					.781
24		.608					.556
65		.553					.487
1			.676				.629
19			.419				.683
57			.672				.786
58			.707				.654
67			.761				.717
33				.582			.585
36				.692			.663
54				.404			.491
55				.740			.661
2					.617		.585
7					.481		.716
43					.586		.631
49					.626		.510
50					.696		.646
59					.426		.659
12						.403	.553
22						.443	.497
52						.532	.457
53						.570	.527
56						.542	.590
68						.640	.760
70						.521	.402
	요인1	요인2	요인3	요인4	요인5	요인6	
고유값(Eigen)	8.022	4.446	3.906	3.405	3.095	2.515	
분산설명비율(%)	18.232	10.104	8.877	7.740	7.035	5.715	
누적분산설명비율(%)	18.232	28.336	37.213	44.953	51.987	57.703	

(가) 요인의 명칭과 정의

① 요인 2, 4: 관계의 사회적 자본(relation social capital)

요인 2에 부하된 7개 문항(4, 5, 8, 15, 16, 24, 65번)과 요인 4(33, 36, 54, 55)의 4개 문항은 부모가 자녀에 대하여 가지는 교육적인 관심과 대화, 적극적인 교육지원 등의 관계적 차원에 해당하는 문항으로서 "관계의 사회적 자본(relation social capital)"으로 명명하였다. "관계의 사회적 자본(relation social capital)"에서 관계적 차원의 요소는 구성원 간의 관계 특성이 이익이나 가치 창출에 기여할 수 있는가에 초점을 두고 있다. 관계적 차원에서 가장 핵심적인 개념은 개인 간의 신뢰(trust)이다. 신뢰는 잠재적 생산성과 거래비용의 감소 효과를 가지고 있기 때문에 경제적인 가치를 지닌다. 신뢰는 사람 간의 관계에 관한 것이고, 그 관계 속에서 존재하며, 신뢰가 있으므로 해서 관련 행위자들은 서로 협동, 감시, 통제 비용을 절감할 수 있다는 점에서 사회적 자본의 전형적인 예라고 할 수 있다.

사회적 자본의 관계적 차원은 구성원들 간의 관계 특성이 이익이나 가치를 제공하는 것을 의미하기에 관계 속이 존재하며 관계는 교환을 통하여 창출된다(Bourdieu, 1986). 이러한 사회적 교환관계는 신뢰에 기반한 호혜주의 규범에 의하여 형성되며(Emerson, 1981), 이러한 호혜주의 규범은 협력 행동에 기꺼이 참가할 수 있는 근거를 제공한다(Putnam, 1993; Fukuyama, 1995; Tyler & Kramer, 1996).

부모-자녀의 신뢰 관계는 일반적으로 사적 신뢰로서 성격을 함의하고 있으며 이에는 서로 간의 믿음, 대화, 관심과 지원, 협력 등으로 구성이 된다. 사적 신뢰가 보다 바람직한 관계 신뢰를 추구하기 위해선 공적 신뢰와의 조화와 연계선상에서 구축되어져야 할 것이다. 부모의 자녀에 대한 왜곡된 관계 신뢰는 이기적인 교육열 양상으로 표출되기도 한다. 부모와의 대화나 학습지원(김경근, 2000; 이정선,

2001; 심미옥, 2003; Coleman, 1987, 1988, 1990; Hoffer, 1986) 등은 부모의 자녀에 대한 양육의 관심과 지원으로 자녀의 학업성취나 행동발달(Finn, 1989) 및 사회, 심리적인 측면(Mcneal, 1995) 등에도 상당한 영향력을 행사한다(Gove and Crutchfield, 1982).

② 요인 1, 3: 구조의 사회적 자본(structural social capital)

요인 1과 3에 부하 된 13개 문항 즉, 교육활동 참여(18, 21, 23, 29, 34, 38, 39, 41), 교우 및 사회관계 망(1, 19, 57, 58, 67) 등의 문항들은 부모, 자녀 등 행위자간의 관계 연결망과 구성원 간의 사회적 상호작용의 결속 정도를 의미하는 것으로 부모와 자녀 간, 부모와 다른 부모 간, 자녀 간의 수평적이고 수직적인 유대 관계의 형성 정도를 의미하는 구조적 차원에 해당하는 문항으로서 "구조의 사회적 자본(structural social capital)"으로 명명하였다.

구조적 차원의 요인은 행위자들 간의 관계 연결망 특성(relation network properties) 또는 전체적 연결망 형태(total network configuration)를 의미한다. 즉, 구성원 간의 사회적 상호작용 결속(social interaction ties)정도가 구조적 차원을 의미(Tsai & Ghoshal, 1998)하며, 연결망 구조에는 연결성(connectivity), 위계성(hierarchy), 밀도(density) 등(Nahapiet & Ghoshal, 1998)이 있다. 부모의 계층에 따른 사회 망에 의하여 자녀의 교육적인 지원에 차이가 발생한다. 가정 형편의 차이에 따라 학교에 참여하는 정도와 지원 모습은 달라진다.

중류층 이상의 가정은 좋은 교육환경을 찾아 이사를 하거나, 학교와 자녀의 발전을 위해서 금전적인 손실도 마다하지 않는다. 어머니들의 자녀 교육 지원에 대한 연결망(사회 망)은 철저하리만큼 계층 간, 지역 간에(강남 8학군과 대구의 경우 수성학군 등) 서로 배제 적이고, 차별적인(distinctive) 경향을 보이며, 동일 계층 어머니의 교육적인 정보의 교환과 거래는 다양한 기준들에 의해서 배타적인 방식으로 구성된다. 이는 비슷한 경제 소비 지출이 가능한 집단과 계층, 지역을 중심으로 하여 학교 선택을 위하여 전학이나 좋은 학군으로의 이사를 하게 되고 더불어 과외 선생에 대한 구인 활동, 가까운 이웃과 소풍 등으로 사회 유대 망 구축하기, 식사 초대 등으로 다른 가족과 비공식적인 동료 유대 망 구축하기, 자녀의 친구 부모와 시간 함께 하기 등 이러한 교육정보 교환활동이 가치로 인정되고, 누구와 그것을 공유할 것인가 하는 구별 짓기와 차별화, 경계가 형성되기도 한다.

③ 요인 5, 6: 인지의 사회적 자본(cognitive social capital)

요인 5, 6에 부하 된 13개의 문항 즉, 기대와 규범(2, 7, 43, 49, 50, 59), 생활통제와 훈육(12, 22, 52, 53, 56, 68, 70) 등의 문항들은 부모의 기대와 훈육, 규범 등 부모와 자녀 간의 공동의 목표 추구에 대한 비전의 공유와 협력적인 행위라는 인지적 차원에 해당하는 문항으로서 "인지의 사회적 자본(cognitive social capital)"으로 명명하였다.

인지적 차원은 일반적으로 자원에 대한 표현(representation), 해석(interpretation)과 각 부분들 간의 의미 시스템들 간의 공유를 의미한다(Cicourel, 1973). 부모－자녀의 인지적 차원의 관계에서 자녀는 부모의 바램과 소망을 인지하고, 반대로 부모는 자녀의 원하는 바를 서로 인식하는 관계차원에 이르면 모두에게 만족을 줄 수 있는 부모－자녀 간의 관계라 하겠다. 가정의 공동목표를 위해 가족 구성원이 모두 협력하여 노력할 때 인지의 사회적 자본은 증대되고 보다 가치 있는 목표를 달성할 수 있을 것이다. 부모의 자녀에 대한 기대는 국가, 사회적으로 우수한 인물이나 지역사회 내에 위치한 친구나 친척 중에서 사회적으로 인정되는 우수 한 학생을 모델로 설정하여 이것으로 자녀에 대한 기대치를 설정하고, 더불어 가정, 학교생활 전반을 통제하기도 한다. 여기서 낮은 성적에 대한 제한이나 외부적 보상, 부정적인 통제 방식은 학생의 발달에 부정적으로 작용하기도 한다(Rosenzweig, 2000).

(나) 신뢰성 검정

부모-자녀 관계의 사회적 자본 측정도구의 각 문항별 신뢰도는 <표 Ⅲ-15>와 같다. 각 하위요인별 Cronbach α의 분포는 .72~.89이고 전체 계수는 .83으로 검사 도구의 양호도를 뒷받침하고 있다.

<표 Ⅲ-15> 사회적 자본 측정도구의 각 요인별 신뢰도

하위척도	ECC	PS	PEA	FASN	ENP	LC	전 체
신뢰도 계수 (Cronbach α)	.78	.72	.89	.74	.78	.86	.83

주: ECC: 교육적 관심과 대화(educational concern and communication), PS: 적극적 지원(Positive support), PEA: 교육활동 참여(participation of education activity), FASN: 교우 및 사회관계 망(friend and social network), ENP: 부모의 기대와 규범(Expectation and norm of parents), LC: 생활통제(life control)

(다) 부모-자녀 관계의 사회적 자본 질문지(PCRSCQ)

최종적으로 확정된 <표 Ⅲ-16>은 부모-자녀 관계의 사회적 자본 측정도구의 문항을 나타내고 있다. 이는 '부모-자녀 관계의 사회적 자본 질문지'(Parent-Child Relations Social Capital Questionnaire: PCRSCQ)로 명명하였다.

<표 III-16> 부모-자녀 관계의 사회적 자본 문항(최종 확정 문항)

범주	측정요인	문 항
관계적 차원 (11문항)	교육적 관심 및 대화 (7문항)	4. 집에서 부모님과 함께 학교생활에 대해 이야기를 나눈다. 5. 내가 공부 할 때는 조용한 분위기를 만들어 주신다. 8. 하루 평균 1시간 이상 부모님과 대화를 나눈다. 15. 나의 관심사나 고민에 대해서 자주 물어보신다. 16. 학교 공부나 학습에 도움이 되는 대화를 부모님과 자주 나눈다. 24. 박물관, 문화시설 등 학습에 도움이 되는 곳에 자주 데리고 가신다. 65. 학교에서 상을 받아 가면 그에 따르는 보상을 해주신다.
	적극적인 교육지원(4문항)	33. 공부에 도움이 되는 교육환경을 조성해 주신다. 36. 나에게 공부할 수 있도록 공부방을 따로 마련해 주신다. 54. 부모님은 참고서, 학습지, 학원 선택에 대하여 도움을 주신다. 55. 학용품, 전과 등 학습에 필요한 물건들을 잘 사주신다.
구조적 차원 (13문항)	학교 교육활동 참여(8문항)	18. 어머니는 학급 어머니회 임원이나 학교 운영위원으로 활동하신다. 21. 선생님께 성의를 표시하거나 학교행사를 돕기 위해 학교를 방문한 적이 있다. 23. 우리 어머니는 학교에 행사가 있으면 참석하신다. 29. 나의 학교생활에 대해 학교에 건의하거나 항의를 하신 적이 있다. 34. 선생님을 찾아가거나 전화로 나의 교육문제에 대해서 상담을 하신다. 38. 교실에 필요한 물품을 지원해 주신 적이 있다. 39. 담임선생님을 돕기 위해 학교를 1년에 2번 이상 방문한 적이 있다. 41. 부모님은 교육과 관련된 정보를 광고나 TV를 통해서 수집하신다.
	교우 및 사회 관계 망(5문항)	1. 공부에 도움이 되는 친구와 사귈 것을 이야기 해 주신다. 19. 어머니는 교통지도 등의 학교 자원봉사 활동에 참여하신다. 57. 공부하는 시간에는 친구들과 놀지 못하도록 하신다. 58. 나는 수업 후 집에서 과외를 받거나 학원에 다닌다. 67. 나보다 공부를 잘하는 친구와 사귀도록 하신다.
인지적 차원 (13문항)	기대와 규범 (6문항)	2. 우리 집에는 가훈이나 규칙이 있어 이를 따르도록 한다. 7. 내가 살고 있는 고장에는 나의 학습활동에 도움을 주는 사람들이 많다. 43. 학습에 도움이 되는 학습지나 학원에 대하여 자주 알아보신다. 49. 우리 부모님은 나에게 너는 자라서 훌륭한 사람이 되어야 한다고 자주 말씀하신다. 50. 부모님은 나에게 대학을 진학해야 한다고 말씀하신다. 59. 우리 부모님은 나에게 반에서 10등 안에는 속해야 한다고 말씀하신 적이 있다.
	생활통제와 훈육 (7문항)	12. 시험을 친 후에는 시험성적이나 등수를 알려고 하신다. 22. 반에서 나와 친한 친구가 누구인지 우리 부모님은 알고 계신다. 52. 내가 동생을 돌보거나 집안일을 도우면 부모님께서는 나를 칭찬해 주신다. 53. 부모님은 TV시청이나 컴퓨터의 사용 시간을 통제하신다. 56. 부모님은 내가 잘못된 행동을 할 때마다 꾸짖어 주신다. 68. 손님 초대나 친척 집 방문은 시험기간을 피해서 계획하신다. 70. 우리 부모님은 TV프로그램을 선택하여 시청하게 하신다.
총계		37 문항

나. 측정도구

가족배경의 사회적 자본과 부모-자녀 관계의 사회적 자본 측정
도구(PCRSCQ)를 이용한다. 부모-자녀 관계의 사회적 자본 측정도
구(PCRSCQ)는 학생의 사회적 자본을 측정하기 위하여 2002년 6월
250명의 6학년 초등학생들을 대상으로 실시한 1차 예비연구, 2002
년 10월 4개 초등학교 학생들을 대상으로 실시한 2차 연구, 2003년
7월 6개 초등학교 학생을 대상으로 실시한 3차 연구, 2003년 11월
3일에서 12월 5일, 2004년 7월9일에 실시하여 검증된 측정도구이다.
본 측정도구는 가족배경의 사회적 자본과 부모-자녀 관계의 사회
적 자본, 학교 문항으로 구성이 되어 있다.

1) 가족배경의 사회적 자본 문항

<표 III-17> 가족배경의 사회적 자본 문항

영 역	문 항	문항수(평점)
가족배경	성별	1
	우리 집에서 나의 출생순위	1
	현재 우리 집에서 함께 살고 있는 형제자매의 수	1
	부모의 학력을 검사하는 항목	1
	가구주 직업을 검사하는 항목	1
	모의 취업 유무를 검사하는 항목	1
	가족의 종교 활동 여부	1
	가족구조 여부	1
직업	전문직 (변호사, 의사, 판사, 검사, 대학교수)	(5)
	관리직 공무원 (계장급이하 공무원, 회사원), 교사, 약사, 한의사, 의료 보조원, 종교인	(4)
	자영업 (도·소매업, 가내 수공업, 요식 숙박업소 경영)	(3)
	판매직 (숙련 노동, 운전사, 이·미용 등의 서비스직)	(2)
	단순 노무자 (비숙련공, 임시 고용인, 수위, 청소부)	(1)
교육수준	대학교 이상 졸업	(3)
	고등학교 졸업	(2)
	중학교 이하 졸업	(1)

가족배경의 사회적 자본은 가정에서의 출생순위, 형제 수와 부모의 학력, 가족의 종교 활동 여부, 어머니의 직업 유무, 부모직업, 교육수준 등을 조사하였다. <표 III-17>은 이를 나타내고 있다. 연속변인으로는 출생순위, 형제자매의 수, 부모의 학력[54], 가구주의 직업 등의 변인들은 연속변수로 포함되어 분석에서 통제변인으로 사용되었다.

---

54) 우리 사회에서 학력과 학벌은 하나의 권력이자 신분이며 사회적 관계를 뜻한다(심연식, 2002). 삶의 동질성을 가장 잘 표현해주는 변수인 동시에 집단간을 뚜렷하게 구분해 주는 단절성이라는 장점을 갖는 변수이다.

2) 부모-자녀 관계의 사회적 자본 문항

<표 III-18> 부모-자녀 관계 사회적 자본 문항의 내용과 문항 수

범주	측정 요인	문 항	문항수
관계적 차원	교육적 관심(지원) 및 대화: ECC	· 집에서 부모님과 함께 학교생활에 대해 이야기를 나눈다. · 내가 공부 할 때는 조용한 분위기를 만들어 주신다. · 하루 평균 1시간 이상 부모님과 대화를 나눈다. · 나의 관심사나 고민에 대해서 자주 물어보신다. · 학교 공부나 학습에 도움이 되는 대화를 부모님과 자주 나눈다. · 박물관, 문화시설 등 학습에 도움이 되는 곳에 자주 데리고 가신다. · 학교에서 상을 받아 가면 그에 따르는 보상을 해주신다.	7
	적극적인 교육지원: PS	· 공부에 도움이 되는 교육환경을 조성해 주신다. · 나에게 공부할 수 있도록 공부방을 따로 마련해 주신다. · 부모님은 참고서, 학습지, 학원 선택에 대하여 도움을 주신다. · 학용품, 전과 등 학습에 필요한 물건들을 잘 사주신다.	4
구조적 차원	학교교육 활동 참여 : PEA	· 어머니는 학급 어머니회 임원이나 학교 운영위원으로 활동하신다. · 선생님께 성의를 표시하거나 학교행사를 돕기 위해 학교를 방문한 적이 있다. · 우리 어머니는 학교에 행사가 있으면 참석하신다. · 나의 학교생활에 대해 학교에 건의하거나 항의를 하신 적이 있다. · 선생님을 찾아가거나 전화로 나의 교육문제에 대해서 상담을 하신다. · 교실에 필요한 물품을 지원해 주신 적이 있다. · 담임선생님을 돕기 위해 학교를 1년에 2번 이상 방문한 적이 있다. · 부모님은 교육과 관련된 정보를 광고나 TV를 통해서 수집하신다.	8
	교우 및 사회 관계망: FASN	· 공부에 도움이 되는 친구와 사귈 것을 이야기 해 주신다. · 어머니는 교통지도 등의 학교 자원봉사 활동에 참여하신다. · 공부하는 시간에는 친구들과 놀지 못하도록 하신다. · 나는 수업 후 집에서 과외를 받거나 학원에 다닌다. · 나보다 공부를 잘하는 친구와 사귀도록 하신다.	5
인지적 차원	기대와 규범: ENP	· 우리 집에는 가훈이나 규칙이 있어 이를 따르도록 한다. · 내가 살고 있는 고장에는 나의 학습활동에 도움을 주는 사람들이 많다. · 학습에 도움이 되는 학습지나 학원에 대하여 자주 알아보신다. · 우리 부모님은 나에게 너는 자라서 훌륭한 사람이 되어야 한다고 자주 말씀하신다. · 부모님은 나에게 대학을 진학해야 한다고 말씀하신다. · 우리 부모님은 나에게 반에서 10등 안에는 속해야 한다고 말씀하신 적이 있다.	6
	생활통제와 훈육: LC	· 시험을 친 후에는 시험성적이나 등수를 알려고 하신다. · 반에서 나와 친한 친구가 누구인지 우리 부모님은 알고 계신다. · 내가 동생을 돌보거나 집안일을 도우면 부모님께서는 나를 칭찬해 주신다. · 부모님은 TV시청이나 컴퓨터의 사용 시간을 통제하신다. · 부모님은 내가 잘못된 행동을 할 때마다 꾸짖어 주신다. · 손님 초대나 친척 집 방문은 시험기간을 피해서 계획하신다. · 우리 부모님은 TV프로그램을 선택하여 시청하게 하신다.	7
	총계	37 문항	

연구에 동원된 '부모-자녀 관계의 사회적 자본 질문지'(Parent-Child Relations Social Capital Questionnaire: PCRSCQ)는 관계의 사회적 자본(relation social capital; 11개 문항)과 구조의 사회적 자본(structural social capital; 13개 문항), 인지의 사회적 자본(cognitive social capital; 13개 문항)으로 구성이 되어 있다. <표 Ⅲ-18>은 부모-자녀 관계의 사회적 자본 문항의 내용과 문항 수를 나타내고 있다.

3) 학교 문항

부모-자녀 관계의 사회적 자본과 학업성취에 대한 학교 간 차이를 분석하기 위하여 설정한 문항은 <표 Ⅲ-19>와 같다. 여기서 학교 규모에 따른 4단계 구분 코딩은 초·중등교육법시행령55)에 규정된 보직교사 임명 인원수에 따라 학교 규모를 구분하였다.

<표 Ⅲ-19> 학교관련 문항

문항	측정내용
담임교사 성별	남(1), 여(0) - 더미변인
학교규모(학급수)	11학급 이하(1), 12-17학급(2), 18-35학급(3), 36학급 이상(4)
학교소재지역	수성학군(1), 비수성학군(0) - 더미변인

---

55) 초중등교육법시행령 제33조(초등학교 교원의 배치기준) 4항에는 초등학교 교사 중에서 다음 각 호의 구분에 따른 수의 보직교사를 둘 수 있다. 가) 6학급 이상 11학급 이하의 학교에는 2인, 나) 12학급 이상 17학급 이하의 학교에는 4인 이내, 다) 18학급 이상 35학급 이하의 학교에는 6인 이내, 라) 36학급 이상의 학교에는 12인 이내, 마) 5학급 이하의 분교장에는 1인 등으로 학급 수의 규모에 따라 보직 교사의 수를 달리하고 있다.

4) 계량모형

가족배경의 사회적 자본과 부모-자녀 관계의 사회적 자본이 학업성취에 미치는 영향을 분석하기 위하여 사용된 계량모형은 다음과 같다.

Y(학업성취) = f(성별, 출생순위, 형제자매 수, 부모학력, 직업,
　　　　모의 취업유무, 종교 활동, 정상가족 여부, ECC, PS, PEA,
　　　　FASN, ENP, LC)

*주) ECC: 교육적 관심과 대화(educational concern and communication)
　　 PS: 적극적 지원(Positive support)
　　 PEA: 교육활동 참여(participation of education activity)
　　 FASN: 교우 및 사회관계 망(friend and social network)
　　 ENP: 부모의 기대와 규범(Expectation and norm of parents)
　　 LC: 생활통제(life control)

가족배경의 사회적 자본과 부모-자녀 관계의 사회적 자본으로 구성된 독립변인과 학업성적 사이의 일반적 관계를 추정하기 위하여 최종적으로 도입된 회귀방정식은 다음과 같다.

$Y = a_0 + a_1$[성별] $+ a_2$[출생순위] $+ a_3$[형제자매 수] $+ a_4$[부모학력] $+ a_5$[직업] $+ a_6$[모의 취업유무] $+ a_7$[종교 활동] $+ a_8$[정상가족] $+ a_9$[ECC] $+ a_{10}$[PS] $+ a_{11}$[PEA] $+ a_{12}$[FASN] $+ a_{13}$[ENP] $+ a_{14}$[LC]

부모-자녀 관계의 사회적 자본의 학업성취에 대한 학교 간 영향력의 차이를 분석하기 위하여 연구에 동원되는 사회적 자본 변인들은 다수준에서 측정되는 위계적인 구조로 이루어져 있다. 그리하여

학생의 학업성취에 대한 학교 간 차이(효과)을 구체적으로 밝히기 위해 분석단위의 수준을 고려하여 수준별로 변인의 영향력을 검증해 주는 위계적 선형모형(HLM)을 사용한다.

2-수준(two-level) 모형에서 1-수준의 분석단위는 부모-자녀 관계의 사회적 자본이고, 각 학생들이 보이는 학업성취도는 이들 학생들이 갖는 특성변인들의 함수식으로 표시가 가능하다. 2-수준의 분석단위는 담임교사의 성별, 학교소재 지역(학군), 학교규모가 된다. 각 학교별로 학생 수준에서 얻은 회귀계수들은 특정한 학교 특성변인으로 설명될 수 있다는 가정 하에서 2-수준 모형의 결과변인으로 사용된다. 이러한 2-수준의 위계적 선형모형은 다음과 같다.

1-수준 모형[56]: Y_{ij}(학업성적) $=$ β_{0j}(절편) $+$ β_{1j}(학생 성별) $+$ β_{2j}(부모-자녀 관계의 사회적 자본) $+$ r_{ij}(고유증가치)

2-수준 모형[57]: $\beta_{0j} =$ γ_{00}(절편) $+$ γ_{01}(담임 성별) $+$ γ_{02}(학군) $+$ γ_{03}(학교규모) $+$ u_{qj}(고유증가치)

---

56) $Y_{ij} = \beta_{0j} + \beta_{1j}X_{1ij} + \cdots + \beta_{qj}X_{qij} + r_{ij}$

Y_{ij}는 j학교에 속해 있는 i 학생의 학업성적(종속문항)을 나타낸다. 이 종속문항은 학생개인의 특성문항인 X_{qij}와 오차문항 r_{ij}의 함수식으로 표기할 수 있다. r_{ij}는 평균이 0이고 표준편차가 σ^2인 분포를 보인다고 가정한다. 회귀계수 β_{qj} (q=0, ……, Q)는 j학교에서 개인특성문항(예컨대 성별, 출생순위, 형제자매 수, 직업문항 등)의 함수에 의해서 종속문항이 어떻게 분포하는지를 나타내고 있다.

57) $\beta_{qj} = \gamma_{q0} + \gamma_{q1}W_{1j} + \cdots + \gamma_{qs_q}W_{s_aj} + u_{qj}$

γ_{qs}계수는 학교규모, 교사의 성별, 학교소재 지역 문항(W_{sj})들이 학생수준 모형에서 얻은 회귀계수에 미치는 영향력의 크기를 표시한다. j학교의 고유효과를 의미하는 u_{qj}는 평균이 0이며 변량이 τ_{qq}임을 가정한다.

5. 자료 분석 절차 및 방법

가. 학군 간 가족배경의 사회적 자본과 부모−자녀 관계 사회적 자본의 관계분석

가족배경의 사회적 자본과 부모−자녀 관계 사회적 자본의 관계를 분석하기 위하여 첫째, 학군 간 학생의 사회적 자본의 차이를 살펴보기 위하여 T−검정을 실시한다. 둘째, 가족배경의 사회적 자본과 부모−자녀 관계 사회적 자본과의 관계를 살펴보기 위하여 상관분석을 실시한다.

나. 가족배경과 부모−자녀 관계의 사회적 자본이 학업 성취에 미치는 영향분석

1) 사회적 자본이 학업성취에 미치는 영향분석

가족배경의 사회적 자본과 부모−자녀 관계의 사회적 자본이 학업 성취에 미치는 영향관계를 분석하기 위하여 각 학군별로 각각 4차에 걸쳐서 중다회귀분석(multiple regression analysis)이 실시되었다.

첫째, 학군별로 회귀분석을 실시하기 전에 우선 수성, 비수성 학군 전체 학생의 사회적 자본이 학업성취에 미치는 영향을 분석한다.

둘째, 수성, 비수성 학군 학생의 가족구조 변인들을 투입하여 학업성취에 미치는 영향을 분석한다(모델 1).

셋째, 모델 1에 성별, 출생순위, 자매 수, 종교유무 등의 가족배경 사회적 자본 변인 군을 추가로 투입하여 학업성취에 미치는 영향관계 및 하위변인 간의 영향을 분석한다(모델 2).

넷째, 모델 2에 가족배경의 사회적 자본 중 경제적 자원을 측정하는 대변인(proxy)인 부모의 학력과 가구주의 직업, 모의 취업유무 등의 변인들을 추가로 투입하여 학업성취에 미치는 영향 및 하위변인 간의 영향을 분석한다(모델 3).

다섯째, 모델 3에 추가로 부모-자녀 관계의 사회적 자본 변인 군을 투입하여 학업성취에 미치는 영향 및 하위변인 간의 영향을 분석한다(모델 4).

2) 개별 학교 학생의 사회적 자본이 학업성취에 미치는 영향분석

개별 학교별로 학생들 개인 수준의 가족배경 변인과 부모-자녀 관계의 사회적 자본이 학업성취에 미치는 영향력에 차이가 발생하는지 중다회귀분석을 실시한다.

3) 학교(학군)에 따른 학생의 사회적 자본이 학업성취에 미치는 영향분석

학교(학군)수준 변수인 교사성별, 학교규모, 학생의 사회경제적 지위(SES) 평균과 부모-자녀 관계의 사회적 자본이 학업성취에 미치는 영향관계를 다음과 같이 분석한다.

첫째, 교사성별, 학교규모 등의 변인을 투입하여 학업성취에 미치는 영향을 분석한다(모델 1).

둘째, 모델 1에 학생의 사회경제적 지위 평균 변인을 투입하여 학업성취에 미치는 영향을 분석한다(모델 2).

셋째, 모델 2에 부모-자녀 관계의 사회적 자본 변인 군을 투입하여 학업성취에 미치는 영향을 분석한다(모델 3).

여기서 중다회귀분석 방법은 모든 독립변인을 동시에 투입하는

ENTER방식을 취했다. 자료 분석에 동원된 통계 도구는 SPSS 10.0
을 사용하였다.

다. 사회적 자본이 학업성취에 미치는 효과와 인과관계 분석

1) 부모-자녀 관계의 사회적 자본이 학업성취에 미치는 영향에 대한 학교 효과 분석

부모-자녀 관계의 사회적 자본이 학업성취에 미치는 영향력의
학교 효과를 분석하기 위하여 교사성별, 학교규모, 학군, 학생 SES
의 평균 등의 변인을 설정하여 위계선형분석(HLM)을 실시하였다.
위계선형 분석에 동원된 통계 도구는 HLM 5.0을 이용하였다.

2) 학군별 가족배경과 부모-자녀 관계의 사회적 자본이 학업 성취에 미치는 영향의 인과분석

가족배경과 부모-자녀 관계의 사회적 자본이 학업성취에 미치는
영향 즉, 변인 간의 인과관계를 검정하기 위하여 공변량 구조분석
을 실시한다. 공변량 구조분석용 패키지는 Amos 4.0을 사용하였다.
이 패키지의 장점은 경로모형을 행렬이 아닌 그림으로 쉽게 나타낼
수 있는 특징을 가지고 있다.

Ⅳ. 연구결과 및 해석

1. 학군 간 가족배경의 사회적 자본과 부모-자녀 관계 사회적 자본의 관계분석

가족배경의 사회적 자본과 부모-자녀 관계 사회적 자본의 관계를 분석하기 위하여 첫째, 학군 간 부모-자녀 관계의 사회적 자본의 차이를 살펴보기 위하여 T-검정을 실시하였다. 둘째, 가족배경의 사회적 자본 변인과 부모-자녀 관계의 사회적 자본과 관계를 살펴보기 위하여 상관분석을 실시하였다.

가. 학군 간 학생의 사회적 자본에 대한 차이분석

수성, 비수성 학군에 따른 사회적 자본의 차이 검정 결과는 <표 Ⅳ-1>과 같다. 학생 가족배경의 사회적 자본 변인 중 부학력(1%), 모학력(1%), 부직업(1%), 종교(1%), 가족상태(5%) 등에서 유의미한 차이를 보이고 있다. 수성학군 학생들 가족배경의 사회적 자본 변인 중 형제서열과 형제 수 등을 제외하고 여타 변인에서는 비수성 학군 학생보다 높은 평균치를 보이고 있다. 특히, 부모의 학력은 지역 간에 큰 차이를 보이고 있다.

부모-자녀 관계 사회적 자본의 경우 모든 하위변인에서 두 지역 간에 유의미한 차이가 있는 것으로 나타났다. 부모의 적극적인 지원(PS), 교우 및 사회관계 망(FASN)에서는 유의도 1%에서 두 지역 간에 차이가 있으며, 교육적 관심과 대화(ECC), 교육활동 참여(PEA), 부모의 기대와 규범(ENP), 생활통제(LC) 간에는 유의도

5%에서 유의한 차이를 보이고 있다.

수성학군 학생들이 보다 비수성학군 학생들보다 부모-자녀 관계의 사회적 자본에서 높은 평균치를 보이고 있으며, 특히 부모의 적극적인 지원 자본은 다른 자본보다 높은 차이를 보이고 있다. 이러한 사실은 뒤에서 진술하겠지만, 두 지역 간에 발생하는 부모-자녀 관계의 사회적 자본에 대한 차이가 곧, 학업성적에 미치는 영향도 서로 상이할 것이고, 그 영향력의 정도도 서로 다를 것이라는 사실을 예측하게 해준다.

<표 Ⅳ-1> 수성, 비수성 학군에 따른 사회적 자본의 차이 검정

검정변수	집단변수	평균	표준편차	T-값
형제서열	수성학군	1.93	.96	-.308
	비수성	1.95	.96	
형제수	수성학군	2.13	.57	-.261
	비수성	2.13	.57	
부학력	수성학군	2.69	.52	5.133**
	비수성	2.51	.60	
모학력	수성학군	2.58	.56	6.163**
	비수성	2.36	.60	
모직업	수성학군	.44	.51	.457
	비수성	.43	.53	
부직업	수성학군	3.57	1.21	3.243**
	비수성	3.31	1.35	
종교	수성학군	.75	.43	2.886**
	비수성	.67	.52	
가족상태	수성학군	.94	.24	2.008*
	비수성	.91	.29	
ECC	수성학군	3.39	.78	2.103*
	비수성학군	3.29	.76	
PS	수성학군	3.68	.77	4.551**
	비수성학군	3.47	.77	
PEA	수성학군	2.47	.72	2.389*
	비수성학군	2.37	.68	
FASN	수성학군	3.24	.73	3.500**
	비수성학군	3.08	.71	
ENP	수성학군	3.56	.71	2.238*
	비수성학군	3.46	.74	
LC	수성학군	3.62	.61	2.358*
	비수성학군	3.53	.64	

* $p<.05$, ** $p<.01$

나. 학군 간 가족배경의 사회적 자본과 부모-자녀 관계 사회적 자본과의 상관분석

학생 가족배경의 사회적 자본과 부모-자녀 관계 사회적 자본의 상관관계를 알아본 결과는 <표 Ⅳ-2>와 같다.

수성학군의 경우를 우선 살펴보면 부모의 교육적 관심과 대화 (ECC)는 학생 가족배경 중 형제 서열(1%)만이 유의미한 관계를 보이고 여타 변인과는 관계가 없는 것을 볼 수 있다. 이는 선행 연구에서도 드러났듯이 부모의 학생에 대한 관심과 지원은 형제 서열에 따라 그 양과 질이 확연하게 달라진다. 첫째 아이에 대한 교육적인 관심과 대화는 풍부하나, 둘째, 셋째 아이에 대한 관심의 정도는 약해진다. 본 연구 결과에서도 이러한 사실이 증명되고 있다. 부모의 적극적인 지원(PS)은 형제 서열(1%), 형제 수(1%), 부학력(5%), 모학력(1%) 등의 변인과 상관이 있는 것으로 나타나고 있다.

교육활동 참여(PEA)와 모학력(1%), 모직업 유무(1%), 종교(1%), 가족구조(5%)와 관련이 있으며, 교우 및 사회관계 망(FASN)과의 관계는 형제 수(5%), 모직업 유무(1%), 가족구조(1%), 부모의 기대와 규범(ENP)에서는 학생의 성별(5%), 종교 유무(1%), 생활통제 (LC)와의 관련은 부모학력(5%), 가족구조(1%) 등의 상관을 보이는 것으로 나타났다. 여기서 주목해서 보아야 할 점은 부모의 학생에 대한 적극적인 지원은 형제 서열, 형제 수, 부모의 학력에 따라서 확연하게 달라진다는 사실이다. 더불어 부모의 교육활동 참여는 모의 학력이 높고, 정상가족이고, 모가 가사에 종사하고 종교 활동을 하는 부모가 그 반대의 경우보다 보다 많이 학교의 교육활동에 참여하는 것과 관련성이 있음을 알 수 있다.

비수성학군의 경우를 살펴보면, 교육적 관심과 대화(ECC) 요인은 학생의 성별, 부모학력 등과는 유의도 1%에 높은 상관을 보이며,

형제 서열, 부의 직업과는 유의도 5%에서 상관을 보이고 있다. 적극적 지원(PS) 요인은 형제서열, 부모학력과는 유의도 1%의 상관을 형제 수, 부의 직업과는 5%에서 유의미한 상관을, 교육활동 참여(PEA) 요인은 부모학력, 모의 직업 유무 등에서 각각 1%, 5%의 상관을 보인다. 교우 및 사회관계 망(FASN)의 요인과 모의 학력과는 1%의 상관을 형제 수, 부학력과는 5%의 상관을 보이고 있으며, 부모의 기대와 규범(ENP) 요인은 부의 학력과는 1%의 상관을 생활통제(LC) 요인은 부모학력(1%), 가족구조(1%) 등의 변인과 밀접한 상관이 있음을 나타내고 있다.

<표 Ⅳ-2> 가족배경의 사회적 자본과 부모-자녀 관계 사회적 자본의 상관관계

학군	FBSC / PCRSC	성별	형제서열	형제수	부학력	모학력	모직업	부직업	종교	가족구조
수성학군 (N=549)	ECC	-.038	.112**	-.040	-.040	.003	.016	-.013	.012	.042
	PS	.008	-.118**	-.144**	.103*	.153**	.069	.002	.046	.073
	PEA	.055	-.070	-.017	.079	.120**	.138**	.046	.126**	.097*
	FASN	.076	-.083	-.092*	.082	.059	.154**	.063	.069	.145**
	ENP	.103*	-.014	.002	.064	.052	.058	.015	.122**	.060
	LC	-.034	-.055	.017	.104*	.087*	.031	.068	.052	.155**
비수성학군 (N=524)	ECC	-.133**	-.088*	-.064	.122**	.138**	.003	.105*	.051	.054
	PS	-.068	-.120**	-.089*	.150**	.113**	.059	.106*	.036	.029
	PEA	-.045	-.074	-.084	.180**	.165**	.091*	.055	.010	.069
	FASN	.044	-.078	-.111*	.100*	.114**	-.034	.083	-.021	.064
	ENP	.054	-.087*	-.072	.149**	.080	-.020	.101*	.054	.106*
	LC	-.069	-.069	-.063	.113**	.118**	-.023	.095*	.024	.154**

주: FBSC: 가족배경의 사회적 자본, PCRSC: 부모-자녀 관계의 사회적 자본. ECC: 교육적 관심과 대화(educational concern and communication), PS: 적극적 지원(Positive support), PEA: 교육활동 참여(participation of education activity), FASN: 교우 및 사회관계 망(friend and social network), ENP: 부모의 기대와 규범(Expectation and norm of parents), LC: 생활통제(life control)

여기서 특이한 사항은 부모의 학력 은 부모-자녀 관계의 사회적 자본 문항의 하위변인 모두에서 일관되게 상당한 관련성이 있는 것을 알 수 있다. 수성, 비수성학군 두 지역 모두에서 가족배경의 사회적 자본과 부모-자녀 관계의 사회적 자본 변인과의 상관관계 분석을 통해서 알 수 있는 사실은 부모의 학력과 모의 직업 유무 등이 일관되게 부모-자녀 관계의 사회적 자본 형성에 관계되어 있으며, 특히 모의 학력은 부모－자녀 관계 사회적 자본의 상당수 하위변인과 관련성이 있음을 알 수 있다. 더불어 학생의 생활통제는 가족구조와 유의도 1%에서 상당한 관련이 있음을 더불어 살펴볼 수 있다.

2. 학생의 사회적 자본과 학업성취와의 영향분석

가. 가족배경과 부모－자녀 관계의 사회적 자본이 학업 성취에 미치는 영향분석

학생의 사회적 자본 즉, 학생 가족배경의 사회적 자본과 부모－자녀 관계의 사회적 자본이 학업성취에 미치는 영향관계를 알아보기 위하여 수성, 비수성학군 전체와 각 학군별로 각각 4단계에 걸쳐 회귀분석을 실시하였다. 다음 <표 Ⅳ-3>은 회귀분석을 위해 실시한 모델의 설명변인에 대하여 나타내고 있다.

<표 Ⅳ-3> 학업 성적에 대한 중다회귀분석 모델

모 델	설명변인
1	가족구조
2	모델 1+성별, 출생순위, 자매 수, 종교유무
3	모델 2+부모의 학력, 가구주의 직업, 모의 취업유무
4	모델 3+부모－자녀 관계의 사회적 자본

240

1) 전체 학군 학생의 사회적 자본이 학업성취에 미치는 영향분석

전체 학군 학생들 가족배경의 사회적 자본과 부모-자녀 관계 사회적 자본이 학업성취에 미치는 영향에 대한 중다회귀분석의 결과는 <표 IV-4>와 같다[58].

가족배경과 부모-자녀 관계의 사회적 자본이 학업성취에 영향을 미치는 사회적 자본의 성취변량은 9.3%로 드러났다. 학생 가족배경의 사회적 자본이 학업성취에 미치는 영향력은 4.2%이고, 부모-자녀 관계의 사회적 자본이 학업성취에 미치는 영향력은 5.1%로 나타났다. 이는 가족배경의 사회적 자본에 부모-학생 관계의 사회적 자본이 0.9% 정도 학업성취에 대하여 가산적인 작용을 한 것으로 나타났다. 학군 변수가 투입되어 전체적인 영향력은 9.5%로 학군이 학업성취에 미치는 영향력은 0.2%로 조사되었다. 이를 보다 구체적으로 살펴보기로 하자.

가족구조 변인만(모델 1) 회귀분석에 투입하였을 경우 학업성취에 대한 영향력은 유의도 1%에서 유의미한 결과를 보이고 있다. 모델 1에 학생의 성별, 출생순위, 자매 수, 종교유무 등의 변인을 추가로 투입하여 살펴보면(모델 2), 전술한 변인들이 통제되었을 때 학생의 학업성취에 대한 가족구조의 영향력은 여전히 유의미한 상태를 유지하고 있다. 성별 변인이 유의도 5%에서 유의미한 영향을 나타내고 있다.

---

58) 학군 전체에 대한 회귀분석은 <표 IV-3>의 학업 성적에 대한 중다회귀분석 모델의 설명변인에서 모델 4에 학군변수를 투입하여 5단계의 분석을 실시하였다.

<표 IV-4> 전체 학군 학생의 사회적 자본과 학업성취와의 중다회귀분석

독립변인	모델 1	모델 2	모델 3	모델 4	모델 5
FBSC					
가족구조	.158(5.236)**	.159(5.280)**	.142(4.687)**	.121(3.928)**	.124(4.014)**
성별		-.077(-2.533)*	-.078(-2.576)**	-.075(-2.442)*	-.073(-2.374)*
출생순위		-.037(-1.210)	-.042(-1.376)	-.019(-.604)	-.018(-.592)
자매 수		-.042(-1.382)	-.037(-1.219)	-.032(-1.060)	-.031(-1.027)
종교유무		-.004(-.145)	-.005(-.180)	-.027(-.899)	-.024(-.783)
부의 학력			.103(2.607)**	.094(2.358)*	.096(2.404)*
모의 학력			-.057(-1.445)	-.059(-1.494)	-.054(-1.361)
가구주 직업			.035(1.158)	.034(1.111)	.034(2.273)*
모 취업유무			.081(2.598)**	.068(2.192)*	.071(1.100)
PCRSC					
ECC				.049(1.284)	.048(1.267)
PS				.054(1.446)	.060(1.580)
PEA				-.006(-.182)	-.007(-.198)
FASN				.059(1.570)	.061(1.633)
ENP				-.027(-.684)	-.028(-.717)
LC				.117(3.091)**	.117(3.083)**
학군					-.041(-1.331)
Constant	70.060	75.464	67.737	49.709	49.060
N	1076	1076	1066	1028	1028
R square	.025	.034	.042	.093	.095
Adj. R square	.024	.030	.044	.080	.081
F 값	27.411**	7.571**	6.487**	6.954**	6.635**

* $p<.05$, ** $p<.01$.

주: 1) 각 모델의 제시 값은 표준화 회귀계수 β(t값)
   2) FBSC: 가족배경의 사회적 자본, PCRSC: 부모-자녀 관계의 사회적 자본, ECC: 교육적 관심 및 대화, PS: 적극적 지원, PEA: 교육활동 참여, FASN: 교우 및 사회관계 망, ENP: 부모의 기대와 규범, LC: 생활통제.

모델 2에 부모의 학력, 가구주의 직업, 모의 취업유무 등의 변인들을 추가로 투입(모델 3)하자 가족구조의 영향력(1%)이 다소 적어졌으나, 여전히 통계적으로 유의미한 결과를 보이고 있다. 더불어 부의 학력과 모의 취업 유무 등의 변인이 유의도 1%에서 영향력을 매개함을 살펴볼 수 있다. 모델 3에 부모－자녀 관계의 사회적 자본 변인들을 추가로 투입하였을 경우 가족구조의 영향력은 여전히 살아있지만, 성별, 부의 학력, 모의 취업유무 등의 영향력은 오히려 작아지는 것을 살펴 볼 수 있다. 이러한 사실에서 부모－자녀 관계의 사회적 자본이 학업성취에 영향력을 매개한다는 것을 알 수 있다.

부모－자녀 관계의 사회적 자본이 학업성취에 미치는 영향력은 부모의 학생에 대한 생활통제(LC)만이 유의도 1%에서 유의미하고, 나머지 변인들의 영향력은 통계적으로 의의가 없는 것으로 나타났다. 모델 4에 학군 변수가 투입된 경우 모델 4에서 보이는 각 변인들 영향력은 여전히 살아있었으나 모의 취업 유무 변인은 그 영향력이 상실되고, 대신 가구주의 직업이 유의도 5%에서 영향력을 행사하는 것으로 나타났다. 여기서 학군 변수가 투입되어 학업성취에 미치는 영향력이 부정적으로 나타난 것을 통하여, 학교나 학군의 효과보다는 개인변인 즉, 가족배경이나 부모－자녀 관계 사회적 자본의 차이가 보다 많이 학업성적에 매개되어 있음을 알 수 있다. 그리하여, 결정계수(R^2=5.1%)의 증가치를 고려한다면 학업성적에 영향을 미치는 학생의 사회적 자본은 가족배경의 사회적 자본과 학군보다는 부모－자녀 관계의 사회적 자본이 보다 많이 학업성취에 영향을 미친다는 사실을 알 수 있겠다.

2) 수성학군 학생의 사회적 자본이 학업성취에 미치는 영향분석

수성학군 학생들 가족배경의 사회적 자본과 부모－자녀 관계의 사회적 자본이 학업성취에 미치는 영향에 대한 중다회귀분석의 결과는 <표 Ⅳ-5>와 같다.

가족배경과 부모-자녀 관계의 사회적 자본이 학업성취에 영향을 미치는 사회적 자본의 성취변량은 전체적으로 18.8%로 드러났다. 학생 가족배경의 사회적 자본이 학업성취에 미치는 영향력은 4.5%이고, 부모-자녀 관계의 사회적 자본이 학업성취에 미치는 영향력은 14.3%로 나타났으며, 이는 가족배경의 사회적 자본에 부모-학생 관계의 사회적 자본이 9.8% 정도 학업성취에 대하여 가산적인 작용을 한 것으로 나타났다. 이를 보다 구체적으로 살펴보기로 하자.

가족구조 변인만(모델 1) 회귀분석에 투입하였을 경우 학업성취에 대한 영향력은 유의도 5%에서 유의미한 결과를 보이고 있다. 모델 1에 학생의 성별, 출생순위, 자매 수, 종교유무 등의 변인을 추가로 투입하여 살펴보면(모델 2), 전술한 변인들이 통제되었을 때 학생의 학업성취에 대한 가족구조의 영향력은 여전히 유의미한 상태를 유지하는 것을 알 수 있다. 다른 통제변인들은 학업성취에 미치는 영향력은 큰 의미가 없는 것으로 나타났다.

<표 Ⅳ-5> 수성학군 학생의 사회적 자본과 학업성취와의
중다회귀분석

독립변인	모델 1	모델 2	모델 3	모델 4
FBSC				
가족구조	.100(2.352)*	.106(2.476)*	.089(2.082)*	.051(1.121)
성별		-.056(-1.304)	-.040(-.940)	-.018(-.401)
출생순위		-.002(-.037)	-.007(-.164)	.051(1.166)
자매 수		-.045(-1.039)	-.030(-.696)	-.018(-.415)
종교유무		.048(1.135)	.036(.831)	.007(.154)
부의 학력			.143(2.546)**	.125(2.169)*
모의 학력			-.064(-1.156)	-.042(-.731)
가구주 직업			.095(2.178)*	.060(1.350)
모 취업유무			.030(.683)	.004(.079)
PCRSC				<표 계속>
Constant	72.794	74.878	62.138	40.291
N	549	549	539	520
R square	.010	.017	.045	.188
Adj. R square	.008	.008	.029	.109
F 값	5.533*	1.887	2.763**	2.374**

* $p<.05$, ** $p<.01$.

주: 1) 각 모델의 제시 값은 표준화 회귀계수 β(t값)
   2) FBSC: 가족배경의 사회적 자본, PCRSC: 부모-자녀 관계의 사회적
   자본, ECC: 교육적 관심 및 대화, PS: 적극적 지원, PEA: 교육활동
   참여, FASN: 교우 및 사회관계 망, ENP: 부모의 기대와 규범, LC: 생
   활통제.

모델 2에 부모의 학력, 가구주의 직업, 모의 취업유무 등의 변인
들을 추가로 투입(모델 3)하여 학업성취에 미치는 영향을 살펴본바,
가족구조의 학업성취에 대한 영향력은 모델 2의 통제변인과 모델 3
에서 추가로 투입한 통제변인들의 영향으로 그 영향력의 크기는
(.089, 유의도 5%) 다소 줄어들었으나, 여전히 그 효과성은 남아있
다. 부의 학력(유의도 1%)과 가구주의 직업(유의도 5%)도 학업성취
에 영향력을 매개하는 것으로 나타나고 있다.

<표 Ⅳ-5> 계속

독립변인	모델 4
PCRSC	
ECC	
학교이야기	.103(2.073)*
분위기	.022(.426)
부모대화	.036(.750)
고민	-.043(-.930)
학습대화	-.004(-.075)
박물견학	-.023(-.451)
보상	.036(.803)
PS	
교육환경	.023(.498)
공부방	.007(.138)
학원선택	.073(1.315)
학습물건	.064(1.250)
PEA	
학교임원	.083(1.573)
학교방문	.065(1.202)
행사참석	-.037(-.758)
건의항의	-.158(-3.284)**
교육상담	-.004(-.070)
물품지원	-.036(-.693)
학교지원	.003(.061)
정보수집	-.028(-.560)
FASN	
친구교재	.051(.970)
자원봉사	-.031(-.600)
친구통제	-.044(-.926)
과외	.128(2.717)**
공부친구	.032(.618)
ENP	
가훈규칙	-.026(-.509)
고장사람	-.028(-.564)
학원	.008(.158)
훌륭한 사람	-.084(-1.601)
대학진학	.014(.273)
부모기대	.057(1.008)
LC	
시험등수	.026(.492)
친구인지	.038(.777)
부모칭찬	.011(.230)
시간통제	.072(1.500)
행동질책	-.008(-.169)
손님초대	-.015(-.312)
TV시청	.093(1.941)

모델 3에 부모-자녀 관계의 사회적 자본 변인들을 추가로 투입하였을 경우 가족구조의 영향력은 살아지고, 부의 학력(유의도 5%) 변수만 그 영향력이 존재하는 것으로 나타났다. 이러한 결과는 가족배경의 사회적 자본 중에서 부의 학력은 학생의 학업성취에 부모-자녀 관계의 사회적 자본과 더불어 학업성취에 매개되고 있음을 보여준다. 부모-자녀 관계의 사회적 자본이 학업성취에 미치는 영향에 대하여 보다 구체적으로 살펴보기로 하자.

부모의 교육적 관심과 대화(ECC)의 7개 변인에서는 부모와 자녀 간의 학교이야기(유의도 5%)만이 영향력을 발휘하고 여타 변인들의 영향력은 존재하지 않았다. 부모의 교육활동 참여(PEA) 중에서 부모의 학교에 대한 건의나 항의는 유의도 1%에서 자녀의 학업성적에 부정적으로 작용하는 것으로 나타나고 있다. 교우 및 사회관계 망(FASN)에서는 과외가 학업성취에 유의도 1%에서 영향력을 매개하며, 여타 다른 변인들의 영향력은 존재하지 않는 것을 살펴볼 수 있다.

3) 비수성학군 학생의 사회적 자본이 학업성취에 미치는 영향분석

비수성학군 학생들 가족배경의 사회적 자본과 부모-자녀 관계의 사회적 자본이 학업성취에 미치는 영향에 대한 중다회귀분석의 결과는 <표 Ⅳ-6>과 같다.

가족배경과 부모-자녀 관계의 사회적 자본이 학업성취에 영향을 미치는 사회적 자본의 성취변량은 전체적으로 25.7%로 드러났다. 학생 가족배경의 사회적 자본이 학업성취에 미치는 영향력은 8.5%이고, 부모-자녀 관계의 사회적 자본이 학업성취에 미치는 영향력은 17.2%로 나타났으며, 이는 가족배경의 사회적 자본에 부모-자녀 관계의 사회적 자본이 8.7% 정도 학업성취에 대하여 가산적인 작용을 한 것으로 나타났다.

이를 보다 구체적으로 살펴보기로 하자. 가족구조 변인만(모델 1)
회귀분석에 투입하였을 경우 학업성취에 대한 영향력은 유의도 1%
에서 유의미한 결과를 보이고 있다. 모델 1에 학생의 성별, 출생순
위, 자매 수, 종교유무 등의 변인을 추가로 투입하여 살펴보면(모델
2), 전술한 변인들이 통제되었을 때 학생의 학업성취에 대한 가족구
조의 영향력은 여전히 유의미한 상태를 유지하는 것을 알 수 있다.
학생의 성별은 유의도 5%에서 여학생이 남학생보다 학업성적이 보
다 뛰어 남을 알 수 있다.

<표 Ⅳ-6> 비수성학군 학생의 사회적 자본과 학업성취와의
중다회귀분석

독립변인	모델 1	모델 2	모델 3	모델 4
FBSC				
가족구조	.236(5.576)**	.234(5.536)**	.215(5.000)**	.127(2.919)**
성별		-.103(-2.410)*	-.112(-2.618)**	-.066(-1.494)
출생순위		-.073(-1.727)	-.076(-1.756)	-.071(-1.623)
자매 수		-.040(-.948)	-.042(-.993)	-.019(-.447)
종교유무		-.058(-1.359)	-.050(-1.162)	-.067(-1.536)
부의 학력			.071(1.288)	.077(1.395)
모의 학력			-.044(-.813)	-.086(-1.585)
가구주 직업			.068(1.558)	.035(.795)
모 취업유무			.036(.829)	.056(1.275)
PCRSC				<표 계속>
Constant	65.667	74.414	70.135	59.488
N	527	527	527	508
R square	.056	.075	.085	.257
Adj. R square	.054	.066	.069	.183
F 값	31.091**	8.466**	5.329**	3.462**

* p<.05, ** p<.01.

주: 1) 각 모델의 제시 값은 표준화 회귀계수β(t값)

모델 2에 부모의 학력, 가구주의 직업, 모의 취업유무 등의 변인들을 추가로 투입(모델 3)하여 학업성취에 미치는 영향을 살펴본바, 가족구조의 학업성취에 대한 영향력은 모델 2의 경우보다 그 효과는 작으나 여전히 유효한 영향력을 발휘하고 있다. 수성학군의 경우와는 달리 부모의 학력이 학업성적에 미치는 영향력은 없으며, 성별 변인만이 유의도 1%에서 그 영향력이 있음을 살펴볼 수 있다. 모델 3에 부모-학생 관계의 사회적 자본 변인들을 추가로 투입하였을 경우 가족구조의 영향력은 그 크기는 작으나 여전히 유효한 영향력을 미치고 있다.

부모-자녀 관계의 사회적 자본이 학업성취에 미치는 영향을 보다 구체적으로 살펴보기로 하자. 부모의 교육적 관심과 대화(ECC) 요인에서는 역시 수성학군과 같이 부모와 학생 간의 학교이야기(유의도 1%)가 영향력을 발휘하고 여타 변인들의 영향력은 존재하지 않았다.

<표 Ⅳ-6> 계속

독립변인	모델 4
PCRSC	
ECC	
학교이야기	.148(2.739)**
분위기	-.016(-.337)
부모대화	-.056(-1.027)
고민	.056(1.104)
학습대화	-.037(-.647)
박물견학	.021(-.399)
보상	-.046(-1.028)
PS	
교육환경	-.029(-.642)
공부방	-.043(-.898)
학원선택	.174(3.414)**
학습물건	-.050(-1.123)
PEA	
학교임원	.040(.808)
학교방문	.177(3.203)**
행사참석	-.071(-1.526)
건의항의	-.110(-2.302)*
교육상담	.037(.693)
물품지원	-.024(-.492)
학교지원	-.098(-1.794)
정보수집	.127(2.722)**
FASN	
친구교재	.056(1.114)
자원봉사	.030(.561)
친구통제	-.004(-.096)
과외	.051(1.128)
공부친구	-.105(-2.214)*
ENP	
가훈규칙	-.011(-.229)
고장사람	-.070(-1.431)
학원	-.023(-.431)
훌륭한 사람	-.080(-1.530)
대학진학	.010(.206)
부모기대	.110(1.909)
LC	
시험등수	-.006(-.110)
친구인지	.099(2.117)*
부모칭찬	.066(1.391)
시간통제	.033(.708)
행동질책	.017(.380)
손님초대	-.023(-.495)
TV시청	-.023(-.501)

부모의 적극적인 지원(PS)에서는 부모의 학생에 대한 학원선택
(유의도 1%), 부모의 교육활동 참여(PEA)에서는 학교방문(유의도
1%), 건의항의(5%), 정보수집(1%) 등의 변인들이 학생의 학업성적
에 유의미하게 작용하는 것으로 나타났다.

교우 및 사회관계 망(FASN)에서는 부모가 공부를 잘하는 친구와
사귀도록 권유하는 경우 오히려 학생의 학업성적에(유의도 5%) 부
정적으로 작용하는 것을 알 수 있다. 생활통제(LC)에서는 반에서 나
와 친한 친구가 누구인지 부모님이 알고 있는 경우(유의도 5%) 학
생의 학업성적에 유의미하게 영향력을 미친다는 것을 알 수 있다.

4) 전체 학군 학생의 사회적 자본이 학업성취에 미치는 영향
   의 종합비교

전체 학군 학생의 사회적 자본이 학업성취에 미치는 영향의 종합
적인 비교분석은 <표 Ⅳ-7>과 같다.

<표 Ⅳ-7> 전체 학군 학생의 사회적 자본과 학업성취와의
중다회귀분석

독립변인	모델 1	모델A	모델 2	모델B	모델 3	모델C	모델 4	모델D
FBSC								
가족구조	.236 (5.576)**	.100 (2.352)*	.234 (5.536)**	.106 (2.476)*	.215 (5.000)**	.089 (2.082)*	.127 (2.919)**	.051 (1.121)
성별			-.103 (-2.410)*	-.056 (-1.304)	-.112 (-2.618)**	-.040 (-.940)	-.066 (-1.494)	-.018 (-.401)
출생순위			.073 (-1.727)	-.002 (-.037)	-.076 (-1.755)	-.007 (-.164)	-.071 (-1.623)	.051 (1.166)
자매 수			.040 (-.948)	-.045 (-1.039)	-.042 (-.993)	-.030 (-.696)	-.019 (-.447)	-.018 (-.415)
종교유무			.058 (-1.359)	.048 (1.135)	-.050 (-1.162)	.036 (.831)	-.067 (-1.536)	.007 (.154)
부의 학력					.071 (1.288)	.143 (2.546)**	.077 (1.395)	.125 (2.169)*
모의 학력					-.044 (-.813)	-.064 (-1.156)	-.086 (-1.585)	-.042 (-.731)
가구주 직업					.068 (1.558)	.095 (2.178)*	.035 (.795)	.060 (1.350)
모 취업유무					.036 (.829)	.030 (.683)	.056 (1.275)	.004 (.079)
PCRSC							<표계속>	<표계속>
Constant	65.667	72.794	74.414	74.878	70.135	62.138	59.488	40.291
N	527	549	527	549	527	539	508	520
R square	.056	.010	.075	.017	.085	.045	.257	.188
Adj. R square	.054	.008	.066	.008	.069	.029	.183	.109
F 값	31.091**	5.533*	8.466**	1.887	5.329**	2.763**	3.462**	2.374**

* $p<.05$, ** $p<.01$.

주: 1) 각 모델의 제시 값은 표준화 회귀계수 β(t값)
　　2) 모델 1, 2, 3, 4는 비수성학군, 모델 A, B, C, D는 수성학군을 나타냄.

전체적으로 수성, 비수성학군의 경우 학생의 사회적 자본이 학업
성취에 미치는 영향력은 각각 18.8%, 25.7%로 비수성학군 학생의
사회적 자본이 보다 많이 학업성취에 영향력을 행사하는 것을 알
수 있다.

<표 Ⅳ-7> 계속

독립변인	모델 4	모 델 D
PCRSC		
ECC		
학교이야기	.148(2.739)**	.103(2.073)*
분위기	-.016(-.337)	.022(.426)
부모대화	-.056(-1.027)	.036(.750)
고민	.056(1.104)	-.043(-.930)
학습대화	-.037(-.647)	-.004(-.075)
박물건학	.021(.399)	-.023(-.451)
보상	-.046(-1.028)	.036(.803)
PS		
교육환경	-.029(-.642)	.023(.498)
공부방	-.043(-.898)	.007(.138)
학원선택	.174(3.414)**	.073(1.315)
학습물건	-.050(-1.123)	.064(1.250)
PEA		
학교임원	.040(.808)	.083(1.573)
학교방문	.177(3.203)**	.065(1.202)
행사참석	-.071(-1.526)	-.037(-.758)
건의항의	-.110(-2.302)*	-.158(-3.284)**
교육상담	.037(.693)	-.004(-.070)
물품지원	-.024(-.492)	-.036(-.693)
학교지원	-.098(-1.794)	.003(.061)
정보수집	.127(2.722)**	-.028(-.560)
FASN		
친구교재	.056(1.114)	.051(.970)
자원봉사	.030(.561)	-.031(-.600)
친구통제	-.004(-.096)	-.044(-.926)
과외	.051(1.128)	.128(2.717)**
공부친구	-.105(-2.214)*	.032(.618)
ENP		
가훈규칙	-.011(-.229)	-.026(-.509)
고장사람	-.070(-1.431)	-.028(-.564)
학원	-.023(-.431)	.008(.158)
홀륭한 사람	-.080(-1.530)	-.084(-1.601)
대학진학	.010(.206)	.014(.273)
부모기대	.110(1.909)	.057(1.008)
LC		
시험등수	-.006(-.110)	.026(.492)
친구인지	.099(2.117)*	.038(.777)
부모칭찬	.066(1.391)	.011(.230)
시간통제	.033(.708)	.072(1.500)
행동질책	.017(.380)	-.008(-.169)
손님초대	-.023(-.495)	-.015(-.312)
TV시청	-.023(-.501)	.093(1.941)

수성학군의 경우 학업성취에 영향을 주는 유의미한 가족배경의 변인으로는 가족구조, 학생의 성별, 부의 학력, 가구주의 직업 등이고, 비수성학군의 경우는 가족구조, 학생의 성별 변인으로 여기서 가족구조는 학군을 막론하고 학업성취에 일관되게 영향력을 주는 것으로 나타나고 있다.

전체 학군의 부모-자녀 관계의 사회적 자본이 학업성취에 영향을 미치는 변인으로는 수성학군의 경우 교육적 관심과 대화(ECC) 요인의 학교에 대한 이야기 변인(5%), 교육활동 참여(PEA) 요인의 학교에 대한 건의나 항의(1%), 교우 및 사회관계 망(FASN) 요인의 과외(1%) 등이며, 비수성학군의 경우는 교육적 관심과 대화(ECC) 요인의 학교에 대한 이야기(1%), 적극적 지원(PS) 요인의 학원선택에 대한 부모의 지원(1%), 교육활동 참여(PEA) 요인의 학교방문(1%), 학교에 대한 건의나 항의(5%), 정보수집(1%), 교우 및 사회관계 망(FASN) 요인의 공부친구(5%), 생활통제(LC) 요인의 친구인지(5%) 등의 변인이 학업성취에 유의미하게 작용하는 것을 살펴볼 수 있다.

여기서 부모와 학교에 대한 이야기, 학교에 대한 건의나 항의 등은 수성, 비수성학군 모두에서 영향력이 있는 것으로 나타나 가정에서 학교에 대한 생활 전반의 이야기를 통해 부모와 학생이 주고받는 교육적인 인간관계는 학생의 학업성취에 영향력을 주는 다양한 요인 중에서 보다 중요하게 관여되어 있음을 알 수 있다. 반면에 부모의 학교에 대한 건의나 항의는 학생의 학업성취에 부정적으로 작용하는 것으로 드러나 이에 대한 보다 밀도 있는 후속 연구가 필요하리라 본다. 학교 관여에 대한 부모의 유형 중 학생중심 관여와 학교활동중심 관여에 따른 학생의 학업성취에 대한 연구를 수행한 Beth(2000)는 학생 중심의 관여 형태가 학교 중심 관여에 비하여 3배정도 학습에 우월한 성취를 보인다고 주장한다. 그의 연구

결과에 입각하여 본다면, 자녀의 학업성취에 직접적으로 관련한 부모의 교육지원 활동은 긍정적으로 작용하고, 자녀의 일반적인 학교 생활 태도나 학교 경영에 대한 관여는 학생의 학업성취와는 다소 거리가 있음을 유추해 볼 수 있겠다.

<표 Ⅳ-8>은 학업성취에 영향을 주는 각 모델 별 결정계수를 나타내고 있다. 여기서 각 모델의 결정계수의 증가치를 주목하여 살펴보면 모델 3에 부모-자녀 관계의 사회적 자본이 투입됨으로서 학업성취에 미치는 영향력이 수성학군의 경우 14.3%, 비수성학군의 경우 17.2%가 크게 증가하고 있음을 살펴볼 수 있다(모델 4). 이러한 사실은 학생 가족배경의 사회적 자본도 무시할 정도는 아니지만, 부모-자녀 관계의 사회적 자본이 학생의 학업성취에 보다 깊숙하게 매개되어 그 영향력을 발휘하는 것을 살펴 볼 수 있다[59].

---

59) 학생 가족배경의 사회적 자본과 부모-자녀 관계의 사회적 자본이 학업성취에 영향을 주는 것에 대하여 과연 어느 정도 예측 가능한지 알아보기 위하여 판별분석을 수성, 비수성학군별로 실시하였다. 그 결과는 다음과 같다.

<학업성취에 대한 사회적 자본의 판별분석 결과>

학 군	판별결과	가족배경	부모-자녀 관계의 사회적 자본	학교수준 변인
수성학군	예측률	63.8%	61.9%	67.2%
	선택요인	형제서열, 부 학력, 부 직업	적극적 지원, 교우 및 사회관계망, 부모의 기대와 규범, 생활통제	교사성별, 학교규모, ASES
비수성학군	예측률	77.4%	56.0%	55.8%
	선택요인	부학력, 가족구조	교육적 관심과 대화, 적극적 지원, 교육활동 참여, 부모의 기대와 규범, 생활통제	교사성별

<표 Ⅳ-8> 학업성취에 영향을 주는 각 모델 별 결정계수

( )증가치

모델 학군	모델 1	모델 2	모델 3	모델 4
수성학군	1.0	1.7(0.7)	4.5(2.8)	18.8(14.3)
비수성학군	5.6	7.5(1.9)	8.5(1.0)	25.7(17.2)

주) 모델 1: 가족구조, 모델 2: 모델 1 + 성별, 출생순위, 자매 수, 종교유무
모델 3: 모델 2 + 부모의 학력, 가구주의 직업, 모의 취업유무 모델 4:
모델 3 + 부모-자녀 관계의 사회적 자본

나. 개별 학교 학생의 사회적 자본이 학업성취에 미치는 영향분석

1) 개인 수준의 사회적 자본과 학업성취와의 영향 분석

수성, 비수성학군 별로 수행된 <표 Ⅳ-5>, <표 Ⅳ-6>은 개별학교에 대한 구체적인 학업성취에 대한 사회적 자본의 영향력은 알 수 없다. 그래서 30개 학교를 대상으로 하여 각 학교마다 30차례의 회귀분석을 통하여 산출되는 절편과 기울기 값을 학군별, 학교별로 비교해봄으로써 학생들의 학업성취도가 가족배경과 부모-자녀 관계의 사회적 자본에 의해서 어느 정도 학업성적에 영향력의 차이가(학업성취의 변화, 효과크기 추정) 발생하는지를 알아보았다. <표 Ⅳ-9>에 의하면 전체 양 지역의 경우 47.053점, 성별(더미문항 남자: 1, 여자: 0)변인의 기울기는 -2.806, 가족구조 기울기 8.473, 부의 학력 기울기 1.796, 가구주 직업의 기울기 .857, PCRSC의 기울기 5.649로 드러났다.

<표 Ⅳ-9> 학교(학군)별 학생 개인 수준의 학업성취도 영향 분석

구 분		절편 값	성별	가족구조	아버지 학력	가구주 직업	PCRSC
비수성학군	1	61.243	-3.753	7.988	1.117	-.511	1.106
	2	34.733	-5.895	16.355	13.630	-.635	-1.421
	3	43.512	-1.263	-.767	.377	-.409	13.425
	4	89.468	-.190	-4.134	.214	-.714	1.008
	5	41.420	-2.932	.	14.445	1.517	-.503
	6	66.375	-2.791	3.684	4.152	-1.347	2.825
	7	40.595	-9.277	.	-3.493	8.387	8.876
	8	24.313	-17.307	25.434	6.796	4.216	2.165
	9	87.265	6.329	30.167	-16.305	-.726	-9.184
	10	98.335	-4.564	-5.268	-.519	-2.856	1.349
	11	38.460	-3.822	27.279	-.722	-3.210	8.895
	12	46.109	1.481	8.063	10.608	-2.841	4.711
	13	64.471	-10.331	48.160	.808	-3.224	-4.266
	14	19.933	-11.168	28.227	6.384	-3.694	10.894
	15	50.309	.148	-.316	-5.102	3.141	7.294
수성학군	16	62.383	4.325	-4.158	4.500	.910	3.007
	17	98.170	-1.096	-6.284	-5.215	1.956	.429
	18	45.128	2.874	7.518	18.507	-2.039	11.844
	19	42.446	-.347	-3.631	-7.729	1.661	15.406
	20	68.757	-5.5992	.365	1.848	-.635	.230
	21	67.645	-.845	.	6.261	1.523	.511
	22	53.380	5.222	41.588	-2.058	-2.350	-5.998
	23	59.973	-2.379	46.824	-5.675	-3.952	3.263
	24	85.739	-6.006	.	4.789	-.321	-2.666
	25	79.482	-6.931	.	-2.465	-1.087	6.271
	26	78.278	-5.153	-3.035	-2.081	2.768	.872
	27	21.863	2.599	-10.556	7.750	3.770	7.876
	28	67.397	7.050	.	-.784	1.494	1.689
	29	19.841	-3.409	.	3.975	-.945	14.108
	30	45.262	-2.432	-12.199	5.285	-1.650	13.027
전체		47.053	-2.806	8.473	1.796	.857	5.649

주: 1) 개인 수준 가족배경 변인의 값은 회귀계수(B)이며, 이는 기울기를 나타낸다.
2) PCRSC: 부모-자녀 관계의 사회적 자본 변인의 평균.
3) 공란의 경우는 코딩이 모두 동일한 경우이다(더미변인의 경우 모두 1이거나, 0인 경우).

절편 값의 경우 최저 19.841점에서 최고 98.170점까지 큰 차이를 나타내고 있다. 이러한 사실은 학교별로 78점까지 점수의 차이가 날 수 있음을 의미한다. 수성학군 지역 17번 학교가 가장 효과적인 학교로 나타나고 있으며, 역시 수성학군 29번 학교와 비수성학군 14번 학교가 가장 낮은 효과성을 보이고 있다. 구체적으로 학업성적에 대한 개인 수준 변인들을 살펴보면 전반적으로 수성, 비수성학군 공히 여학생들이 남학생보다 공부를 훨씬 더 잘하는 것으로 나타나고 있다. 가족구조(더미변인 정상가족: 1, 결손가족: 0)의 경우 정상가족 학생의 학업성적이 결손가족 학생보다 최고 48정도 높게 나타나고 있다. 하지만 결손가족 학생의 경우 수성학군 6개교, 비수성학군 4개교의 학생들은 오히려 정상가족의 학생보다 우월한 성적을 보이고 있다. 부의 학력(1.796)과 직업(.857)은 일반적인 통념과는 달리 학생들의 학업성적과는 밀접한 영향력이 없는 결과치를 보이고 있다. 이러한 사실은 수성, 비수성학군 모두 공통적인 현상으로 부모의 경제력에 따른 혜택이 어느 정도 여타 개인 수준 변인들에 의해 상쇄되었음을 짐작할 수 있다.

부모-자녀 관계의 사회적 자본이(5.649) 학생의 학업성취에 미치는 영향력은 가족구조(8.473) 다음으로 비중이 높은 것으로 나타나고 있다. 이러한 사실은 부모-자녀 관계의 사회적 자본이 풍부한 학생은 그 반대 학생의 경우보다 학업성적에서 최고 15점까지 그 격차가 발생할 수 있음을 의미한다.

2) 학교(학군)에 따른 학생의 사회적 자본이 학업성취에 미치는 영향분석

학교수준 변인인 교사성별, 학교규모, 학생의 사회경제적 지위 평균 등의 변인과 부모-자녀 관계의 사회적 자본이 학업성취에 미치

는 영향관계를 알아보기 위하여 3단계에 걸쳐 회귀분석을 실시하였
다(<표 Ⅳ-10> 참조).

부모-자녀 관계의 사회적 자본이 학업성취에 미치는 영향관계를
설명하기 위하여 학생 담임교사의 성별과 학교규모가 어느 정도 매
개하는지 살펴보고(모델 1), 개인 학생의 사회경제적 지위인 부모의
학력과 직업 변인을 평균하여 산출한 학교수준의 사회경제적 지위
평균을 투입하여 어느 정도 학업성취에 매개하는지 알아보고자 한
다(모델 2).

<표 Ⅳ-10> 학교수준에 따른 중다회귀분석 모델

모 델	설명변인
1	교사성별, 학교규모
2	모델 1+학생의 사회경제적 지위 평균
3	모델 2+부모-자녀 관계의 사회적 자본

마지막으로 부모-자녀 관계의 사회적 자본을 투입하여 학교수준
변인들을 통제한 후 학업성취와의 영향력이 어떠한지 살펴보았다(모
델 3). 다음 <표 Ⅳ-11>은 학교수준에 따른 부모-학생 관계의 사회
적 자본과 학업성취의 회귀분석을 나타내고 있다.

학교수준 변인과 부모-자녀 관계의 사회적 자본이 학업성적에
미치는 전체적인 영향력은 9.7%로 나타났다. 학교수준 변인의 학업
성적에 대한 영향력은 5.6%이고, 부모-자녀 관계의 사회적 자본이
학업성적에 미치는 영향력은 4.1%로 드러나 학교수준의 변인들이
보다 많이 학생의 학업성적에 영향력을 매개하는 것으로 나타났
다[60]. 모델 1, 2 모두에서 교사성별(1%), 학교규모(1%), 학생의 사

회 경제적 지위 평균(1%) 등이 학업성적어 상당한 영향력을 매개한다는 사실을 알 수 있다. 이러한 선행변인들을 통제했을 경우 부모-자녀 관계의 사회적 자본 중에서 부모의 학생에 대한 생활통제(LC)만이(유의도 1%) 학업성적에 유의미한 영향력을 발휘하는 것으로 나타났다.

---

60) 회귀분석을 통한 방법은 위계선형 모형(HLM)과는 달리 방법론적으로는 개인적 차이와 구조적 차이의 문제를 적절히 다루지 못한다. 그리하여 회귀분석은 개인 수준과 구조 수준의 변수들이 같은 층위에서 해석되는 생태학적 오류(ecological fallacy)를 범할 위험성이 있다. 다층으로 이루어진 자료의 속성을 고려하지 않고 서로 다른 층에서 나타나는 변수의 효과를 단층선형 모형을 가지고 해석하여 '로빈슨 효과(Robinson effect)'를 초래할 수 있다. 학교수준 문항과 부모-학생 관계의 사회적 자본과 학업성취와의 전체적인 영향력 9.7%에서 학교수준 문항의 학업성취에 대한 영향력 5.6%는 실제로 과장되어 나온 결과라 하겠다. 이는 뒤에서 진행되는 위계선형 모형에 의하면 학교수준에서의 효과는 무의미하게 나오고 있다.

<표 Ⅳ-11> 학교수준에 따른 부모-자녀 관계의 사회적 자본과
학업성취의 회귀분석

독립변인	모델 1	모델 2	모델 3
학교수준 변인			
교사성별	.108(3.481)**	.103(3.288)**	.095(3.016)**
학교규모	.149(4.762)**	.151(4.825)**	.132(4.236)**
학생의 사회·경제적 지위 평균		.122(4.020)**	.100(3.230)**
부모-자녀 관계의 사회적 자본			
교육적 관심 및 대화(ECC)			.056(1.486)
적극적 지원(PS)			.062(1.660)
교육활동참여(PEA)			.007(.192)
교우 및 사회관계 망(FASN)			.054(1.444)
부모의 기대와 규범(ENP)			-.028(-.741)
생활통제(LC)			.118(3.146)**
Constant	63.192	53.968	36.541
N	1076	1066	1028
R square	.041	.056	.097
Adj. R square	.039	.052	.088
F 값	15.361**	15.592**	10.909**

*p<.05, ** p<.01.*

이러한 사실을 통해서 학교수준 변인의 영향력(5.6%)을 부모-자
녀 관계의 사회적 자본이 학생의 학업성적에 미치는 영향력이 수성학
군의 경우 14.3%, 비수성학군의 경우 17.2%와 비교해 볼 경우 학교수
준 변인이 학업성취에 부모-자녀 관계의 사회적 자본만큼 그 영향력
이 크지는 않으나 무시 못 할 정도의 영향력이 있음을 살펴볼 수 있
다. 이에 대한 보다 구체적인 연구는 본 연구의 제한점으로서 후속 연
구를 기약해야 할 것 같다. 다만, 학생의 학업성적에 영향을 주는 다
양한 변인 중에서 학생 가족의 사회적 자본과 더불어 교사와 학생 간

의 사회적 자본도 중요하게 다루어야 할 매개변인 중의 하나임이 본 연구를 통해 밝혀졌다고 하겠다.

3. 사회적 자본이 학업성취에 미치는 효과[61]와 인과관계 분석

가. 부모-자녀 관계의 사회적 자본이 학업성취에 미치는 영향력의 학교 간 변량 비율

위계선형 모형은 방법론적으로는 개인적 차이와 구조적 차이의 문제를 적절히 다루기 위해 다층분석(혹은 위계선형분석: multilevel analysis or hierarchical linear model: HLM)이라는 분석방법을 사용한다. 본 연구에서의 다층분석은 가족 배경이라는 구조적 맥락(context)의 사회적 자본에 따른 부모-자녀 관계 사회적 자본의 차이를 구분하는 2수준의 분석 전략을 취한다. 이는 회귀분석이 개인 수준과 구조 수준의 변수들이 같은 층위에서 해석되는 생태학적 오류(ecological fallacy)를 범할 위험성이 있었다. 다층으로 이루어진 자료의 속성을 고려하지 않고, 서로 다른 층에서 나타나는 변수의 효과를 단층선형 모형을 가지고 해석 할 때 나타나는 현상을 '로빈슨 효과(Robinson effect)'라 한다. 다층분석을 사용하면 개인적 변수들과 구조적 변수들을 다차원으로 방정식게 넣을 수 있기 때문에 이러한 위험을 극복할 수 있다(Bryk and Raudenbush, 1992)[62].

---

61) 본 연구에서 사용하는 학교효과 개념은 학생들의 학업성취에 학교가 주는 영향력의 크기 즉, 학교 내에서 학생들이 가지는 교육경험의 차이로 규정한다.

62) 다층분석에 대하여 국내에서 선도적인 연구를 수행한 김경성(1991), 강

학생의 학업성취를 종속변인으로 하여 학교 내 변량(within-school variance)과 학교 간 변량(between-school variance)을 산출한 결과가 제시되어 있다. 이는 위계적 선형모형(HLM)에서 가장 단순한 모형인 일원변량분석 모형(the one-way ANOVA model)을 통해서 학생 수준과 학교 수준 각각에서 발생하는 성취도 변량의 비율을 산출해 보면 <표 Ⅳ-12>와 같다.

<표 Ⅳ-12>는 학생들의 학업성취도 변인에 대한 일원변량분석의 결과이다[63]. 학업 성취도 변인의 학교 내 변량과 학교 간 변량은 각각 273.97($\hat{\sigma^2}$)와 0.11($\widehat{\tau_{00}}$)이다. 이러한 결과는 성취도 변인의 변화 정도가 학교 수준에서도 일정 부분 존재하고 있지만,

---

상진(1998)은 다음과 같이 HLM 분석에 대하여 말하고 있다. "종래 교육학적 연구의 주된 방법은 집단의 특성을 무시한 단순한 회귀분석법(ordinary least square methods)을 사용해 왔으나, 이러한 단순한 방법론의 적용은 집단이나 계층에 따른 효과를 적절히 설명하지 못하고 있다. 이러한 방법론상의 오류를 개선하기 위하여 통계적으로 좀 더 정확하고 복잡한 접근 방법을 시도하기에 이르렀다. 이에 따라서 여러 가지 통계적인 분석도구가 여러 사람들에 의해서 만들어졌다. 다층분석의 초점은 어떻게 효과적으로 학생의 개인적인 변인과 집단적인 특성의 영향을 분리해 내느냐 하는데 있다. 즉, 학생들에게는 집단 내 변인들(학생들의 개인 환경변인)과 집단간 변인들의 영향을 다른 각도에서 산출해 내며, 그 해석을 달리한다"(김경성, 1991).

"다층분석 차원에서 회귀분석 모형은 단층 구조의 자료 분석을 위한 통계모형이므로 다층자료를 분석하기 위하여 연구자는 필연적으로 분석의 단위를 선택하여야 하며, 이 경우에 연구자의 자료 분석의 결과는 흔히 타당성을 잃는다는 것이다"(강상진, 1998).

63) 일원변량분석 모형에서 얻을 수 있는 유용한 계수로 '집단 내 상관계수'(intraclass correlation)가 있다. 이 계수는 다음과 같은 공식으로 얻을 수 있다.

$$\rho = \tau_{00}/(\tau_{00} + \sigma^2)$$

σ^2는 결과 변인의 집단 내 변화 정도를 표시해 주며, τ_{00}는 집단 간 변화 정도를 표시해 준다. 따라서 ρ계수는 2-수준의 단위 집단 사이에서 발생하는 설명변인 변량의 비율을 표시해 준다(Bryk and Raudenbush, 1992).

동일 학교를 다니는 학생들 사이에서 보다 많이 발생하고 있음을
나타낸다.

<표 Ⅳ-12> 학업성취도 변량 분석

총변량	274.08
학교 간 변량(%)	0.11(0.04%)
학교 내 변량	273.97(99.96%)
배경변인통제 후 학교 간 변량	0.08(0.03%)

학업성취도 변인의 총 변량 중에서 학교 간 변량이 차지하는 비
율은 0.04%이다. 여기서 학생수준의 선행변인의 학교 간 차이를 통
제한 후에 학업 성취도 변인의 학교 간 변량 비율은 0.08로 통제하
기 전의 학교 간 변량 0.11의 72.7% 수준이며, 총 변량의 0.03%에
해당된다. 이러한 사실은 학교수준의 변인들로만 설명 가능한 최대
변량의 크기가 학업성취도인 전체 변량의 0.03%라는 것을 의미한
다. 이러한 결과는 학교 간 차이 즉, 학군이라는 지역보다는 학교
내의 차이인 학생 개인의 성별, 부모학력, 부모-자녀 관계의 사회
적 자본 등의 요인들이 학교 내 과정의 차이로 인해 나타났음을 시
사 받을 수 있다.

나. 부모-자녀 관계의 사회적 자본이 학업성취에 미치는 영향에 대한 학교의 효과

학업성취에 영향을 주는 학교수준 변인들의 영향들을 분석하였
다. <표 Ⅳ-13>에 의하면 학업성취에 영향을 주는 학교수준의 어
떠한 변인도 5% 유의도에서 무의미한 결과치를 보이고 있다. 이러

한 결과는 학교수준에 따른 부모-자녀 관계의 사회적 자본과 학업
성취의 회귀분석 결과를 같이 놓고 볼 때 상당히 상이한 결과라 하
겠다.

평균 학업성적에 대한 유의미성(1%)은 보이고 있으나 이를 설명
해주는 학교수준의 변인은 미약하다. 학생 SES의 평균변인이 유의
도 5%에 가까운 설명력을 나타내고 있다. 기타 교사의 성별이나 학
교규모, 학군 등의 변인들은 학업성적에 유의한 영향력을 발휘하지
못하고 있는 것으로 나타났다. 이러한 사실에서 학군 간 지역 간에
발생하는 학업성취의 차이를 밝히는 보다 세분화된 변인 발굴이 요
청되어지는 대목이다.

<표 Ⅳ-13> 학업성취도에 영향을 미치는 학교수준의 변인분석

고정효과(fixed effect)	계수	표준오차(t-비율)	p-값
학교수준 평균모형			
절편(평균 학업성적)	77.731	8.897(8.736)	0.000**
교사성별	3.683	2.243(1.642)	0.100
학교규모	-3.852	2.229(-1.729)	0.083
학군	-11.130	5.993(-1.857)	0.063
학생 SES평균	5.758	3.032(1.899)	0.057

무선효과(random effect)	표준편차	변량	자유도	χ^2	p-값
학교평균 절편	5.730	32.838	2	2.518	0.283
성별 기울기	0.631	0.399	3	0.737	>.500
PCRSC 기울기	1.311	1.717	3	2.097	>.500
1-수준 효과	16.552	273.974			

*; $p<0.05$, **; $p<0.01$

학생들이 거주하는 지역(수성, 비수성학군)에 따라서 발생되는 학
력 격차는 본 연구 결과만 가지고 해석한다면 부모-자녀 관계의

사회적 자본과 더불어 학생의 가족배경에 의한 요인이 학력 격차에
보다 영향력을 매개한다고 말할 수 있겠다[64].

다. 가족배경과 부모-자녀 관계의 사회적 자본이 학업 성취에 미치는 영향의 인과분석

가족배경과 부모-자녀 관계의 사회적 자본이 학업성취에 미치는
영향의 인과관계를 검정하기 위하여 공변량 구조분석을 실시하였다.
모형의 부합도를 검증하기 위하여, 구조방정식모형 접근법의 프
로그램인 AMOS (Analysis of Moment Analysis) 4.0(Arbuckle,
1997)을 이용하여 분석하였다. 구조방정식모형 접근법은 이론변수와
측정변수를 모두 가정할 수 있으며, 매개변인을 포함한 모형을 검
증하는데 가장 적절한 방법으로 알려져 있다(이순묵, 1990; 조용래,
1999; Bentler, 1990).

<표 Ⅳ-14> 모형 분석에 대한 적합성

가족배경 모 형	$x2$	df	P	GFI	AGFI	RMR
	105.42	41	0.000	.93	.98	.03
부모-자녀 관계의 사회적 자본 모형	117.32	37	0.005	.94	.95	.04

구조방정식모형 접근법에는 모형의 부합도(fit)를 평가하기 위해
x^2치와 여러 가지 부합도지수(fit index)들이 있다. x^2부합치 검증(작

---

64) 위계적 선형 모형의 핵심은 1-수준의 절편과 기울기 값들이 2-수준
의 전집에서 무선적으로 변화하며, 2-수준의 변인으로 설명할 수 있
다는 점이다(성기선, 2001: 278).

을수록 바람직함)은 이론모형이 관찰된 자료에 얼마나 부합되는지를 평가하는 것으로 x^2에 대한 P값(≥0.05가 바람직)등을 이용하였다. 여러 가지 부합도 지수들 중에서 만족스러운 부합도지수로서 기초부합지수(goodness of fit index: GFI≥0.90이 바람직), 조정 적합도 지수(Adjusted goodness of fit index: AGFI≥0.90이 바람직), 잔차제곱평균제곱근(Root mean square residual: RMR)을 이용하였다. <표 Ⅳ-14>를 통해 보면 모형에 대한 적합성은 전반적으로 양호한 것을 알 수 있다.

1) 가족배경이 학업성취에 미치는 영향의 공변량 구조분석

가족배경이 학업성취에 미치는 영향의 인과적 관계를 알아보기 위한 공변량 구조분석에 대한 경로계수는 [그림 11]에 나타나 있다. 여기서 경로계수는 회귀분석에서의 표준화된 회귀계수(β; 기울기)로 변수간의 상대적인 영향력 판단의 기준이 된다. 학업성취에 대한 가족배경의(학군 전체) 경로계수는 출생순위(-.78), 자매 수(-.98), 부의 학력(3.07), 모의 학력(-1.62), 부의 직업(.99), 모의 직업(.93), 종교(.11), 가족구조(8.56) 등으로 나타났다. 학업성적에 제일 많은 인과 관계에 있는 변인은 가족구조(8.56)로 나타났다. 이러한 결과는 앞의 회귀분석에서 이미 나타난 결과와 대체로 일치하는 결과이다. 정상적인 가족 구성원의 자녀가 결손가족 구성원 자녀보다 더 학업성적에 유의미한 영향력을 매개한다고 보고한 McLanahan과 Sandefur(1994), Brenda(2000)의 선행 연구와도 일치를 보이고 있다. 다음으로 경제적인 대변인으로 부의 학력(3.07)과 부의 직업(.99)은 다른 변인보다 학업성적에 영향력을 보다 많이 매개하고, 출생순위나 자매 수, 모의 학력 등은 부적인 영향을 미치는 것을 더불어 살펴볼 수 있다.

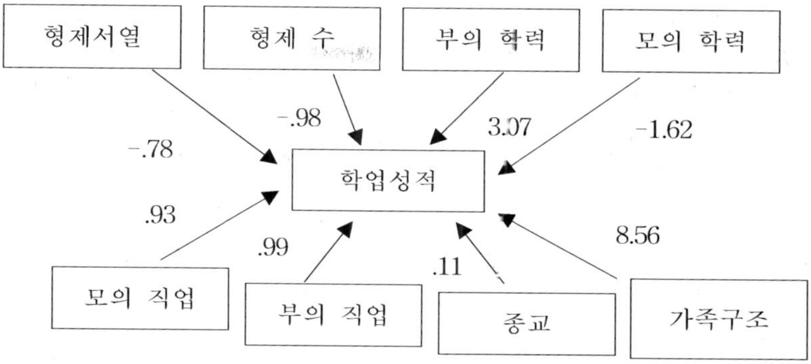

[그림 11] 학군 전체 학생의 가족배경과 학업성취와의 공변량
구조분석

2) 부모－자녀 관계의 사회적 자본이 학업성취에 미치는 영향의 공변량 구조분석

부모－자녀 관계의 사회적 자본이 학업성취에 미치는 영향의 인과관계를 알아보기 위하여 학군별로 공변량 구조분석을 실행한 결과는 [그림 12], [그림 13]과 같다. [그림 12]는 수성학군의 경우 회귀분석에서 유의미하게 학업성취에 영향을 주는 것으로 드러난 부모와의 대화, 학교에 대한 항의, 과외 변인에 대하여 보다 구체적인 인과관계를 산출하기 위하여 분석한 결과, 부모와의 대화는 2.67, 학교에 대한 항의는 -1.99, 과외는 1.91로 조사되었다. 회귀분석의 결과에서도 확인한 바 있는 학교에 대한 항의는 역시 학생의 학업성취에 부정적인 인과관계를 가지는 것으로 나타났고, 부모와의 대화는 학업성취에 중요한 영향관계를 가지고 있는 것으로 조사되었다.

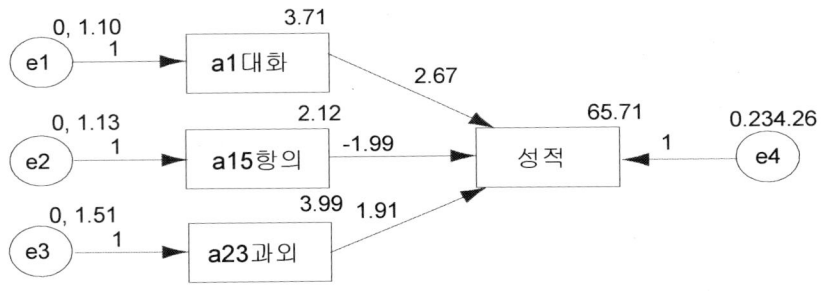

[그림 12] 수성학군의 부모－자녀 관계의 사회적 자본과 학업성취와의
공변량 구조분석

[그림 13]은 비수성학군의 부모－자녀 관계의 사회적 자본이 학업
성취에 미치는 영향의 인과관계를 나타내는 것으로 부모와의 대화가
1.71, 학원선택에 대한 도움 2.73, 학교방문 1.76, 학교에 대한 항의
－2.61, 교육정보 수집 1.73, 공부를 잘하는 친구와 교재 －1.33, 자녀의
친구에 대한 부모의 인지가 1.35로 나타났다.

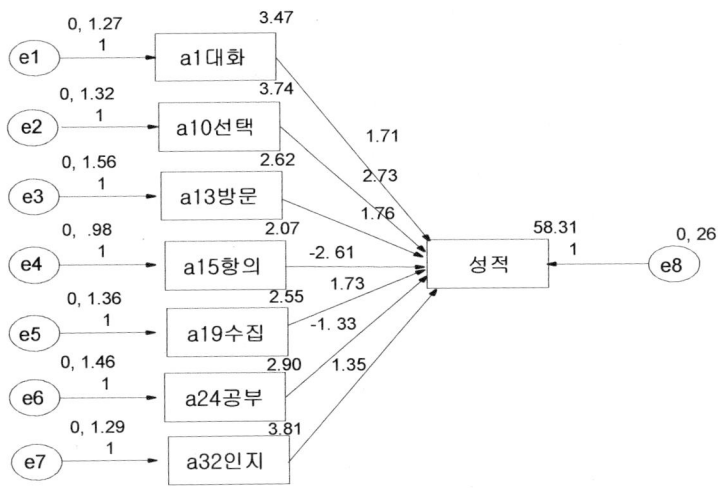

[그림 13] 비수성학군의 부모－자녀 관계의 사회적 자본과
학업성취와의 공변량 구조분석

　여기서 학업성취에 미치는 긍정적인 영향력의 변수는 학교에 대한 항의, 공부를 잘하는 친구와 교재 변수를 제외하고 의미 있는 영향력이 미치는 것을 확인할 수 있다. 다음으로 이러한 부모-자녀 관계의 사회적 자본이 학군이라는 변수어 의해 매개되었을 경우 학업성취에 미치는 영향력은 달리 나타나고 있다(그림 14참조). 부모-자녀 관계의 사회적 자본에 학군이 매개된 상태에서 학업성취에 대한 인과적인 영향관계는 교육적 관심 및 대화가 -.01, 적극적인 지원 .08, 교육활동 참여 .01, 교우 및 사회관계 망 .05, 부모의 기대와 규범 -.01, 생활통제 .00 등으로 나타났다. 이러한 결과는 학군에 따라 부모-자녀 관계의 사회적 자본이 학업성취에 미치는 영향력이 서로 상이하고 이러한 상이한 결과들이 학군이라는 매개변인에 의하여 그 영향력이 상실되거나, 반대로 증가하는 현상을 발견할 수 있다. 교육적 관심 및 대화 변인, 부모의 기대와 규범 등은 학업성취에 부정적인 영향력을 발휘하는 것으로 나타났다. 부모의 학교에 대한 적극적인 지원(.08)은 학군을 막론하고 학업성취에 중요한 영향력을 행사한다는 것을 알 수 있다.

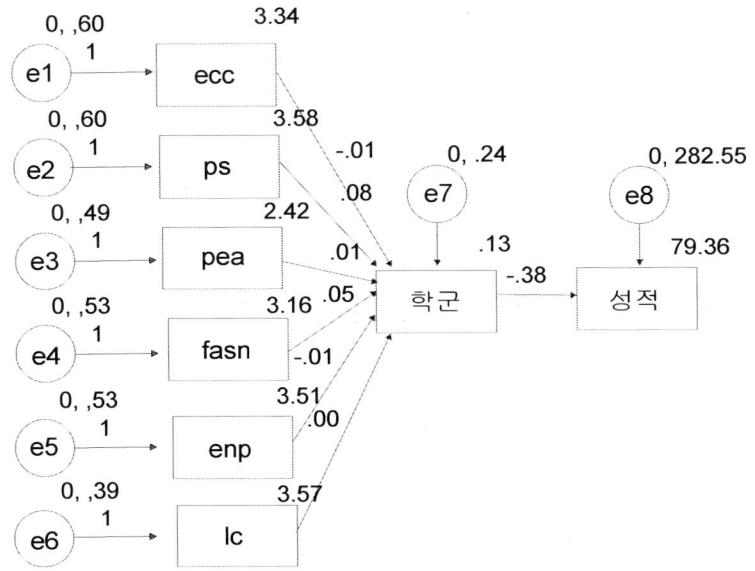

주; ECC: 교육적 관심 및 대화, PS: 적극적 지원, PEA: 교육활동
참여, FASN: 교우 및 사회관계 망, ENP: 부모의 기대와 규범,
LC: 생활통제.
[그림 14] 전체학군의 부모－자녀 관계의 사회적 자본과
학업성취와의 공변량 구조분석

Ⅴ. 요약 및 결론

1. 요약 및 논의

본 연구는 국내·외적으로 현재 관심이 고조되고 있는 부모의 자녀에 대한 교육지원 활동은 부모의 사회경제적 지위와 독립적으로 학업성취에 영향을 미치며, 이를 통해 귀속적 지위의 불리함을 상쇄해 줄 것으로 기대되고(김경근, 2000; 이정선, 2001; 심미옥, 2003; Coleman, 1988; McLanahan, 1994; Maurice, 2000), 더불어 학군 간에 발생하는 학력(교육) 격차 요인으로 부모-자녀 관계의 사회적 자본이 학생 가족배경의 사회적 자본과 독립하여 어느 정도 관여되어 있는지에 대한 답을 구하기 위하여 보다 밀도 있는 실증적인 분석 연구의 일환으로 실시되었다.

그리하여, 본 연구의 목적은 투입-과정-산출로 이어지는 연구 중심에서 그 동안 간과해 왔던 학생 가족배경의 사회적 자본과 부모-자녀 관계에서 잉태하는 사회적 자본과 관련된 변인들을 추출하여, 이러한 변인들을 개념화하여 사회적 자본이 학생의 학업성취에 미치는 영향관계를 확인하였다. 더불어 사회적 자본이 학업성취에 미치는 영향에 대한 학교 효과 분석과 인과분석을 실시하였다.

분석 결과에 대한 요약과 논의의 순서는 첫째, 학군 간 가족배경의 사회적 자본과 부모-자녀 관계 사회적 자본의 관계분석 결과에 대한 요약 및 논의. 둘째, 학군별 가족배경과 부모-자녀 관계의 사회적 자본이 학업성취에 미치는 영향분석에 대한 요약 및 논의. 셋째, 부모-자녀 관계의 사회적 자본이 학업성취에 미치는 영향에 대한 학교 효과성 분석에 대한 요약 및 논의와 학군별 가족배경과 부모-자녀 관계의 사회적 자본이 학업성취에 미치는 영향력에 대한 인과관계를 파악하기 위하여 실시한 공변량 구조분석에 대한 요약 및 논의 등의 순서로 진술하고자 한다.

첫째, 가족배경의 사회적 자본과 부모-자녀 관계 사회적 자본의 관계를 분석하기 위해 ① 학군 간 부모-자녀 관계의 사회적 자본의 차이를 살펴보기 위하여 T-검정을 실시한 결과, 부모-자녀 관계의 사회적 자본의 모든 하위변인에서 두 지역 간에 유의미한 차이가 있는 것으로 나타났다. 부모의 적극적인 지원(PS), 교우 및 사회관계 망(FASN)에서는 유의도 1%에서 두 지역 간에 차이가 있으며, 교육적 관심과 대화(ECC), 교육활동 참여(PEA), 부모의 기대와 규범(ENP), 생활통제(LC) 간에는 유의도 5%에서 유의한 차이를 보이고 있다. 수성학군 학생들이 보다 비수성학군 학생들보다 부모-자녀 관계의 사회적 자본에서 높은 평균치를 보이고 있으며, 특히 부모의 적극적인 지원 자본은 다른 자본보다 높은 차이를 보이는 것으로 나타났다.

이러한 사회적 자본의 차이는 부모의 인간자본, 부모의 교육적 관심, 부모의 교육적 기대, 부모-자녀 간 상호작용 및 자녀교육에 대한 부모의 개입방식, 가정의 결핍구조, 그리고 학생 자신의 인간자본과 사회적 자본 등의 차이에 의해서도 나타난다(이정선, 2000). 두 지역 간에 발생하는 부모-자녀 관계의 사회적 자본에 대한 차이가 곧, 학업성적에 미치는 영향도 서로 상이할 것이고, 그 영향력의 정도도 서로 다를 것이라는 사실을 말해준다. 어느 사회나 특권적 위치를 점한 계급은 자신의 자녀세대가 자신들과 비슷한 계급지위를 획득할 수 있도록 노력하는 경향이 강하기 때문에 학부모의 학력 및 직업의 지역 간 차는 자녀의 교육기회와 교육성취에 있어서의 지역의 격차를 유발하는 중요한 원인이 된다. 사회·경제적 지위가 높은 집단의 교육에 대한 높은 관심과 경제적 여유는 사교육 시장을 키우는 원동력으로 작용하며, 능동적으로 교육환경을 형성하고 개선해 갈 수 있는 바탕이 된다.

② 가족배경의 사회적 자본 변인과 부모ー자녀 관계의 사회적 자본과의 관계를 알아보기 위해 상관분석을 실시한 결과, 수성학군의 경우 부모의 교육적 관심과 대화(ECC)는 학생 가족배경 변인 중 형제 서열(1%)만이 유의미한 관계를 보였다. 이는 부모의 자녀에 대한 관심과 지원은 형제 서열에 따라 그 양과 질이 확연하게 달라진다. 첫째 자녀에 대한 교육적인 관심과 대화는 풍부하나, 둘째, 셋째 자녀에 대한 관심의 정도는 약해진다. 창출되는 사회적 자본의 크기가 한정되어 있을 때 형제자매 수가 늘어나게 되면 한 자녀에게 분배되는 사회적 자본의 양은 감소할 수밖에 없다(문숙재・김성희, 1996; 김경근, 2000). 본 연구 결과에서도 이러한 사실이 증명되고 있다.

모의 연령과 첫 자녀의 연령은 밀접한 관계가 있는 변수로 모의 연령이 높을수록, 즉 첫 자녀의 연령이 증가할수록 모의 보살핌을 요구하는 자녀의 요구가 감소되므로 자녀를 위한 시간 투자는 감소하는 반면, 금전 투자는 증가하는 경향이 있다(문숙재・김성희, 1996). 또한 막내 자녀의 연령은 자녀를 위한 금전 투자와는 정적인 관계가 있으며, 시간 투자와는 부적인 관계를 보인다(Turchi, 1975; Schwenk, 1986). 그리하여 자녀의 연령 증가에 따라 금전 투자는 증가하고 시간 투자는 감소하는 것이다(이승신, 2002). 자녀수는 자녀 양육을 위한 시간 및 금전 투자에 결정적 영향을 미치는 변수로 자녀수가 증가할수록 자녀를 위한 총지출비는 증가하나, 자녀 한 명을 위한 지출은 감소한다(문숙재・김성희, 1996; Espenshade, 1984; Lino, 1990).

교육활동 참여(PEA)와 모학력(1%), 모직업 유무(1%), 종교(1%), 가족구조(1%)와 관련이 있으며, 교우 및 사회관계 망(FASN)과의 관계는 모직업 유무(1%), 가족구조(1%), 부모의 기대와 규범(ENP)

에서는 학생의 성별(5%), 종교 유무(1%), 생활통제(LC)와의 관련은 부모학력(5%), 가족구조(1%) 등의 상관을 보이는 것으로 나타났다. 여기서 주목해서 보아야 할 점은 부모의 학생에 대한 적극적인 지원은 형제 서열, 형제 수, 부모의 학력에 따라서 확연하게 달라진다는 사실이다. 더불어 부모의 교육활동 참여는 모의 학력이 높고, 정상가족이고, 모가 가사에 종사하고 종교 활동을 하는 부모가 그 반대의 경우보다 보다 많이 학교의 교육활동에 참여하는 것과 관련성이 있음을 알 수 있다.

비수성학군의 경우, 교육적 관심과 대화(ECC)에서 학생의 성별, 부모학력 등과는 유의도 1%에 높은 상관을 보이며, 형제 서열, 부의 직업과는 유의도 5%에서 상관을 보이는 것으로 나타났다. 적극적 지원(PS)에서 형제서열, 부모학력과는 유의도 1%의 상관을 형제 수, 부의 직업과는 5%에서 유의미한 상관을, 교육활동 참여(PEA)의 부모학력, 모의 직업 유무 등에서 각각 1%, 5%의 상관을 보였다. 교우 및 사회관계 망(FASN)에서 모의 학력과는 1%의 상관을 형제 수, 부학력과는 5%의 상관을 보이고 있으며, 부모의 기대와 규범(ENP)에서 부의 학력과는 1%의 상관을 생활통제(LC)에서는 부모학력(1%)과 가족상태(1%) 등의 변인과 밀접한 상관이 있음을 나타내고 있다. 여기서 특이한 사항은 부모의 학력은 부모-자녀 관계의 사회적 자본 변인의 하위변인 모두에서 일관되게 상당한 관련성이 있는 것을 알 수 있다.

수성, 비수성학군 두 지역 모두에서 가족배경의 사회적 자본과 부모-자녀 관계의 사회적 자본과의 상관관계 분석을 통해 부모의 학력과 모의 직업 유무 등이 일관되게 부모-자녀 관계의 사회적 자본 형성에 관계되어 있으며, 특히 모의 학력은 부모-자녀 관계 사회적 자본의 상당수 하위변인과 관련성이 있는 것으로 나타났다. 이러한 사실은 선행연구(주동범, 1997, 오계훈·김경근, 2001, Coleman, 1988,

McLanahan and Sandefur, 1994) 결과와도 일치하는 사실이다. 주부의 교육수준이 높을수록 자녀의 질에 대한 관심이 증가하므로 자녀 양육을 위한 시간 투자 및 금전 투자가 증가한다(Schwenk, 1986). 더불어 가계 소득은 자녀를 위한 시간 투자 및 금전 투자에 결정적인 영향을 미치는 변수로 가계소득 증가에 따라 자녀를 위한 주부의 시간 투자가 증가한다고 추정할 수 있다(이승신, 2002: 214).

둘째, 학생의 사회적 자본 즉, 가족배경의 사회적 자본과 부모-자녀 관계의 사회적 자본이 학업성취에 미치는 영향관계를 알아보기 위하여 수성, 비수성학군 별로 각각 4단계에 걸친 회귀분석을 실시하였다. 수성학군 학생들 가족배경의 사회적 자본과 부모-자녀 관계의 사회적 자본과 학업성취에 대한 중다회귀분석의 결과, 가족배경과 부모-자녀 관계의 사회적 자본이 학업성취에 영향을 미치는 사회적 자본의 성취변량은 전체적으로 18.8%로 드러났다. 학생 가족배경의 사회적 자본이 학업성취에 미치는 영향력은 4.5%이고, 부모-자녀 관계의 사회적 자본이 학업성취에 미치는 영향력은 14.3%로 나타났으며, 이는 가족배경의 사회적 자본에 부모-자녀 관계의 사회적 자본이 9.8% 정도 학업성취에 대하여 가산적인 작용을 한 것으로 나타났다(<표 Ⅴ-1> 참조).

가족구조 변인만(모델 1) 회귀분석에 투입하였을 경우, 학업성취에 대한 영향력은 유의도 5%에서 유의미한 결과를 보였고, 모델 1에 학생의 성별, 출생순위, 자매 수, 종교유무 등의 변인을 추가로 투입하여(모델 2), 전술한 변인들이 통제되었을 때 학생의 학업성취에 대한 가족구조의 영향력은 여전히 유의미한 상태를 유지하였다. 다른 통제변인들은 학업성취에 미치는 영향력은 큰 의미가 없는 것으로 나타났으나, 학생의 성별이 여학생(코딩 0) 일 경우가 남학생보다 더 학업성적이 우수하다는 사실을 발견했으며, 형제자매의 수가 많은 경우는 학생의 학업성취에 불리하게 작용한다는 사실을 알 수 있었다.

<표 V-1> 학생의 사회적 자본과 학업성취와의 영향관계

	가족배경의 사회적 자본 (FBSC)	부모-자녀 관계의 사회적 자본(PCRSC)	PCRSC의 가산효과	전체 영향 크기
수성학군	4.5%	14.3%	9.8%	18.8%
비수성학군	8.5%	17.2%	8.7%	25.7%

　　모델 2에 부모의 학력, 가구주의 직업, 모의 취업유무 등의 변인들을 추가로 투입(모델 3)하여 학업성취에 미치는 영향을 살펴본바, 가족구조65)의 학업성취에 대한 영향력은 모델 2의 통제변인과 모델 3에서 추가로 투입한 통제변인의 영향으로 그 영향력의 크기는(.089, 유의도 5%) 다소 줄어들었으나, 여전히 그 영향력은 살아있었다. 부의 학력(유의도 1%)과 가구주의 직업(유의도 5%)도 학업성취에 영향력을 매개하는 것으로 나타나고 있다.

　　모델 3에 부모-자녀 관계의 사회적 자본 변인들을 추가로 투입하였을 경우 가족구조의 영향력은 살아지고, 부의 학력(유의도 5%) 변수만 그 영향력이 존재하는 것으로 나타났다. 이러한 결과는 가족배경의 사회적 자본 중에서 부의 학력은 학생의 학업성취에 부모-자녀 관계의 사회적 자본과 더불어 학업성취에 매개되고 있음을 보여준다. 이러한 결과는 오계훈·김경근(2001)의 연구결과와 일치하는 것으로 부모의 학력은 무엇보다도 가족의 경제적 자원을 대변

---

65) 가족의 구조적인 특성과 사교육비 지출의 관계 연구를 살펴보면, 편부모인 경우와 자녀의 수가 많을수록 자녀에 대한 관심이 약화될 수밖에 없기 때문에 이런 가족구조를 지닌 가족집단인 경우에는 자녀 일인당 사교육비 지출이 줄어들게 된다(이주호·김선웅, 2002). 우리나라에서는 첫 번째 자녀인 경우에 부모의 관심이 집중되고 기대수준도 높은 편이어서 다른 자녀보다 상대적으로 사교육을 받는 경향이 높게 나타난다(이승신, 2002).

하는 대표적인 지표로 볼 수 있다. 부모의 교육수준이 높게 되면 자녀교육에 대한 관심이 증가하게 되고 자녀에게 보다 다양한 학습 기회를 제공하려고 한다(이정환, 2002). 특히 부모 중에서 어머니가 대학 학력을 보유하고 있는 경우에는 자녀가 과외활동을 할 가능성이 높은 것으로 나타나고 있다(양정호, 2004). 서구에서 수행된 많은 연구들에서도 학력은 가족의 경제적 여건을 측정하는 대변인(proxy)으로 사용되고 있다(Alwin & Thornton, 1984; Entwisle & Alexander, 1995, 1996, 오계훈·김경근, 2001에서 재인용).

부모-자녀 관계의 사회적 자본이 학업성취에 미치는 영향력에 대하여 보다 구체적으로 살펴보면, 부모의 교육적 관심과 대화(ECC)의 7개 변인에서는 부모와 학생 간의 학교이야기(유의도 5%)만이 영향력을 발휘하고 여타 변인들의 영향력은 존재하지 않았다. 부모의 교육활동 참여(PEA)에서는 부모의 학교에 대한 건의나 항의는 유의도 1%에서 학생의 학업성적에 부정적으로 작용하는 것으로 나타났고, 교우 및 사회관계 망(FASN)에서는 과외가 학업성취에 유의도 1%에서 영향력을 매개하며, 여타 다른 변인들의 영향력은 존재하지 않았다. 여기서 부모의 학교에 대한 건의나 항의는 자녀의 학업에 대한 지나친 관심의 표명으로 볼 수 있으나, 이러한 부모의 지나친 학교 교육활동 관여는 학생의 학업성취에 오히려 부정적으로 작용함을 알 수 있다.

과외·학원 등에 자녀를 보내 사교육을 행하는 학부모의 75%가 가계에 부담이 된다고 응답하였으며, 과외는 어느 계층을 막론하고 출혈을 감수하는 것으로 가정에서 부담스럽게 자리 잡고 있다(이승신, 2002)는 사실은 과외(선행학습)는 남이 하니까 또는 심리적인 불안을 잠재우기 위해 하는 수단도 되지만 본 연구의 결과로 미루어 보면 학생의 학업성취에 관여된다는 사실을 알 수 있다[66]. 과외

---

66) 최근의 한 조사에 따르면 우리나라 학생과 학부모들의 약 70.3%와

에 지출되는 가계의 교육비는 단순히 소비, 지출이라는 차원을 벗어나 상당 부분이 인적자본 투자라는 성격을 많이 내포하고 있다(박배진, 1997). 교육체계에서의 서열이 노동시장에서의 서열을 강하게 결정하는 학력사회에서 교육에의 투자는 경쟁적인 양상을 띤다. 우리나라에서는 가정의 경제적 자원이 제한적임에도 불구하고 자녀의 교육에 대해 경쟁적으로 투자하고 있다. 이에 따라 교육에 시장논리가 강하게 개입되는 사교육 환경은 교육 불평등의 중요한 축이 될 가능성이 매우 크다 하겠다.

비수성학군 학생들 가족배경의 사회적 자본과 부모-자녀 관계의 사회적 자본과 학업성취에 대한 중다회귀분석의 결과, 가족배경과 부모-자녀 관계의 사회적 자본이 학업성취에 영향을 미치는 사회적 자본의 성취변량은 전체적으로 25.7%로 드러났다. 학생 가족배경의 사회적 자본이 학업성취에 미치는 영향력은 8.5%이고, 부모-자녀 관계의 사회적 자본이 학업성취에 미치는 영향력은 17.2%로

59.6%는 학원과외가 학교성적 향상에 효과가 있다고 생각하는 것으로 나타났다(김양분·김미숙, 2002). 우리나라의 학부모들의 특징은 사교육효과에 대한 인식 정도를 떠나서 주변의 다른 학부모의 자녀가 하고 있는 개인과외나 몇 개 학원을 다니고 있는가에 대한 단순 비교를 통해 자녀를 비슷한 수준 또는 그 이상으로 사교육을 시키는 경우가 있다(양정호, 2004). 이와 관련하여 사교육열풍의 진원지라고 할 수 있는 강남지역의 경우에는 이 지역 주민들의 주된 거주 이유가 교육환경과 연계되어 있는 것으로 나타났다. 즉 강남지역 중에서 개포동, 도곡동, 대치동 지역 거주자들의 각각 75.0%, 65.7%, 57.4%가 교육환경을 위해 이주한 것으로 조사되었다(김현아, 2002). 또한 사교육에 투입된 비용도 최근에는 GDP 대비 약 2.3%까지 증가하였다(조선일보,2003. 10. 23). 거주지역별로 과외비의 지출을 살펴보면 서울 강남지역 학생들의 월평균 사교육비가 478만원으로 가장 높게 나타났고, 수도권지역 학생들은 358만원이며 다음으로 많이 지출한 읍·면 지역에 거주하는 학생들은 203만으로 가장 적게 지출한 것으로 나타났다. 따라서 강남지역 학생들이 읍·면 지역 학생과 비교해서 거의 2.35배 더 많은 사교육비를 지출하고 있는 것으로 나타나 지역 간 편차가 상당히 심각함을 알 수 있다(한국교육개발원, 2003).

나타났으며, 이는 가족배경의 사회적 자본에 부모-자녀 관계의 사회적 자본이 8.7% 정도 학업성취에 대하여 가산적인 작용을 한 것으로 나타났다(<표 Ⅴ-1> 참조).

가족구조 변인만(모델 1) 회귀분석에 투입하였을 경우 학업성취에 대한 영향력은 유의도 1%에서 유의미한 결과를 보이고 있다. 모델 1에 학생의 성별, 출생순위, 자매 수, 종교유무 등의 변인을 추가로 투입하여(모델 2), 전술한 변인들이 통제되었을 때 학생의 학업성취에 대한 가족구조의 영향력은 여전히 유의미한 상태를 유지하였다. 학생의 성별은 유의도 5%에서 여학생이 남학생보다 학업성적이 보다 뛰어 남을 알 수 있었다. 모델 2에 부모의 학력, 가구주의 직업, 모의 취업유무 등의 변인들을 추가로 투입(모델 3)하여 학업성취에 미치는 영향을 살펴본바, 가족구즈의 학업성취에 대한 영향력은 모델 2의 경우보다 그 효과는 작으나 여전히 유효한 영향력을 발휘하고 있었다. 수성학군의 경우와는 달리 부모의 학력이 학업성적에 미치는 영향력은 없으며, 성별만이 유의도 1%에서 그 영향력이 있는 것으로 나타났다. 모델 3에 부모-자녀 관계의 사회적 자본 변인들을 추가로 투입하였을 경우 가족구조의 영향력은 그 크기는 작으나 여전히 유효한 영향력을 미치고 있었다.

부모-자녀 관계 사회적 자본이 학업성취에 미치는 영향력은 부모의 교육적 관심과 대화(ECC) 요인에서는 역시 수성학군과 같이 부모와 학생 간의 학교이야기(유의도 1%)가 영향력을 발휘하고 여타 변인들의 영향력은 존재하지 않았다. 부모의 적극적인 지원(PS)에서는 부모의 학생에 대한 학원선택 변인이(유의도 1%), 부모의 교육활동 참여(PEA)에서는 학교방문(유의도 1%), 건의항의(5%), 정보수집(1%) 등의 변인들이 학생의 학업성적에 유의미하게 작용하는 것으로 나타났다. 교우 및 사회관계 망(FASN)에서는 부모가 공부를 잘하는 친구와 사귀도록 권유하는 경우 오히려 학생의 학업성적에(유의도 5%) 부정적으로 작용하는 것으로 나타났다. 이러한 결과에 대하여 학생들은 또래 집단(peer group)의 영향을 많이 받기 때문에 또래 집단에 의해 형성되는 규범과 학습 분위기는 학업성취와 매우 밀접하게 관련된다는 사실을 유추해 볼 수 있다.

생활통제(LC)에서는 반에서 나와 친한 친구가 누구인지 부모님이 알고 있는 경우(유의도 5%) 학생의 학업성적에 유의미하게 영향력을 미치는 것으로 나왔다. 일반적으로 부모의 학생에 대한 교육적인 관심과 대화 및 양육태도는 학생의 성격과 학업성취에 영향을 미친다(주동범, 1997; 김경근, 2000; 정경숙, 2000; 오진희, 2000; 이정선, 2001; 심미옥, 2003; Coleman, 1988; Edward, 1999; Kim, 2000; Rosenzweig, 2000; Samuel, 2000; Warrick, 2000; Thomas, 2001).

가족의 구조가 학업성취에 미치는 효과를 분석한 Thomas (2001)는 정상가족, 이혼한 가족, 편친가족, 계모, 양모, 수양가족 등의 가족구조 배경으로 구성된 고등학생들의 학업성취를 분석한 결과 정상적인 부모와 함께 살고 생활하는 학생이 그와 반대의 경우 학생보다 나은 학업성취를 보였으며, 또한 고등학생들의 학업성취는 부모와 떨어져 있거나 사람들로부터 고립된 학생들보다는 부모와 함께 지내며 생활하는 사회적 자본이 풍부한 학생의 학업이 보다 뛰어남을 보고하고 있다. 본 연구 결과에서도 학생 가족의 다른 배경변인들을 통제했을 경우에도 가족의 구조가 학업성취에 미치는 영향력은 지속적으로 살아있었다. 이러한 사실을 통해서 가족의 구조적인 배경은 학생의 사회적 자본 형성에 부모의 존재 여부가 자라는 시기 특히, 초등학교 시절에는 중요한 역할로서 매개하며, 타인과의 영향력 또한 학생의 보다 낳은 학업 성취에 중요하게 작용하고 있음을 알 수 있다.

Beth(2000)는 부모의 학교관여 유형을 학생 중심의 관여와 학교

활동 중심 관여에 따른 학생의 학업성취를 살펴본바, 학생 중심의
관여 형태가 학교 중심 관여에 비하여 3배정도 읽기 학습에 우월한
성취를 보이며, 수학 성적에는 양 유형 모두 동일한 영향을 매개하
였다고 밝히고 있다. 그러나 본 연구에서는 학교 활동 중심 관여중
학교방문, 건의나 항의, 정보수집 등의 변인만이 학생의 학업성취에
유의미하게 매개하고, 행사참석, 교육상담 등의 학생 중심의 관여
변인은 무의미하게 나타났다(<표 Ⅴ-2> 참조).

<표 Ⅴ-2> 학업성취에 대하여 효과가 드러난 사회적 자본 변인

	가족배경의 사회적 자본(FBSC)	부모-자녀 관계의 사회적 자본(PCRSC)
수성학군	·가족구조 ·부의 학력 ·가구주 직업	·교육적 관심 및 대화(ECC) - 학교 이야기 ·교육활동 참여(PEA) - 학교에 대한 건의 및 항의 ·교우 및 사회관계 망(FASN) - 과외나 학원 수강
비수성학군	·가족구조 ·성 별	·교육적 관심 및 대화(ECC) - 학교 이야기 ·적극적인 지원(PS) - 학원 선택에 대한 지원 ·교육활동 참여(PEA) - 학교 방문 - 학교에 대한 건의 및 항의 - 교육관련 정보수집 ·교우 및 사회관계 망(FASN) - 공부친구(공부 잘하는 친구와 교제) ·생활통제(LC) - 친구인지(반에서 나와 친한 친구가 누구인지 앎)

개별 학교(학군)별로 학생들의 학업성취도가 학생들 개인 수준의 가족배경과 부모-학생 관계의 사회적 자본에 의해서 어느 정도 학업성적에 영향력의 차이가 발생하는지를 회귀분석을 통해서 알아본 결과, 전체 양 지역의 경우 47.053점, 성별(더미변인 남자: 1, 여자: 0)변인의 기울기는 -2.806, 가족구조 기울기 8.473, 부의 학력 기울기 1.796, 가구주 직업의 기울기 .857, PCRSC의 기울기 5.649로 드러났다. 절편 값의 경우 최저 19.841점에서 최고 98.170점까지 큰 차이를 나타내고 있다. 이러한 사실은 학교별로 78점까지 점수의 차이가 날 수 있음을 의미한다. 학업성적에 대한 개인 수준 변인들을 살펴보면 전반적으로 수성, 비수성학군 공히 여학생들이 남학생보다 공부를 훨씬 더 잘하는 것으로 나타나고 있다.

가족구조의 경우 정상가족 학생의 학업성적이 결손가족 학생보다 최고 48정도 높게 나타나고 있다. 하지만 결손가족 학생의 경우 수성학군 6개교, 비수성학군 4개교의 학생들은 오히려 정상가족의 학생보다 우월한 성적을 보이고 있다. 부의 학력(1.796)과 직업(.857)은 일반적인 통념과는 달리 학생들의 학업성적과는 밀접한 영향력이 없는 결과치를 보이고 있다. 이러한 사실은 수성, 비수성학군 모두 공통적인 현상으로 부모의 경제력에 따른 혜택이 어느 정도 여타 개인 수준 변인(특히, 부모-자녀 관계의 사회적 자본)들에 의해 상쇄되었음을 짐작할 수 있다. 부모-자녀 관계의 사회적 자본이 (5.649) 학생의 학업성취에 미치는 영향력은 가족구조(8.473) 다음으로 비중이 높은 것으로 나타나고 있다. 이러한 사실은 부모-자녀 관계의 사회적 자본이 풍부한 학생은 그 반대 학생의 경우보다 학업성적에서 최고 15점까지 그 격차가 발생할 수 있음을 의미한다.

학생의 가족에 의한 사회적 자본은 일반적으로 다른 자원보다도 보다 더 깊이가 있고, 심도 있는 영향원이 된다. 이는 성장기에 있어 누구보다도 중요한 영향을 주는 것은 부모이기 때문이다. 성장시절의 풍부한 부모와의 대면과 대화, 애정, 사랑, 보살핌, 안정된 가족의 분위기 등은 학생이 장차 가지게 될 사회적 자본의 초석이 되는 교육적인 환경으로서 매우 중요한 자원이 된다. 사회적 자본의 한 요소인 가족의 크기는 학생의 비행 행동의 요인과도 관련이 되어지고(Nye, 1958; Hirschi, 1969; Myers, Milne, Baker and Ginsburg, 1987; Leflore, 1988; Tygart, 1991), 부모는 일반적으로 아동의 성장에 결정적인 근원으로써 작용하고 부모-자녀 간의 관계는 아동 성장에 필요한 자원과 지원이라는 형태로 연구가(Maccoby, 1992; Collins, Maccoby, Steinberg, Hetherington, & Bornstein, 2000) 이루어지고 있다. 본 연구에서도 개별 학교 별로 개인 수준의 자본이 학업성취에 미치는 영향 연구를 통해서도 가족배경의 사회적 자본이 중요한 한 요인이며, 그 중에서 부모라는 가족구조는 심도 있는 학업성취에 대한 영향원이 되고 있음을 알 수 있다.

어머니의 부재나 아버지의 부재로 인한 부모와 자녀와의 관계 부족과 출생순위, 성별 등에 따른 가족의 불리한 처지들은 자녀에게 유·무형의 부정적인 영향을 준다. 하지만 이러한 요인들도 가족 내에 내재하는 신뢰, 믿음, 관계 망이라는 사회적 자본을 통해서 이를 극복할 수 있는 여지는 많다. 부모-자녀 관계의 사회적 자본은 개별 학생의 가족 배경변인과는 별도로 학성의 학업성취에 대한 격차를 최고 15점 정도까지 발생시킬 수 있다는 새로운 사실을 발견하였다.

학교수준 변인인 교사성별, 학교규모, 학성의 사회경제적 지위 평균 등과 부모-자녀 관계의 사회적 자본이 학업성취에 미치는 영향 관계를 알아보기 위하여 3단계에 걸쳐 회귀분석을 실시한 결과, 학교수준 변인과 부모-자녀 관계의 사회적 자본이 학업성취에 미치는 전체적인 영향력은 9.7%로 나타났다. 학교수준 변인의 학업성취에 대한 영향력은 5.6%이고, 부모-자녀 관계의 사회적 자본이 학업성적에 미치는 영향력은 4.1%로 드러나 학교수준의 변인들이 보다 많이 학생의 학업성적에 영향력을 매개하는 것으로 나타났다. 모델 1(교사성별, 학교규모), 모델 2(모델 1＋학생의 사회경제적 지위 평균) 모두에서 교사성별(1%), 학교규모(1%), 학생의 사회·경제적 지위 평균(1%) 등이 학업성취에 상당한 영향력을 매개하는 것으로 나타났다. 학교수준의 선행 변인들을 통제했을 경우 부모－자녀 관계의 사회적 자본 중에서 부모의 학생에 대한 생활통제만 유의도 1%에서 학업성취에 유의미한 영향력을 발휘하는 것으로 드러났다. 이러한 사실을 통해서 학교수준 변인의 영향력(5.6%)을 부모－자녀 관계의 사회적 자본이 학생의 학업성적에 미치는 영향력이 수성학군의 경우 14.3%, 비수성학군의 경우 17.2%와 비교해 볼 경우 학교수준 변인이 학업성취에 부모－자녀 관계의 사회적 자본만큼 그 영향력이 크지는 않으나 무시 못 할 정도의 영향력이 있음을 살펴볼 수 있다. 이러한 연구 결과는 하우저 등(Hauser, Sewell and Alwin, 1976)의 연구에서 학교 특성 변인들이 학생의 학업성취도에 미치는 총 효과(total effect)가 학업성취도 변인 총변량의 25% 이하이며, 가족의 사회경제적 배경변인에 의한 영향력을 통제한 후에는 학교변인으로 설명할 수 있는 순수 효과(net effect)의 비율이 5%이하로 낮아진다는 연구 결과와도 일치한다.

　다음으로, 부모－자녀 관계 사회적 자본의 구성요소인 관계, 구조, 인지적인 세 가지 차원으로 나누어 연구결과에 대한 논의를 하면 다음과 같다.

　① 관계차원의 요인으로는 교육적 관심(지원) 및 대화(ECC), 적극적인 교육지원(PS) 등이 있다. 학업성취에 대하여 효과가 드러난 사회적 자본은 교육적 관심(지원) 및 대화 요인의 경우 학군 모두에서 학교에 대한 이야기 변인이고, 적극적인 교육지원 요인에서는 수성학군의 경우에는 효과가 나타나지 않았고, 비수성학군의 경우

는 학원 선택에 대한 지원이 학업성취에 유의미하게 영향을 미치는 것으로 나타났다.

관계적 차원은 구성원들 간의 관계 특성이 이익이나 가치를 제공하는 것을 의미하기에 관계 속에 존재하며 관계는 교환을 통하여 창출된다(Bourdieu, 1986). 이러한 사회적 교환관계는 신뢰에 기반한 호혜주의 규범에 의하여 형성된다(Emerson, 1981). 부모의 자녀에 대한 교육적 관심 및 조력과 부모와의 대화 등 관계의 사회적 자본은 자녀의 학업성취와 비행행동에도 깊숙하게 관여하고 있다(이정선, 2000; Nye, 1958; Slocum and Stone, 1963; Chilton and Markle, 1972)는 연구결과를 본 연구는 다시 한번 확인하여 주고 있다. 그리하여, 부모와의 대화나 학습지원(김경근, 2000; 이정선, 2001; 심미옥, 2003; Hoffer, 1986; Coleman. 1987, 1988, 1990) 등은 부모의 자녀에 대한 양육의 관심과 지원으로 자녀의 학업성취나 행동발달(Finn, 1989) 및 사회, 심리적인 측면(Mcneal, 1995) 등에도 상당한 영향력을 행사(Gove and Crutchfield, 1982)하는 것을 알 수 있다.

② 구조적 차원의 요인으로 학교 교육활동 참여(PEA), 교우 및 사회관계 망(FASN) 등이 있다. 학업성취에 대하여 효과가 드러난 사회적 자본은 학교 교육활동 참여 요인의 경우 수성학군은 학교에 대한 건의 및 항의 변인이고, 비수성학군의 경우는 학교 방문, 학교에 대한 건의 및 항의, 교육관련 정보수집 등이 유의미한 결과를 보였다. 교우 및 사회관계 망 요인의 경우 수성학군은 과외나 학원 수강이, 비수성학군의 경우는 공부친구(공부 잘하는 친구와 교재) 변인이 학업성취에 의미 있는 영향을 미치는 것으로 나타났다.

부모의 학교 교육활동의 참여는 특정 사회의 구성원이 되거나 사회적 유대 망에 참가함으로서 형성되는 개인 간의 관계는 학교와 같은 제도적 구조를 지원하는 의무(obligation)와 신뢰(trust)의 발달을 촉진한다(이정선, 2001). 그리하여 개인은 다른 이와의 상호작용을 통하여 직업을 구하고, 정보를 획득할 수 있고, 특별한 자원에 접근할 수 있다. 연결망의 지원체제 의미로써 "가족이 소유하는 관계 망이 개인의 직업선택과 성공에 기여한다"고 정의한 Bourdieu(1977)에 따르면, 구조적 차원의 사회적 자본은 부모-자녀 간의 관계 망으로 인하여 학생의 발달에 영향을 미치는 부모의 실질적인 관여로 이해될 수 있고, 이에는 부모의 학교활동 참여(Coleman, 1988; Edward, 1999; Rosenzweig, 2000), 과외여부(Coleman, 1988), 전학 및 이사회수(Coleman, 1988; Pong, 1997, 1998) 등이 있다.

본 연구에서는 부모의 학교 방문은 자녀의 학업성취에 긍정적으로 작용하나, 학교교육에 대한 건의나 항의는 오히려 자녀의 학업성취에 부정적으로 작용하는 것으로 드러났다. 이러한 사실은 Beth (2000)의 연구결과를 통하여 지지되어질 수 있다. Beth는 부모의 학교관여 유형을 학생 중심의 관여와 학교 활동 중심 관여에 따른 학생의 학업성취를 살펴본바, 학생 중심의 관여 형태가 학교 중심 관여에 비하여 3배정도 학습에 우월한 성취를 보인다고 밝힌 사실에서 본 연구 결과와 일치하고 있다.

③ 인지적 차원의 요인으로 기대와 규범(ENP), 생활통제와 훈육(LC) 등이 있다. 학업성취에 대하여 효과가 드러난 사회적 자본은 생활통제 요인으로 비수성학군의 친구인지(반에서 나와 친한 친구가 누구인지 앎) 변인이 유의미하게 학업성취에 영향을 미치는 것으로 나타났다.

사회적 자본의 인지적 차원에 대한 요소로 부모의 자녀에 대한 교육적인 기대와 규범, 생활통제 등은 자녀에게 긍정적인 면과 부정적인 측면 모두를 가진다. 여기서 긍정적인 면은 자녀의 학업에 대한 지원과 관심이 학업성취에 주는 영향을 의미하고, 부정적인 면은 부모의 자녀에 대한 기대와 규범이 지나쳐서 오히려 자녀가

이에 대한 반작용으로 비행, 중도탈락, 일탈행위, 결석 등의 사회·
심리적인 측면의 부작용을 초래 할 수도 있다.

부모의 자녀에 대한 기대나 생활통제는 부모－자녀 간의 인지적
차원의 관계에서 자녀는 부모의 바램과 소망을 인지하고, 반대로
부모는 자녀의 원하는 바를 서로 인식하는 관계에 이르면 모두에게
만족을 줄 수 있는 부모－자녀 간의 관계라 하겠다. 부모가 자녀에
게 부과하는 규범과 가치, 기대교육 수준 등은 자녀의 인지발달에
중요한 역할을 한다(Iverson & Walberg, 1982; Asp, 1985; Rohner
& Pettngill, 1985; Mordkowitz & Ginsburg, 1986).

부모의 자녀에 대한 기대는 국가, 사회적으로 우수한 인물이나
지역사회 내에 위치한 친구나 친척 중에서 사회적으로 인정되는 우
수 한 학생을 모델로 설정하여 이것으로 자녀에 대한 기대치를 설
정하고, 더불어 가정, 학교생활 전반을 통제하기도 한다. 여기서 낮
은 성적에 대한 제한이나 외부적 보상, 부정적인 통제 방식은 자녀
의 발달에 부정적으로 작용하기도 한다(Rosenzweig, 2000). 본 연구
에서는 자녀의 성적에 대한 부모의 통제가 아닌 자녀의 친구에 대
한 인지나 관심은 자녀의 학업성취에 유의미한 결과를 주는 것으로
드러나 선행 연구 결과와도 일치하고 있다.·

셋째, 사회적 자본이 학업성취에 미치는 효과와 인과관계 분석에
대한 논의는 우선 효과성 분석과 논의, 학업성취에 미치는 인과관
계 분석에 대한 논의로 살펴보면 다음과 같다.

① 부모－자녀 관계의 사회적 자본이 학업성취에 미치는 영향에
대한 학교 효과성을 분석하기 위하여 위계적 선형모형(HLM) 분석
을 실 시 하 였 다. 이 를 통 하 여 학 생 수 준 과 학 교 수 준
각각에서 발생하는 성취도 변량의 비율을 산출해 보았다. 학업
성취도의 학교 내 변량과 학교 간 변량은 각각 273.97($\hat{\sigma^2}$)와
0.11($\hat{\tau_{00}}$)로 나타나 성취도 변인의 변화 정도가 학교(학군) 수준

에서도 일정 부분 존재하고 있지만, 동일 학교를 다니는 학생들 사이에서 보다 많이 발생하고 있는 것으로 나타났다. 학업성취도 변인의 총 변량 중에서 학교 간 변량이 차지하는 비율은 0.04%로 학생수준의 선행변인의 학교 간 차이를 통제한 후에 학업 성취도 변인의 학교 간 변량 비율은 0.08로 통제하기 전의 학교 간 변량 0.11의 72.7% 수준이며, 총 변량의 0.03%에 해당된다. 이러한 사실은 학교수준의 변인들로만 설명 가능한 최대 변량의 크기가 학업성취도 변인 전체 변량의 0.03%라는 것을 의미한다. 이러한 결과에서 학교 간 차이 즉, 학군이라는 지역보다는 학교 내의 차이인 학생 개인의 성별, 부모학력, 부모-자녀 관계의 사회적 자본 등의 요인들이 학교 내 과정의 차이로 인해 나타났음을 알 수 있다.

이러한 결과는 학교효과 연구의 시초가 되는 Coleman(1966)에 의하면 학교 간 변량의 비율은 10%에서 15% 사이라고 한 것과 Jenks(1972, 1975) 등의 연구에서도 이와 비슷한 결과가 제시된 점을 참작한다면 아주 낮은 비율(0.04%)이라 하겠다. 이러한 사실은 다음 두 가지 점에서 국외선행 연구와 다른 차이점을 지적할 수 있다. 첫째, 국외 연구자들이 수행한 대부분의 연구에 등장하는 학생들의 학년은 중학생이나 고등학생(HSB: high school beyond)이다. 그래서 학생의 연령대가 다른 점을 지적할 수 있다. 둘째, 한국적인 교육풍토를 지적할 수 있다. 미국과 같은 설립 유형별 학교운영 방식이 아닌 한국의 초등학교는 의무교육이면서 일률적인 교육비와 시설, 교사의 국가 충원방식 등이 학생들의 학업성취에 영향을 매개하는 학교 수준 변인들의 영향력은 균등화 수준에 이르러 학교 간의 차이보다는 학교에 다니는 학생의 개인배경이나 부모-자녀 관계의 사회적 자본의 차이가 학업성취를 유발하는 강력한 요인임을 알 수 있다. 학업성취에 영향을 주는 학교(학군)수준 변인들의 영향들을 분석한 결과 학업성취에 영향을 주는 학교수준의 어떠한 변인도 5% 유의도에서 무의미한 결과치를 나타내었다. 이러한 학교 효과성 분석을 통해서, 학생들이 거주하는 지역(수성, 비수성학군)에 따라서 발생되는 학력 격차는 본 연구 결과, 부모－자녀 관계의 사회적 자본과 가족배경의 사회적 자본에 의한 요인이 학교나 지역 수준의 변인보다 학력 격차에 보다 많은 영향력을 매개한다고 말할 수 있겠다. 이러한 연구 결과는 "인문계 고등학교 학교효과 연구"를 수행한 성기선(1997)[67]과 박부권 외[68](1989)가 수행한 서울시에 소재한 9개의 고등학교 학군 사이의 학생들의 대학진학 결과를 분석한 연구 결과와도 일치하고 있다.

② 학군별 가족배경과 부모－자녀 관계에 따른 사회적 자본 변인이 학업성취에 미치는 영향에 대한 인과관계의 형성여부를 검정하기 위하여 공변량 구조분석을 실시하였다. (ⅰ) 가족배경과 학업성취와의 분석에서는 학업성취에 대한 가족배경의(학군 전체) 경로계수는 출생순위(-.78), 자매 수(-.98), 부의 학력(3.07), 모의 학력(-1.62), 부의 직업(.99), 모의 직업(.93), 종교(.11), 가족구조(8.56) 등으로 나타

---

67) 성기선(1997)은 우리나라의 인문계 고등학교 학교효과 연구를 통해 학생들의 학업성취도를 기준으로 할 경우 학교 간에 의미 있는 차이를 보이지 않는다고 결론을 내리고 있다. 실제 성취도 점수의 크기를 통해서 볼 때 "좋은" 학교와 그렇지 않은 학교사이에 약 17-19점 정도의 차이가 발생하며, 학생들의 학업성취도에 영향을 미치는 학교 특성 변인으로 평균 입학성적, 가정의 사회경제적 배경 표준편차, 학생들의 학습 열의 및 경쟁적인 분위기 등을 들고 있다.

68) 박부권 외(1989)가 수행한 연구는 학생들의 가정배경(아버지의 교육수준과 직업수준)과 고등학교 입학성적의 영향력을 통제하였을 경우 학생들의 대학 진학 결과를 학군 별로 분석하고 있다. 특히 사회적인 관심을 끄는 강남 지역에 소재한 8학군의 경우 학생들의 가정배경과 고등학교 입학 성적의 영향력을 통제하게 되면 유의미한 효과를 보이지 못한다는 결론을 내리고 있다. 이들은 이러한 결과에 기초하여 공부를 잘하는 학생의 경우 그가 어느 고등학교를 다닌다고 하더라도 그 학교가 속한 학군으로 인하여 입학할 수 있는 대학과 학과 수준이 높아지거나 낮아지는 것은 아니며, 이러한 결과는 강남 8학군이 일등(一等)학군이라는 주장이 근거가 없음을 보여 주고 있다고 결론을 내리고 있다.

낮다. 학업성적에 제일 많은 인과 관계에 있는 변인은 가족구조(8.56)로 나타났다. (ⅱ) 부모－자녀 관계의 사회적 자본과 학업성취와의 분석에서는 수성학군의 경우 부모와의 대화는 2.67, 학교에 대한 항의는 -1.99, 과외는 1.91로 조사되었다. 학교에 대한 항의는 역시 학생의 학업성취에 부정적인 인과관계를 가지는 것으로 나타났고, 부모와의 대화는 학업성취에 중요한 영향관계를 가지고 있는 것으로 조사되었다. 비수성학군의 경우 부모와의 대화가 1.71, 학원선택에 대한 도움 2.73, 학교방문 1.76, 학교에 대한 항의 -2.61, 교육정보 수집 1.73, 공부를 잘하는 친구와 교제 -1.33, 자녀의 친구에 대한 부모의 인지가 1.35로 나타나 학원선택에 대한 도움(2.73)이 가장 많이 학업성취에 영향력을 행사하는 것으로 나타났다.

부모－자녀 관계의 사회적 자본에 학군이 매개된 상태에서 학업성취에 대한 인과적인 영향관계는 교육적 관심 및 대화가 -.01, 적극적인 지원 .08, 교육활동 참여 .01, 교우 및 사회관계 망 .05, 부모의 기대와 규범 -.01, 생활통제 .00 등으로 나타났다. 이러한 결과는 학군에 따라 부모－자녀 관계의 사회적 자본이 학업성취에 미치는 영향력이 서로 상이하고 이러한 상이한 결과들이 학군이라는 매개변인에 의하여 그 영향력이 상실되거나, 반대로 증가하는 현상을 발견할 수 있었다.

교육적인 신화에 대한 일반적인 믿음 즉, 대도시나 학군이 좋은 지역에 자녀를 학교에 보내면 성공적인 결과를 얻을 수 있다는 믿음은 본 연구의 분석결과에 의하면 재고(再考)되어져야 한다. 가족배경의 사회적 자본이(FBSC) 학업성취에 미치는 영향력의 크기는 수성, 비수성학군 각각 4.5%, 8.5%이고, 부모－자녀 관계의 사회적 자본(PCRSC)은 14.3%(수성), 17.2%(비수성)로 나타났다. 더불어 부모－자녀 관계의 사회적 자본의 학업성취에 대한 가산효과(가족배경 변인을 통제한 후)는 9.8%(수성), 8.7%(비수성)로 가족배경의 사회적 자본이 주는 영향력보다 크게 조사되었다. 이러한 결과에서 학생의 가족배경으로 인한 열악함은 부모-자녀 관계의 사회적 자본에 의해 충분히 극복할 수 있는 가능성을 본 연구에서는 제시해 주고 있다.

2. 결 론

본 연구에서는 학업성취에 영향을 주는 것으로 가족배경의 사회적 자본, 부모-자녀 관계의 사회적 자본, 학군(학교) 등의 세 가지 변인을 상정하였다. 학생의 가족배경과 부모-자녀의 관계에서 잉태하는 사회적 자본 변인을 탐색하여 부모-자녀 관계의 사회적 자본을 개념화하고 한국 사회에 적용할 사회적 자본의 검사 도구를 제작하였다. 부모-자녀 관계의 사회적 자본 검사 도구는 세 가지 차원 즉, 관계적 차원으로 교육적 관심 및 대화, 구조적 차원으로 적극적 지원, 교육활동 참여, 교우 및 사회관계 망, 인지적 차원으로 기대와 규범, 생활통제와 훈육 등으로 구성이 되어 있다.

이러한 검사 도구를 이용하여 학생의 가족배경, 부모-자녀 관계의 사회적 자본과 학업성취와의 관계를 확인하고, 사회적 자본 중에서 과연 어떠한 변인이 보다 더 학업성취에 영향력을 매개하는지 알아보고, 사회적 자본과 학업성취에 대한 학교 간, 학군 간 영향력의 차이를 밝혀보았다.

본 연구의 결과와 논의를 통해서 다음과 같은 결론을 얻었다.

첫째, 학군 간 학생 가족배경의 사회적 자본과 부모-자녀 관계 사회적 자본의 관계에서는 학군 간에 부모-자녀 관계의 사회적 자본의 모든 하위변인에서 두 지역 간에 유의한 차이가 있는 것으로 나타났다. 그리고 수성, 비수성학군 두 지역 모두에서 부모의 학력과 모의 직업 유무 등이 일관되게 부모-자녀 관계의 사회적 자본 형성에 관계되어 있으며, 특히 모의 학력은 부모-자녀 관계 사회적 자본의 상당수 하위변인과 관련성이 있는 것으로 나타났다.

둘째, 학군별 가족배경과 부모-자녀 관계의 사회적 자본이 학업성취에 미치는 영향은 전체 학군 분석의 경우, 가족배경과 부모-자녀 관계의 사회적 자본이 학업성취에 영향을 미치는 것으로 드러났다. 여기서 학생 가족배경의 사회적 자본이 학업성취에 미치는 영향력보다는 부모-자녀 관계의 사회적 자본이 학업성취에 미치는 영향력이 크다. 이는 가족배경의 사회적 자본에 부모-자녀 관계의 사회적 자본이 학업성취에 대하여 가산적인 작용을 한 것으로 보인다. 학군 변수가 투입되어 학군이 학업성취에 미치는 영향력을 조사한 결과 그 영향력은 미미하게 나타났다. 이를 통하여 학생들의 학업성취에 가장 많은 영향을 미치는 것으로는 부모-자녀 관계의 사회적 자본이라 하겠다.

셋째, 부모-자녀 관계의 사회적 자본이 학업성취에 미치는 영향에 대한 학교 효과성 분석에서는, 학생 수준과 학교 수준 각각에서 발생하는 성취도 변량의 비율 산출을 통해 학업 성취도 변인의 학교 내 변량과 학교 간 변량을 조사한 결과, 성취도 변인의 변화 정도가 학교(학군) 수준에서도 일정 부분 존재하고 있지만 동일 학교를 다니는 학생들 사이에서 보다 많이 발생하고 있다.

학군별 가족배경과 부모-자녀 관계에 따른 사회적 자본 변인이 학업성취에 미치는 영향관계의 인과관계 검증에서는 학업성적에 제일 많은 인과 관계에 있는 변인은 가족구조로 나타났다. 이를 통하여 부모-자녀 관계의 사회적 자본은 가족의 구조가 중요한 역할을 하며, 정상적인 가족구조에서 형성된 부모-자녀 관계의 사회적 자본이 학생의 학업성취에 보다 깊숙하게 관여되어 있음을 알 수 있다.

3. 제 언

학생의 학업성취를 고양시키기 위하여 지난 50년 동안 수많은 연구들이 생산되었다. 학생의 학업성취에 대한 다양한 변인들이 발굴되고 소개되어 왔었다. 본 연구에서는 이러한 학업성취에 대한 선행 연구들과는 차별화된 연구 방법으로 접근하여 보다 세분화된 학업성취 요인을 발굴하기 위하여 Coleman이 개념화한 사회적 자본 (social capital) 개념을 차용하여 한국적인 풍토에 맞게 이를 변용해서 적용하여 보았다. 기존의 학업성취에 대한 연구와 맞물린 학교효과 연구에서 일반적으로 채택하여 사용되는 변량분석, 회귀분석 등의 통계분석에서 발견되는 다층적인 자료에 대한 분석과 해석의 오류를 최소화하고자, 서구 사회에서는 이미 일반화된 위계선형모형(HLM)을 동원하여 이를 통계 분석에 적용하여 보았다.

연구결과 학업성취에 영향을 주는 것은 첫째, 가족배경의 사회적 자본은 수성학군의 경우 가족구조, 부의 학력, 가구주 직업이며, 비수성학군의 경우는 가족구조, 성별 등으로 나왔고, 둘째, 부모－자녀 관계의 사회적 자본은 수성학군의 경우 교육적 관심 및 대화(학교에 대한 이야기), 교육활동 참여(학교에 대한 건의 및 항의), 교우 및 사회관계 망(과외나 학원 수강) 등이며, 비수성학군의 경우는 교육적 관심 및 대화(학교에 대한 이야기), 적극적인 지원(학원 선택에 대한 지원), 교육활동 참여(학교 방문, 학교에 대한 건의 및 항의, 교육관련 정보수집), 교우 및 사회관계 망(공부 잘하는 친구와 교재), 생활통제(반에서 나와 친한 친구가 누구인지 앎) 등으로 나왔다.

개별 학교(학군)별로 학생들의 학업성취도에 대한 영향력의 차이 분석을 통해서 학교별로 78점까지 점수의 차이가 날 수 있고, 가족구조의 경우 정상가족 학생의 학업성적이 결손가족 학생보다 최고

48정도 높게 격차가 발생할 여지가 있는 것으로 나타났다. 부모-자녀 관계의 사회적 자본이 학생의 학업성취에 미치는 영향력은 가족구조 다음으로 비중이 높은 것으로 나타났으며, 부모-자녀 관계의 사회적 자본은 개별 학생의 가족배경과는 별도로 학생의 학업성취에 대한 격차를 최고 15점 정도까지 발생시킬 수 있다는 사실도 더불어 밝혀졌다.

부모-자녀 관계의 사회적 자본이 학업성취에 미치는 영향의 학교 효과성 분석에서는 학생 수준과 학교 수준 각각에서 발생하는 성취도 변량의 비율 산출을 통해서 학업 성취도의 변화 정도는 학교(학군) 수준에서도 일정 부분 존재하고 있지만, 동일 학교를 다니는 학생들 사이에서 보다 많이 발생하고 있는 것으로 나타나, 일반적인 믿음 즉, 좋은 학교(학군)에 대한 교육효과는 본 연구를 통해서 재고되어져야 함을 시사 받았다.

더불어, 학군별 가족배경과 부모-자녀 관계의 사회적 자본이 학업성취에 미치는 영향관계에 대한 인과관계의 형성여부를 검정하기 위하여 공변량 구조분석을 실시한 결과, 학업성취에 제일 많은 인과 관계에 있는 변인은 가족구조로 나타났고, 부모-자녀 관계의 사회적 자본에서는 수성학군의 경우 부모와의 대화, 비수성학군의 경우는 학원선택에 대한 도움이 가장 많이 학업성취에 영향력을 행사하는 것으로 나타났다. 부모-자녀 관계의 사회적 자본에 학군이 매개된 상태에서 학업성취에 대한 인과적인 영향관계는 학교교육에 대한 적극적인 지원이 가장 큰 영향력을 가지는 것으로 나타났다. 이상의 연구결과를 토대로 하여 다음과 같이 몇 가지 제언을 하고자 한다.

첫째, 이종재(2001)는 부실 학교의 특징으로 가정의 사회경제적 지위가 낮고 가정교육의 기능이 약하며(부모와 학생 간 관계), 교사와 학생, 교사와 학부모 간의 신뢰와 존경관계가 훼손되었고, 신뢰와 순종보다는 불신과 불순종의 관계를 형성하고 있다고 지적하고 있다. 이러한 문제들을 해결하기 위해서는 한국교육개발원(2003)이 참여 정부에 제시한 교육의제(Agenda)인 학교 신뢰 분위기 조성, 교육관련 기관간 연계와 협력(Networking & Partnership)등 교육공동체 형성을 통한 좋은 학교 만들기(Good School Project)는 본 연구에서 밝힌 부모와 학생 관계의 교육 환경적인 사회적 자본 형성을 통하여 이를 학교와 연계하여 학생을 지도, 교육한다면 좋은 학교 실현은 보다 빨리 구현되리라 본다.

둘째, 초등학교 저학년일수록 학부모의 학습지도는 적극적이고 직접적이지만 고학년에서 부모의 아동에 대한 직접적인 지도는 한계가 있으며, 자녀에게 자율성을 부여하여 학년에 따라 학부모의 자녀에 대한 지원에 차이가 있다. 교육부나 교육청 단위에서는 교사 위주의 연수 중심으로 운영이 되어온 기존의 연수 체제를 이제는 학부모를 대상으로 문호를 확대 개방하여 학교와 학부모 간의 연계된 교육운영 프로그램 마련과 효율적인 자녀 교육지원 방식에 대한 전문화된 가정-학교 협력 체제의 연수 제도가 필요하리라 본다.

셋째, 학부모와 자녀 간의 풍부한 사회적 자본은 개인 가족 단위의 열악한 계층적 지위를 뛰어넘어서 학업성취에 긍정적으로 작용할 여지가 있음이 본 연구를 통하여 입증되었다. 교육 정책 수립자는 사회적 자본의 중요성과 이의 활용 가능성에 주목하여 부모의 자녀에 대한 교육열의 행사방식이 바람직한 방향으로 유도할 수 있도록 정책을 입안, 수립할 것을 제안한다.

학부모들은 사교육에 의존하는 것이 아이들의 '스스로 공부하는 습관' 형성에 방해가 되고, 장기적으로는 아이들의 학업성공에 해가 될 수 있다고 생각한다. 하지만 현실적으로 시간과 처한 입장에 의해 집적 지도하기는 어려워 사교육을 시키는 경우가 대부분임을 감안한다면, 학교 내에서 다양한 교육적인 활동들을 지역사회 인사,

자원인사, 산업체 인력, 고등교육 기관 등과 연계하여 실시하는 방안도 고려해 볼만하다 하겠다.

넷째, 가족구조의 경우 정상가족 학생의 학업성적이 결손가족 학생보다 최고 48정도 격차가 발생할 가능성이 있음이 밝혀져 이에 대하여 지속적이고, 체계적인 후속 연구가 필요하리라 본다. 국가에서 시행하고 있는 교육보육(educare) 사업을 지속적이고 일관되게 시행하되, 결손가족 자녀에 대한 물질적인 지원과 더불어 부모로부터 받을 수 있는 사회적 자본의 혜택에 대한 배려도 정책적인 차원에서 관심을 갖고 추진하여야 할 것이다.

다섯째, 학군 및 지역 간에 발생하는 교육격차에 대한 일반적이고 견고한 믿음 즉, 좋은 학교, 좋은 학군에 자녀를 입학시키면 학업성공에 보탬과 도움이 된다는 신화적인 믿음은 재고되어져야 한다. 초등학교 단계에서 학군 간 학업성취에 대한 격차 연구는 본 연구가 시초라 할 수 있겠다. 학군 간, 학교 간의 성적 격차보다는 학생 개인의 가족배경, 부모-자녀 관계의 사회적 자본에 의해서 보다 학업성적에 대한 격차(최고 15점)가 발생할 수 있음이 밝혀져, 자녀를 둔 학부모는 보다 자녀에 대한 교육적인 대화와 지원, 관심, 학교 교육에 대한 참여, 가족 관계 개선 등을 통하여 열악한 교육적 상황을 타개하려고 노력해야 할 필요성이 있다.

여섯째, 본 연구의 제한점으로 분명히 지적하고 넘어가야 것으로 지역사회, 학교에 대한 보다 광범위한 사회적 자본에 대한 분석은 실시하지 않았다. 그래서 학생의 사회적 자본에 따른 학력격차는 학교나 지역사회의 변인들이 추가로 통제된다면 변화될 여지는 다분히 내재되어 있다고 본다. 더불어 부모-자녀 관계의 사회적 자본에 대한 심층적인 문화기술 연구나, 종단연구 등을 병행하여 연구가 진행되었다면 보다 상세한 사회적 자본에 대한 실체를 확인할 수 있었을 것이다. 이러한 연구의 제한점은 후속연구 과제로 남긴다.

참 고 문 헌

강상진(1998). 교육 및 사회연구를 위한 연구방법으로서 다층모형과 전통적 선형모형과의 비교 분석연구. 교육평가연구, 11(1), 207-258.

강영혜·김정래·성기선(2000). 자립형 사립고등학교 제도도입 방안 연구. 한국교육개발원 연구보고서.

교육개혁위원회(1998). 21세기 한국 교육의 발전지표.

김광웅(1978). 부자 관계에 따른 인성 특징에 관한 연구. 아동연구, 숙명여자대학교 3권, 7-20.

김경근(2000). 가족 내 사회적 자본과 아동의 학업성취. 교육사회학연구, 10(1), 21-40.

김경성(1991). 다층자료 분석에 관한 연구(분석방법의 고찰). 교육평가연구, 4(1), 1-17.

김경식(1994). 학생이 지각한 선호-실제 학급풍토와 학업성취의 관계. 경북대학교 박사학위논문.

김경식 외(2002). 교육사회학. 서울: 교육과학사.

김경식·안우환(2003). 학업성취 결정요인으로서 가족의 사회적 자본 탐색. 교육학논총, 24권1호. 81-99.

김남선(2001). 사회자본의 연구동향과 측정 방법의 탐색. 지역사회개발연구, 26(2), 27-46.

김병성(1981). 교육격차의 관련요인. 연구보고 제138집, 한국교육개발원.

김병성(1991). 학교 사회심리학. 서울: 양서원.

298

김선영(1985). 부—자녀 관계가 자녀의 창의성, 성취욕구 및 학업성적에 미치는 영향. 석사학위논문, 상명여자대학교.

김세균(1998). 신자유주의와 정치구조의 변화. 김성구·김세균 외. 자본의 세계화와 신자유주의. 서울: 문화과학사, 61-77.

김양분·김미숙(2002). 입시학원의 교육실태 분석. 한국교육개발원 연구보고서, 서울: 한국교육개발원.

김영철(2003). 서울시 지역 간 교육격차 해소방안. 수탁연구 CR 2003-8, 한국교육개발원.

김영철(2004). 서울시 지역 간 교육격차 실태와 해소방안, KEDI position paper, 1(7).

김영화 외(1992). 한국교육의 종합이해와 미래구상(Ⅲ): 학부모와 자녀 교육편. 한국교육개발원.

김영화(1992a). 학부모의 교육열: 사회계층간 비교를 중심으로. 교육학연구, 30(4), 173-198.

김영화 외(1999). 생산적 복지와 교육의 역할 분석 연구. 한국교육개발원 수탁연구 CR99-42.

김영화·김병관(1999). 한국 산업화 과정에서의 교육과 사회계층 이동. 교육학연구, 37(1), 155-172.

김왕근(1988). 사회경제적 배경이 학업성취에 미치는 영향에 대한 조사 연구. 석사학위논문, 서울대학교.

김왕배·이경용(2002). 사회자본으로서의 신뢰와 조직몰입. 한국사회학, 36(3), 1-23.

김용일(2001). 위험한 실험; 교육개혁의 정치학. 서울: 문음사.

김인홍(1997). 아버지상의 역사적 변천. 교육사회학연구, 7(1), 73-84.

김정희(1982). 부친부재가 아동의 학업성취에 미치는 영향. 석사학위논문, 서울대학교.

김종서(1987). 잠재적 교육과정의 이론과 실제. 서울: 교육과학사.

김호정(1999). 신뢰와 조직몰입. 한국행정학회보, 33(2), 19-35.

김현아(2002). 강남지역 주택시장 분석. 서울: 한국건설산업연구원.

김희복(1992). 학부모 문화연구. 박사학위논문. 서울대학교.

대통령비서실 삶의 질 향상 기획단(1999). 새 천년을 향한 생산적 복지의 길(국민의 정부 사회정책 청사진).

문숙재·김성희(1996). 자녀의 인적 자본 형성을 위한 가정의 총투자량과 영향요인: 주부의 취업유무에 따른 비교. 대한가정학회지, 34(5).

박남기(2003). 교육전쟁론. 서울: 장미출판사.

박배진(1997). 사교육비가 가계소비 지출 및 재정 만족도에 미치는 영향. 건국대학교 대학원석사학위논문.

박부권·이지혜(1989). 서울시 고등학교 학군조정 방안 연구. 한국교육개발원, 62-68.

박부권 외(1990). 고등학교 평준화 제도 개선 연구. 한국교육개발원.

박소진(2003). 한국의 교육열과 모성: 신자유주의적 변화 속에서 본 어머니들의 자녀교육지원의 계층적 다양성. 2003 교육열 국제학술회의 자료집, 강원대 교육연구소. 249-281.

박순미(2000). 조직의 사회적 자본이 새로운 지적자본 창출에 미치는 영향. 인적자원개발연구, 2(1), 171-203.

박정수(1999). 국가 재정의 효율적 운용과 교육재정의 안정적 확보. 새교육공동체위원회. 교육재정의 안정적 확보방안 모색을 위한 정책토론회, 43-62.

박희봉·김명환(2000). 지역사회 사회자본과 거버넌스 능력. 관료제의 반성과 대안, 한국행정학회 2000년 추계학술대회 발표논문집, 475-96.

박희봉·김명환(2000). 우리나라 지역사회의 사회자본 증진에 관한 연구: 사회자본 측정과 분석을 위한 시도. 한국정치학회보, 34(4), 219-237.

부르디외, 삐에르, 최종철 역(1995), 구별 짓기: 문화와 취향의 사회학, 새물결, 196.

방하남(1996). 사회학 연구를 위한 대수선형모형의 평이한 소개. 서울대 사회발전 연구소 방법론 워크샵.

사회과학연구원(2004). 서울대 입학생의 부모 직업 조사. 서울대사회과학연구원.

서태열(1987). 서울시 고등학교의 분포와 학군에 대한 연구. 지리교육논총, 18, 1-21.

서울시교육청(2004). 2004학년도 기초학습 부진학생 현황 분석. 서울시교육청.

설동훈 (1994). 한국 노동자들의 세대 간 사회이동 1987-1989년: 사무직과 생산직의 남녀노동자를 중심으로. 계급과 한국사회, 한국산업사회연구회, 서울: 한울.

성기선(1997). 인문계 고등학교 학교효과 연구. 서울대학교 박사학위논문.

성기선(1999). 고등학교 평준화 정책이 학업성취도에 미치는 효과 분석. 한국교육 제26권 제2호.

성기선(2000). 학교장지도성과 학교효과와의 관련성에 대한 탐색적 분석. 교육사회학연구, 10(2), 89-113.

성기선(2001). 시도교육청별 교육효과 분석을 위한 탐색적 연구: 위계적 선형모형과 군집분석의 활용. 교육행정학연구, 19(4), 267-289.

새교육공동체위원회(2000). 지식기반 사회의 교육공동체 구축을 위한 교육정책보고서(대통령보고서).

신경희(2002). 평생 학습을 통한 서울시 사회적 자본 형성에 관한 연구. 서울시립대학교 박사학위청구논문.

신선미(1990). 학교교육에 대한 희망과 좌절. 서울대학교 석사학위논문.

신세호 외(1990). 한국교육의 종합이해와 미래구상－제1차 중간보고서－. 한국교육개발원.

신용하(1985). 공동체 이론. 서울: 문학과 지성사.

심미옥(2003). 초등학교 학부모의 자녀 교육지원활동에 관한 연구. 초등교육연구, 16(2), 333-358.

심연식(2002). 학원 집중화 현상의 교육학적 해석: 강남 입시 학원의 사례를 중심으로. 연세대학교 박사학위논문, p.32.

안우환(2003). 가정의 사회적 자본이 아동의 학업성취에 미치는 효과분석. 한국교육, 30(3), 161-184.

양정호(2004). 한국의 사교육비 지출에 대한 종단적 연구: 한국노동패널의 위계적 선형모형 분석. 제 5회 한국 노동패널 학술대회, 한국노동연구원.

오계훈·김경근(2001). 가족구조가 아동의 학업성취에 미치는 영향. 교육사회학연구, 11(2), 101-123.

오욱환(1999). 한국사회의 교육열에 대한 고유 이론 모형의 탐색. 교육학연구, 37(4). 1-28.

오성삼·구병두(1999). 메타 분석을 통한 한국형 학업성취 관련 문항의 탐색. 교육학 연구, 37(4), 99-122.

오성심·이종승(1982). 부모의 양육 방식에 대한 아동의 지각과 정의적 특성간의 관계. 행동과학 노우트, 114(4).

유영수(1980). 가정 관계학. 서울: 교문사.

윤선구(1999). 제3의길: 신자유주의에 대한 한국적 대응 모색. 당대 비평(봄호), 107-135.

윤정일(1990), "21세기 사회의 교육복지정책", 교육이론, 5(1), 서울 대학교 교육학과, 한국교육개발원, 21세기 교육복지방안 연구에 서 재인용.

유재원(2000). 사회 자본과 자발적 결사체. 한국정책학회보, 9(3). 243-260.

오재길(2003). 농촌 분교 학부모들의 교육열 현상. 2003 교육열 국 제학술회의자료집, 강원대 교육연구소, 361-375.

이기범(1996). 복지사회와 교육: 자유, 평등, 공동체를 위한 교육복 지. 교육학연구, 34(2).

이남기(1979). 가족의 구조적 결손이 아동의 성격 형성에 미치는 영 향-부 결손 가정의 아동을 중심으로. 건국대학교석사학위논문.

이돈희(1993). 교육정책과 사회정의. 한국정신문화연구원. 공공정책 과 사회정의 보고논총, 93-1, 137-150.

이명주(2000). 사회적 자본 개발을 위한 지도성 연구 동향. 한국교 육, 27(1), 195-216.

이순묵(1990). 공변량구조분석. 서울: 성화사.

이순형·류정순(1999), 한국 도시가계의 사교육비의 지출-계층별 불편등과 사회정책적 함의-, 건국대학교 한국문제연구원 편, 교육과 삶의 질, 건국대학교 교육출판부.

이승신(2002). 가계의 사교육비 지출과 경제적 복지. 대한가정학회 지, 40(7), 211-227.

이위환(1994). 아동의 가정특성에 따른 사회성발달이 학업성취에 미 치는 영향. 계명대학교 박사학위논문.

이정선(1996). 학업 성공에 있어서 사회자본의 중요성. 교육인류학소식, 2(2).

이정선(1996). 학업성취의 사회화: 재미 한인 고등학생에 대한 문화기술적 연구. 비교교육연구, 6(1), 269-300.

이정선(2001). 초등학교에 있어서 학업성공과 사회자본 관계: 문화기술적 연구. 96 학술진흥재단 신진교수과제 연구보고서.

이정선(2001). 가정－학교－지역사회의 사회ㆍ문화적 관계: 콜맨의 사회자본을 중심으로. 교육인류학연구, 4(2), 147-181.

이재열(1996). 경제의 사회학. 나남출판.

이종각(2000). 교육열의 개념 재정립, 교육열의 사회문화적 구조, 한국정신문화연구원.

이종각(2002). 교육열의 운동법칙과 결합법칙. 교육사회학연구, 12(1). 173-192.

이종재 외(2001). 학교위기의 실상분석 및 공교육 내실화 방향과 과제. 한국교육개발원. 153-175.

이종승(1981). 학업성취에 관한 문항의 한 인과분석. 교육학연구, 19(3), 109-122.

이종승(2002). 대학생용 진로탐색검사 개발 연구. 교육학연구, 40(4), 1-29.

이주호ㆍ김선웅(2002). 학교 정책과 과외의 경제 분석. 한국경제의 분석, 8(2), 1-51.

이정숙(1979). 부친 부재가 자녀의 성장에 끼치는 영향. 대한가정학회지, 17(4), 75-93.

이정환(2002). 가족환경, 과외, 성적. 한국사회학, 36(6), 195-213.

이희자ㆍ정영숙(1979). 아버지의 양육태도 및 관심도와 자녀의 인성

간의 상관연구. 대한가정학회지, 17(2), 83-105.

임옥희(2001). 제도화된 모성과 자녀 교육 히스테리. 여성이론, 4호, 여름호, 여성문화이론 연구소 간. 도서출판 여이연. 35-57쪽.

임연기·허병기·한유경·김홍주(1970). 학생이동의 실상과 대책. 한국교육개발원.

정만진(2004). 수성구는 대구의 '강남'이 아니다. 오마이뉴스 2004. 10.9 교육면.

정충영·최이규(1998). Spsswin을 이용한 통계분석. 서울: 무역경영사.

주동범(1997). 어머니의 직업이 자녀의 교육 포부수준에 미치는 영향. 교육학논총, 제18집, 385-416.

주동범(1998). 학생배경과 학업성취: 어머니의 자녀교육에의 관여가 매개하는가? 교육사회학연구, 8(1), 41-56.

주동범·안우환(1999). 초등학생들이 지각한 효과적인 교사분석. 교육학논총, 19(2), 247-267.

정윤득(1999). 효과적인 학교를 결정하는 과정문항에 대한 연구. 지방교육경영, 제4권, 79-114.

정영숙·이희자(1980). 아버지의 양육태도에 영향을 주는 요인에 관한 연구. 대한가정학회지, 18(2), 23-39.

정태범(1998). 학교 교육의 구조적 개혁. 서울: 양서원, 18.

조용래(1999). 역기능적 신념과 사회공포증상간의 관계에서 부적응적인 자동적 사고의 매개효과 검증. 한국심리학회지: 임상, 18, 17-36.

통계청(1999). 사회통계조사보고서, p. 247-264.

통계청(2002). 한국의 사회지표.

통계청(2002). 경제활동 인구 연보.

차경수 외(1999). 교육사회학의 이해. 서울: 양서원.

천세영(1999). 교육재정 구조의 개혁 과제. 새교육공동체위원회. '새 천년 맞이 교육공동체 한마당' 교육현안 토론회, 103-118.

최샛별(2002). 상류계층 공고화에 있어서의 상류계층 여성과 문화자본. 한국사회학. 36(1), 113-144

최승우(2001). 교사-학생의 상호작용 유형과 학업성취와의 관계. 한국교원대학교 석사학위논문.

최은영(2004). 서울의 거주지 분리 심화와 교육환경의 차별화. 서울대학교 박사학위논문.

최충옥·차경수·이미나(1997). 교육사회학의 이해. 서울: 양서원.

황순희(1993). 학력의 사회적 기능. 교육사회학연구, 3(1), 157-177.

황호진(1999). 지식기반 사회에 따른 교육체제의 대응방안. 교육부 교육정책연구자료.

홍봉선(2003). 저소득층의 교육열과 교육복지. 2003 교육열 국제학술회의 자료집, 강원대 교육연구소, 183-206.

한국교육과정평가원(2001). 2001년 초·중·고교생 학업성취도 평가. 서울: 한국교육과정평가원.

한국개발연구원(2004). 빈곤의 정의와 규모. 한국개발연구원(KDI).

한국교육개발원(2003). 교육격차 분석 연구. 한국교육개발원(KEDI).

한국교육개발원(2003. 11. 19). 사교육비 실태 조사 결과 발표 보도자료.

조선일보(2003). 연사교육비 조 단위로 증가. 사회면, 2003. 10. 23일자.

한겨레(2003). 경제자유구역 교육시장 전면개방. 종합면. 2003. 10. 6 일자.

Adler, P., & Seok-Woo Kwon. (2000). Social capital: the good, the bad and the ugly. In Erick L. Lesser(ed.). *Knowledge and social capital: foundation and application.* Butterwork-heinemann.

Alan Russell & Judith Saebel. (1997), Mother-son, mother-daughter, father-son, and father daughter: are they distinct relationships?, *Developmental Review*, 17, 111-147.

Alwin, D. F. (1991). Family of origin and cohort differences in verbal ability. *American Sociological Review*, 56, 625-38.

Alwin, D. F., & Thorton, A. (1984). Family origins and the schooling process: early versus late influences of parental characteristics. *American Sociological Review*. 49. 784-802.

Ambler, J. S. (1997). Who benefits from educational choice? some evidence from europe. cohn, elchannan(ed.). *Market approaches to education: vouchers and school choice*, Oxford · New york · Tokyo: Pergamon, 353-379.

Andrea. S. (2000). The influences of parent, peer, demographic, and cultural factors on Black Canadian students' academic performance and attitudes toward school, Unpublished Doctoral Dissertation, University of Toronto Canada.

Anyon, J. (1979). Ideology and united states history textbooks. *Harvard Educational Review*. 49(3), 361-386.

Apter. T. (1990). *Altered loves: mothers and daughters during adolescence.* Hemel Hemp-stead, UK: Harvester Wheatsheaf.

Arbuckle, J. L. (1997). *Amos user's guide.* Chicago: Smallwater's Corporation.

Arcana, J. (1983). *Every mother-son: the role of mothers in the making of men.* New York: Anchor Press.

Arrow, K. (1974). *The limits of organization*. New York: Norton.

Asp, C. E. (1985). The relationship between family environment, children's use of out-of-school time, and school performance. Unpublished Doctoral Dissertation, The Pennsylvania State University. PA.

Astone, N. M and S, McLanahan(1991). Family structure, parental practices and high school completion. *American Sociological Review*, 56, 309-20.

Averch, H. et al. (1972). *How effective is schooling? A Critical Review and Synthesis of Research Findings*. Santa Monica, CA: Rand.

Averch, H. (1974). *How effective is schooling? a critical review of research. a rand educational policy study*. Englewood cliff, NJ: Educational Technology Publication.

Balswick, J. (1988). *The inexpressive male*. Lexington, MA: Lexington Books.

Bank. B. J., & Slavings. R. L. (1990). Effects of peer, faculty, and parental influence on students' persistence. *Sociology of Education*, 63, 208-225.

Barney, J. B., & Hansen, M. H. (1994). Trustworthiness as a source of competitive advantage. *Strategic Management Journal*, 15, 175-190.

Barwick, J. M. & Arbuckle, D. S. (1962). A study of the relationship between parental acceptance and the academic achievement of adolescents. *The Journal of Educational Research*. 56(3): 148-151.

Bassoff, E. S. (1987). Mothering adolescent daughters: A

psychodynamic perspective. *Journal of Counseling and Development*, 65, 471-474.

Baydar, N and J. Brooks-gunn. (1991). Effects of maternal employment and child-care arrangement on preschoolers' cognitive and behavioral outcomes: evidence from the children of the national longitudinal survey of youth, *Development Psychology*, 27, 932-45.

Belenky, M. F., Clinchy, B. M., Goldberger, N. R., & Tarule, J. M. (1986). *Women' ways of knowing: the development of self, voice, and mind.* New York: Basic Books.

Belsky, J. (1990). Parental and nonparental child care and children's socioemotional development: a decade in review. *Journal of Mariage and The Family*, 52, 885-903.

Bender. L. (1947). Psychopathic behavior disorders in children. In R. M. Lindner(eds.), *Handbook of Correctional Psychology*, N. Y.: Philes, Lib., 360-377.

Bentler, P. M. (1990). Comparative fit index's instructional models. *Psychological Bulletin.* 107, 239-246.

Beth. L. C. (2000). The effects of child-centered and school-centered parent involvement on children's achievement: implications for family interactions and school policy. Unpublished Doctoral Dissertation, The University of Chicago.

Biller. H. B. (1971). Father availability and academic performance among third-grade boys. *Developmental Psychology*, 4, 301-305.

Blake, J. (1985). Number of siblings and educational mobility. *American Sociological Review*, 50, 84-94.

Blake, J. (1989). Family size and achievement, Univ. of California Press, Los Angeles, CA.

Blau, peter, and Otis Duncan(1967). *The american occupational structure.* wiley.

Bourdieu, P. (1977). *Cultural reproduction and social reproduction.* In power and ideology in education. Edited by J. Karabel and A. H. Haley. Oxford, 487-511.

Bourdieu, P. (1986). The forms of capital. In J. G. Richardson (Ed.), *Handbook of theory and research for the sociology of education*, New York: Greenwood, 241-258.

Bourdieu, P. (1993). *Sociology in question.* London: Sage.

Boger. R. P, Richter. P. and B. Paolucci. (1986). *Parents as teacher: what do we know? child rearing in the home and school*, edited by robert Griffore and robert Boger, Plenum.

Bourdieu, P. and J. C. Passeron(1977). *Reproduction in education. society and culture*, London: Sage.

Brehm, John and Wendy Rahn(1997). Individual-level evidence for the causes and consequences of social capital. *American Journal of Political Science*, 41(3): 999-1023.

Brenda. L. J. (2000). School and family contexts: relationship to coping with conflict during the individuation process. Unpublished Doctoral Dissertation, The ohio state university Press.

Brim. O. G. (1952). The parent-child relation as a social system. *Child development*, 28(3), 343-394.

Brookover, W., Beady, C., Flood, P., Schweiter, J., & Wisenbaker, J.

(1975). *School social systems and student achievement: schools can make a difference*. New York: Praeger.

Bryk, A. S. and M. E. Driscoll(1988). *The high school as community: contextual influences and consequences for students and teachers*. Madison, WI: University of Wisconsin, National Center on Effective Secondary Schools.

Bryk. B. J., & schneider. B. (2002). *Trust in schools: a cored resource for improvement*. New York: Russell Sage Foundation.

Bryk, A. S., & Raudenbush, S. W. (1992). *Hierarchical linear models*: applications and data analysis methods. Newbury Park: Sage Publications.

Burt, R. S. (1992). *Structural holes: the social structure of competition*. Cambridge, MA: Harvard University Press.

Caldwell. H. C. (2001), *Parent involvement, motivation, and achievement over the transition to middle school*. Yale University.

Canter, R. (1982). Sex differences in self-report delinquency. *Criminology*, 20, 373-93.

Caplan, P. (1989). *Don't blame mother: mending the mother-daughter relationship*. New York: Harper Collins.

Carlsmith. L. (1964). Effect of early father absence on scholastic aptitude. *Harvard Educational Review*, 34, 3-21.

Caron, A. F. (1994). *Strong mothers, strong sons: raising adolescent boys in the '90s*. New York: Harper Perennial.

Chen, C., & Uttal, D. H. (1988). Cultural values, parents' beliefs, and children's achievement in the United Stated and China. Human Development. 31, 351-358.

Cheng, Y. C. (1991). *The meanings and functions of parental involvement in school education.* May.

Cheng, Valerie Ka-Wei(2001). *Social capital: resources for the production of human capital within and across time.* University of Minnesota.

Chilton, R and G, Markle(1972). Family disruption, delinquent conduct, and the effect of subclassification. *American Sociological Review*, 37, 93-99.

Cicourel, A. V. (1973). *Cognitive sociology.* Harmondsworth, England: Penguin Books.

Cloward, R and L, Ohlin(1960). *Delinquency and opportunity.* Glencoe, IL: Free Press.

Cohen, A. (1955). *Delinquent boys.* Glencce, IL: Free Press.

Coleman, J. S., E. Q. Campbell, C. J. Hobson, J. McPartland, A. M. Mood, F. D. Weinfeld, & R. L. York(1966). *Equality of educational opportunity.* Washington, D.C.: US. Congressional Printing Office.

Coleman, J. S., Hoffer, T. B., and kilgore, S. (1982). *Public and private schools, reprint submitted to the national center for educational statistics.* Chicago: National Opinion Center.

Coleman. J. S. (1985). Schools and the communities they serve. *Phi Delta Kappan*, 66, 527-532.

Coleman, J. S., and T. B, Hoffer(1987). *Public and private schools: the impact of communities.* Basic, New York.

Coleman, J. S. (1987). Families and schools. *Educational Researcher*, 16, 32–38.

Coleman, J. S. (1988). Social capital in the creation of human capital. *American Journal of Sociology*, 94, supplement 95, S95–S120. Social Capital Theory.

Coleman, J. S. (1990). *Foundations of social theory*. Cambridge: Harvard University Press.

Coleman, J. S. (1991). *Parent involvement in education. policy perspective: office of educational research and improvement*. U. S. Department of Education.

Coleman, J. S. (1993). Properties of rational organizations. In S. M. Lindenberg & H. Schreuder(Eds.), *Interdisciplinary perspectives on organization studies*, Oxford, England: Pergamon Press, 79–90.

Coleman, J. S. (1994). Social capital, human capita, and investment in youth. In A. Petersen & J. T, Mortimer(Eds.), *Youth, unemployment, and society*, New York, NY: Cambridge University Press, 34–50,

Collins, W. A., Maccoby, E. E., Steinberg, L., Hetherington, E. M., & Bornstein, M. H. (2000). Contemporary research on parenting: the case for nature and nurture. *American Psychologist*, 55(2), 218–232.

Connell, R. W., et als. (1982). *Making the difference*. Sydney London Boston: George Allen & Unwin.

Craig. G. J. (1979). *Child development*. prentice–hall.

Creemers Bert P. M and Jaap Scheerens(1994). Development in the educational effectiveness research programme. In

International Journal of Educational Research, 21(2), 125-140.

Dave. R. H. (1963). The identification and measurement of environmental process variables related to educational achievement. Doctoral Dissertation, University of Chicago.

Davies, D. (1991). Schools reaching out: family, school, and community partnerships for student success. *Phi Delta Kappan*, 72(5), 376-82.

Debold, E., Wilson, M., & Malave, I. (1993). *Mother and daughter revolution: good girls to great women.* Sydney: Doubleday.

Dekker, P., Uslaner, Eric. M.,(2001). *Social capital and participation in everyday life.* Routledge, London.

Delgado-Garitan, C. (1992). School matters in the mexican-american home: socializing children to education. *American Educational Research Journal*, 29(3), 495-513.

Demo, David. H., and Alan. C. Acock. (1991). The impact of divorce on children. In *Contemporary families: looking forward, looking back*, edited by alan Booth, Minneapolis: National Council on Family Relation, 162-91,

Dimaggio, Paul. (1982). Cultural capital and school success: the impact of status culture participation on the grades of u. s high school students. *American Sociological Review*, 47, 189-201.

Dornbusch, S. M. And Others(1987). *The relation of high school academic performance and student effort to language use and recently of migration among Asian-and Pacific-Americans.*

Eric Document ED 286 973.

Downey, D. B. (1995). When bigger is not better: Family size, parental resources, and children's educational performance. *American Sociology Review*, 60(2), 746-61.

Duran, B. J., & Weffer, R. E. (1992). Immigrants' aspirations, high school process, and academic outcomes. *American Educational Research Journal*. 29(1): 163-181.

Eckert, P. (1989). *Jocks and burnouts: social categories and identity in high school*. New York: Teachers College Press.

Edmond, R. R. (1979). *A discussion of the literature and issues related to effective schooling*. Cambridge, Mass.: Center for Urban Studies. Harvard Graduate School of Education.

Edmond, R. R. (1979). Effective schools for the urban poor. *Educational Leadership*, 37, 15-27.

Edwards, A. and J. Warin(1999). Parental involvement in raising the achievement of primary school pupils. *Oxford Review of Education*, 25(3).

Elliott, D., D, Huizinga, and S, Ageton(1985). *Explaining delinquency and drug use*. Beverly Hills, CA: Sage Publications.

Emerson, R. M. (1972). Exchange theory, part I : a psychological basis for social exchange. *Sociological Theories in Progress*, 2, 38-57.

Entwisle, D. R. & Alexander, K. L. (1995). A parent's economic shadow: family structure versus family resources as influences on early school attainment. *Journal of Marriage and the Family*, 57, 399-409.

Entwisle, D. R. & Alexander, K. L. (1996). Family type and children's growth in reading and math over the primary grades. *Journal of Marriage and the Family*, 58, 341-355.

Epstein, J. (1991). Effects on student achievement of teachers' practices of parent involvement. *Advances in Reading/ Language Research*, 5, 261-76.

Epstein, J. (1992). School and family partnership. *In encyclopedia of educational research*, 6th ed., edited by M. Alkin. Macmillan, 1139-51.

Erickson, Robert, and John H. Goldthorpe. (1992). *The constant flux: a study of class mobility in industrial societies*, Oxford University Press.

Etzioni, Amitai. (1998). *The moral dimension: towards a new economics*. New york: the free press.

Eva Gamarnikow & Anthony. G. Green. (1999), *The third way and social capital: education action zones and a new agenda for education, parents and community? Institute of Education*. University of London, United Kingdom.

Featherman, David L., and Robert M. Hauser(1978). *Opportunity and change*. Academic Press.

Fehrmann, P. G., Keith, T. Z., & Reimers, T. M. (1987). Home influence on school learning: Direct and indirect effects of parental involvement on high school grades. *Journal of Educational Research*. 80(6), 330-337.

Field. J, Schuller. T, Baron. S. (2000). Social capital: a review and critique. In , Field. J, Schuller. T, Baron. S(ed.)., *social capital*, Oxford University Press, Oxford, 4.

Finn. J. (1989). Withdrawing from school. *Review of Educational Research*, 59, 117–42.

Fukuyama, F. (1995). *Trust: the social virtues and the creation of prosperity*. London: Hamish Hamilton.

Furstenber, F. F. and M. E. Hughes. (1995). Social capital and successful development among at–risk youth. *Journal of Marriage and the Family*, 57(1), 580–92.

Gagnon, C., Tremblay, R. E., Larivee, S., & Charlebois, P. (1986). Developpement cognitif 144 russell and saebel de preadolescentes et attitudes paternelles: Effets interactifs sur le comportement non verbal du pe're en situation d'apprentissage [Cognitive development of preadolescents and paternal attitu- des: Interactive effects on the father's nonverbal behavior in a learning situation]. [CD–ROM]. *Psychologie francaise*, 31(2), 16471. Abstract from: Silver–Platter File: PsycLIT Item: 25–70924.

Gahng, Tae–Joong(1993). *A further search for school effects on achievement and intervening schooling experiences: an analysis of the longitudinal study of american youth data*. University of Wisconsin– Madison.

Garnier. C. L., & Raudenbush. S. W. (1991). Neighborhood effects on educational attainment: a multilevel analysis. *Sociology of Education*, 64, 251–262.

Giddens, A. (1984). *The consequences of society: outline of a theory of structure*. Cambridge, England: Polity Press.

Goddard. R. D. (2003). Relational networks, social trust, and norms: a social capital perspective on students' chances of academic success. *Educational Evaluation and Policy Analysis*, 25(1), 59-74.

Goldstein, H. (1980). Fifteen thousand hours: a review of its statistical procedures. *Journal of Child Psychology and Psychiatry and Allied Disciplines*, 21, 364-69.

Gove, W., and R, Crutchfield(1982). The family and juvenile delinquency. *Sociology Quarterly*, 23, 301-19.

Granovetter. M. S. (1985). Economic action and social structure: the problem of embedness. *American Journal of Sociology*, 91, 481-510.

Granovetter. M. S. (1992). Problems of explanation in economic sociology. In N. Nohria & R. Eccles(Eds.), *Networks and organizations: structure, form and action*, Boston: Harvard Business School Press, 25-56.

Griffore. R. and M. Bubolz(1986). Limits and possibilities of family and school as educations. In *Child rearing in the home and school*, Edited by robert griffore and robert boger, plenum, 61-104,

Hagan. J., Macmillan. R., & Wheaton. B. (1996). New kid in town: social capital and the life course of effects of family migration on children. *American Sociological Review*, 61, 368-385.

Hakansson, H., and I, Snehota(1995). *Developing relationships in business networks*. London: Routledge.

Hauser, R. M, Sewell, W. H. and Alwin, D. F. (1976). *High school effects on achievement. in schooling and achievement in american society*. New York: Academic Press.

Hedberg, B. (1981). How organizational learn and unlearn. In P. C. Nystrom & W.H. Starbuck(Eds.). *Handbook of organizational design*, 1, 3–27, Oxford, England: Oxford University Press.

Hetherington, E. M. (1972). Effects of father absence on personality development in adolescent daughters. *Developmental Psychology*, 7, 313–326.

Hetherington, E. M. (1988). *Parents, children, and siblings: six years after divorce*. In R. A.

Hindelang, M. (1979). Sex differences in criminal activity. *Social Problems*, 27, 143–56.

Hirschi, T. (1969). *Causes of delinquency*. Berkeley: University of California Press.

Ho sui–chi, esther and D. J. willms. (1996). Effects of parental involvement on eighth–grade achievement. *Sociology of Education*, 69, 126–41.

Hoffer, T. B. (1986). Educational outcomes in public and private high schools. Ph. D. Dissertation. University of Chicago, Department of Sociology.

Hoffman, Lois. W. (1973). Effects of maternal employment on the child: A review of the research. *Developmental psychology*, 10, 204–228.

Hoffman, Lois. W. (1989). Effects of maternal employment in the two–parent family. *American Psychologist*, 44, 283–92.

Hoffman. M. L. and Saltzstein. H. D. (1967). Parent discipline and child's moral development. *Journal of Personality and Social Psychology*, 5, 45–57.

Honcharski, Edward(2001), *Degree of congruence between family and classroom functioning and its relationship to academic performance.* City University of New York.

Horn, L, and J. West. (1992). *A profile of parents of eight grades: statistical analysis report*[NCES, 92-288]. National Center for Educational Statistics.

Israel, G. D., and Beaulieu, L. J. (1995). *The influence of social capital on public high school dropouts: re-examining the rural-urban context.* Paper presented at the annual meeting of the rural sociological society, 1995, Washington, DC.

Iverson, B. K., & Walberg, H. J. (1982). Home environment and school learning: a quantitative synthesis. *Journal of Experimental Education, 50,* 144-151.

Jansen, J. D. (1995). Effective schools?. *Comparative Education,* 31(2), 181-200.

Jencks, et al., (1972). *Inequality.* New York: Basic Books.

Jencks, C. S., and Brown, M. D. (1975). Effects of high schools on their students. *Harvard Educational Review, 45,* 273-324.

Johnson, M. M. (1963). Sex role learning in the nuclear family. *Child Development, 34,* 319-333.

Johnson, M. M. (1975). Fathers, mothers, and sex typing. *Sociological Enquiry, 45,* 15-26.

Jones. B. L., & Maloy. R. W. (1988). *Partnerships for improving schools.* New York: Glenwood.

Ka-Wei. C. V. (2001). *Social capital· resources for the production of human capital within and across time.* University of Minnesota.

Keith. T. Z. (1991). Parent involvement and achievement in high school. *Advances in Reading/Language Research*, 5, 125–41.

Kerbow. D., & Bernhardt. A. (1993). Parental intervention in the school: the context of minority involvement. In B. Schneider & J. S. Coleman(eds.), *Parents, their children, and schools*, 115–146, San francisco, CA: Westview Press.

Kim. A. (2000). *Personal social networks, social capital, and the transition of adolescents into young adulthood in an LDS population*. Brigham Young University.

Lamb. M. E. (1975). Father: forgotten contributors to child development. *Human Development*, 18, 245–266.

Lamb. M. E. (1976). *The role of the father in child development*. John Wiley & Son's.

Lareau A. (1987). Social class differences in family school relationship: The importance of cultural capital. *Sociology of Education*, 60, 73–85.

Lareau A. (1989). *Home advantage: social class and parental intervention in elementary education*. Falmer Press.

Leana & Buren(1999), Organizational social capital and employment practices. *Academy of Management Review*, 24(3), 538–555.

Lee, Y. S. (1987). *Academic success of east asian americans: an ethnographic comparative study of east asian american and anglo american academic achievement*. American Studies Institute, Seoul National University. Seoul, Korea.

Lee, Y. S. (1994). Family structure effects on students outcomes. In B. Shneider and J. Coleman(eds.), *Parents, their children and schools*, Westerview Press, Boulder, CO.

Lee. V., & Croninger. R. G. (1994). The relative importance of home and school in the development of literacy skills for middle-grade students. *American Journal of Education*, 102, 286-329.

Lee, V. E., Croninger, R. G. (1996). Social capital and children's development: the case of education. ED 412 629.

Lee. S., & Brinton. M. C. (1996). Elite education and social capital: the case of south korea, *Sociology of Education*, 69, 177-192.

Leflore, L. (1988). Deliquent youths and family. *Adolescence*, 23, 629-42.

Levitt, M. J., Guacci, N., & Weber. R. A. (1992). Inter-generational support, relationship quality, and well-being: a bicultural analysis. *Journal of Family Issues*, 13, 465-481.

Levy. D. M. (1943). *Maternal overprotection*. New York: Columbia University Press.

Lewicki, R. J. and B. B. Bunker(1996). Developing and maintaining trust in work organization. In R. M. Kramer, T. R. Tyler(eds.), *Trust in organizations: frontiers of theory and research*. London, Sage Publications, 114-139.

Lindenberg, S. (1996). Constitutionalism versus relationalism: two views of rational choice sociology. In J. Clark(Ed.). *James S. Coleman*: 229-311. London: Falmer Press.

Lin, N. (2001). *Social capital: a theory of social structure and action*, cambridge university press, cambridge.

Lino, M. (1990). Expenditures on a child by husband-wife families. *Family economics review*, 3(3)

Little, J. W. & Mclaughlin, M. W. (Eds.) (1993b). *Teachers' work: individuals, colleagues, and contexts*. New York: Teachers College Press.

Littman, Cheryl Beth. (2000). *The effects of child-centered and school-centered parent involvement on children's achieve-ment: implications for family interactions and school policy*. The University of Chicago.

Lobel, T. E. & Bempechat, J. (1992). Socialization of achieve-ment: influence of mother's need for approval on children's achievement cognition's and behavior. *Journal of Educational Psychology*. 84(4), 529-536.

Loury, G. (1977). A dynamic theory of racial income differences. In P. A. Wallace & a. lemund(eds.), *Women, minorities, and employment discrimination. lexington*: lexington books.

Maccoby, E. (1992). The role of parents in the socialization of children: an historical overview. *Development Psychology*, 28, 1006-1017.

Mauss, M. (1954). *The gift*. New York: Free Press.

Mccartney. K. and S. Rosenthal, (1991). Maternal employment should be studied within social ecologies. *Journal of Mariage and The Family*, 53, 1103-7.

Madigan. T. (1994). *Parent involvement and school achievement*. paper presented at the annual meetings of the american educational research association, new orleans, 7.

Merton, R. K. (1968)(First published in 1948). *Social theory and social structure.* New York: Free Press.

Nahapiet, J., and S, Ghoshal(1998). Social capital, intellectual capital and theorganizational advantage. *Academy of Management Review*, 23(2), 242-266.

Majoribanks, Kevin. (1979). Family environments. In *educational environments and effects*, edited by H. walberg. Mccutchan.

Maki. H. J. (2001). Individual-level relationships between social capital and self-rated health in a bilingual community, *Preventive Medicine*, 32(2), 148-155.

Maurice, L. D. (2000). Family income and peer effects as determinants of educational outcomes. Unpublished Doctoral Dissertation, Northwestern University.

McLanahan S. and G. Sandefur(1994). *Growing up with a single parent: what hurts, what helps.* Cambridge, MA: Harvard Press.

Mcneal. R. B. (1995). Extracurricular activities and high school dropouts. *Sociology of Education*, 68, 62-81.

Mcneal. R. B. (1999). Parental involvement as social capital: differential effectiveness on science achievement, truancy, and dropping out. *Social Forces*, 78(1), 117.

Mens-Verhulst, J. van, Schreurs, K., & Woertman, L. (Eds.). (1993). *Daughtering and mothering: female subjectivity reanalysised.* London: Routledge.

Milne, A. M., David. E. Myers, Alvin. S. Rosenthal and A. Ginsburg(1986). Single parents, working mother and the educational achievement of school children. *Sociology of*

Education, 59, 125-39.

Mischel. W. (1970). Sex typing and socialization. In P. H. Mussen(ed.), *carmichael's manual of child psychology*(3rd ed.), 2. New York: wiley.

Monteverde, K. (1995). *Applying resource-based strategic analysis: making the model more accessible tource-based strategic analysis.* Making the model more accessible to per No. 95-1, Department of Management and Information Systems,

Mordkowitz, E. R., & Ginsburg, H. P. (1986). *Early academic socialization of successful asian-american college students.* ED 280 927

Muller, C. (1994). Parent involvement and academic achievement: An analysis of family resources available to the child. In B. Schneider and J. Coleman(eds.), *parents, their children and schools*, Westerview Press, Boulder, CO.

Myers, David, A. Milne, K, Baker, and A, Ginsburg(1987). Student discipline and high school performance. *Sociology of Education*, 60, 18-33.

National Association of Secondary School Principal(1992). School and family partnerships. *Practitioner*, 18, 1-8.

Nelson, R. (1989). The strength of strong ties: social network and intergroup conflict in organization. *Academy of Management Journal*, 32, 377-401.

Nye, I. (1958). *Family relationships and delinquent behavior.* New York: John Wiley & Sons.

OECD(2000). *Knowledge management in the learning society.*

OECD(2001). *The well-being of nation: the role of human and social capital*. OECD, paris, 40.

OECD(2001). *Cites and region in the new learning economy*.

Ogbu, J. U. (1991). Minority coping responses and school experience. *Journal of Psychohistory*. 18(4), 433-456.

Orr, J. (1990). Sharing knowledge, celebrating identity: community memory in a service culture. In D. Middleton & D. Edwards (Eds.), *collective remembering*: 169-189. London: Sage.

Pamela. W. L. (2000), An intervention program for parental assistance with mathematical homework and the relationship with increased student achievement. Unpublished Doctoral Dissertation, Welden University.

Parcel. T. L., and E. G. Menaghan. (1990). Maternal working conditions and children's verbal facility: Studying the intergenerational Transmission of Inequality from mother to young children, *Social psychology Quarterly*, 53, 132-47.

Parcel, T. L., and Geschwender, L. E. (1995). Explaining southern disadvantage in verbal facility among young child. *Social Forces*, 73, 841-72.

Parsons, J. E., Adler, T. F., & Kaczala, C. M. (1982). Socialization of achievement attitudes and beliefs: Parental influences. *Child Development*, 53, 310-321.

Paxton, P. (1999). Is social capital declining in the us? a multiple indicator assessment. *American Journal of Sociology*, 105(1), 88-127.

Pestello, F. (1989). Misbehavior in high school classrooms. *Youth*

326

and society, 20, 290-306.

Pettit, B., & Mclanahan, S. (2003). Residential mobility and children's social capital: evidence from an experiment. *Social science quarterly*, 84(3), 632-649.

Pong, S. (1998). The school compositional effect of single parenthood on 10th-grade achievement. *Sociology of Education*. 71(2), 24-43.

Portes. A. (1998). Social capital: its origin and applications in modern sociology, *Annual review of sociology*, 24, 1-24.

Putnam, Robert D. (1993a). *Making democracy work: civic traditions in modern italy*. Princeton, NJ: Princeton Univ.

Putnam, R., & Leonardi, R., & Nanetti, R. (1993), *Making democracy work: civic traditions in modern Italy*. Princeton: Princeton University Press.

Putnam, Robert D. (1993b). The prosperous community: social capital and public life. *The American Prospect*, 13: 35-42.

Putnam, Robert D. (1995a). Bowling alone: america's declining social capital. *Journal of Democracy*, 6: 65-78.

Putnam, Robert D. (2000). *Bowling alone. Simon & Schuster*, New York.

Ramsay, W. and clark, E. E. (1990). *New ideas for effective school improvement: vision, social capital, evaluation*. Falmer Press.

Redding, S. (1991). Alliance for achievement: an action plan for educators and parents. *International Journal of Educational Research*, 15, 147-62.

Reynold, A. J. (1992). Comparing measures of parental involvement and their effects on academic achievement. *Early Childhood Research Quarterly.* 7(5): 441–462.

Riley, D. (1987). *Sex differences in teenage crime: the role of lifestyle.* London: Her Majesty's Stationery office.

Rock, D. A., Pollack. J. M and Hafner. A. (1991). *The tested achievement of the national education longitudinal study of 1988 eighth grade class.* ed. tabs[NCES 91–460]. National center for education statistics.

Rohner, R. P & Pettengill, S. M. (1985). Perceived parental acceptance–rejection and parental control among Korean adolescents. *Child Development.* 56: 524–528.

Rosenzweig, C. J. (2000). A meta-analysis of parenting and school success: the role of parents in promoting students' academic performance, Unpublished Doctoral Dissertation, Hofstra University.

Rowland R., & Thomas, A. (1996). Mothering sons: a crucial feminist challenge. *Feminism & Psychology,* 6, 93–99.

Rutter, M. et al., (1979). *Fifteen thousand hours: secondary schools and their effects on children,* Harvard University Press, Cambridge, Mass.

Samuel, F. W. (2000). *A study of the organizational structures and processes that create and maintain social capital in selected private and public schools.* University of California, Riverside.

Sarri, R. (1983). Gender issues in juvenile justice. *Crime & Delinquency,* 29, 381–98.

Scarr, Sandra. (1991). On comparing apples and oranges and

making inferences about bananas. *Journal of mariage and the family*, 53, 1099–1100.

Schachter. S. (1959). *The psychology of affiliation*. Stanford University Press.

Schuller. T, Baron. S, Field. J, (2000). Social capital: A review and critique. in S. Baron, J. Field, T. Schuller(ed)., *social capital*, Oxford University Press, Oxford, 2.

Schweitzer, L. (1984). *Characteristic of effective schools*. Aera paper. New Orleans.

Schwenk, F. N. (1986). Households with expenditures for house-keeping services, including child care. *Family Economics Review*, 2(4), 15–20.

Seginer, R. (1983). Parent's educational expectations and children's academic achivements: a literature review. *Merrill-Parmer Quarterly*. 29(1): 1–23.

Senge, P. M. (1990), *The fifth discipline: the age and practice of the learning organization*. London; Century Business.

Sewell, W. & R. Hauser(1975). *Education, occupation, and earnings: achievement in the early career*. New York: Academic Press.

Serageldin, Ismail & Christriaann grootaert(2000). Defining social capital: an intergrating view. In partha dasgupta & ismail seragedin, eds., *social capital: a multifaceted perspective*, 40–58, Washington, D. C.: The world bank.

Sharpe, S. (1994). *Fathers and daughters*. London: Routledge.

Shelton. L. A. (1969). A comparative study of educational

achievement in one-parent families and in two-parent families. *Dissertation Abstracts,* 29(8-a), 2535-2536.

Slocum, W., and C, Stone(1963). Family culture patterns and delinquent-type behavior. *Marriage and Family Living,* 25, 202-208.

Soh, C. S. (1993). Fathers and daughters: Paternal influence among korean women in politics. *Ethos,* 21, 53-78.

Stanton-Salazar. R. (1997). A social capital framework for understanding the socialization of racial minority children and youths. *Harvard Educational Review,* 67, 1-40.

Stanton-Salazar. R., & Dornbusch. S. M. (1995). Social capital and the reproduction of inequality: information network among mexican-orgin high school students. *Sociology of Education,* 68, 116-135.

Steinberg. L. D. (1996). *Beyond the classroom: why school reform has failed and what parents need to do.* New York: Simon & Schuster.

Sui-chu. E. H., & Douglas. W. J. (1996). Effects of parental involvement on grade achievement. *Sociology of Education,* 69, 126-141.

Sun, Y. (1998). The academic success of east-asian-american students: an investment model. *Social Science Research,* 27(2), 432-56.

Sun, Y. (1999). The contextual effects of community social capital on academic performance. *Social Science Research,* 28(4), 403-426.

Sutton-smith. B and Rosenberg. B. G. (1970). *The siblings.* New

York, Holt, Rinehart & Winston.

Teachman, Jay. D. (1987). Family background, educational resources and educational attainment. *American Sociological Review*, 52, 548–57.

Teachman, J. D. and K. Pasch, K. Carver(1996). Social capital and dropping out of school early. *Journal of Marriage and the Family*, 58(3), 772–83.

Tessman, L. H. (1988). A note on the father's contribution to the daughter's ways of loving and working. In S. H. Cath, A. R. Gurwitt, & J. M. Ross (Eds.), *father and child: developmental and clinical perspectives*, 219–238, New York: Basil Blackwell.

Thomas, C. W. (2001). Family structure and its effects on academic achievement. Unpublished doctoral dissertation, Tennessee State University.

Topping. K. J. (1992). Short and long term follow–up of parental involvement in reading projects. *British Educational Research Journal*, 18, 369–79.

Tsai, W., and S, Ghoshal(1998). Social capital and value creation: the role ofintrafirm networks. *Academy of Management Journal*, 40(4), 464–476.

Turchi, B. A. (1975). *The monetary cost of a child: the economics of fertility in the united states.* Cambridge, Massachusetts: Ballinger Pub. Co.

Tygart, C. E. (1991). Juvenile delinquency and number of children in a family. *Youth and Society*, 22, 525–536.

Tyler, T. R., and R. M, Kramer(1996). Whither trust? trust in organizations. *Frontiers of theory and research*, 1–15. Thousand Oaks, CA: Sage.

Uzzi, B. (1996). The sources and consequences of embeddedness for the economic performance of organization: the network effect. *American Sociological Review*, 674–698.

Valenzuela, A., and Dornbusch, S. (1994). Familism and social capital in the academic achievement of mexican-origin and anglo high school adolescents. *Social Science Quarterly*, 75, 18–36.

Vandell. D. and J. Ramanan. (1992). Effect of early and recent maternal employment on children from low-income families. *Child development*, 49, 23–37.

Van Deth, Jan W., Marco Maraffi, Kenneth Newton, and Paul F. Whiteley (eds.)(1999). *Social capital and european democracy*. London: Routeledge.

Vogt, G. M., & Sirridge, S. T. (1991). *Like son, like father: healing the father-son wound in men's lives*. New York: Plenum.

Walberg. H. J. (1984). *Families as partners in educational productivity*. phi delta kappan, fed, 397–400.

Walkerdine, V., & Lucey, H. (1989). *Democracy in the kitchen: regulating mothers and socialisting daughters*. London: Virago.

Warrick, P. L. (2000). *An intervention program for parental assistance with mathematical homework and the relationship with increased student achievement*. Wellden University Press.

Wasserman. H. L. (1969). Father-absent and father present lower-class negro families: a comparative study of family functioning. *Dissertation Abstracts*, 29(12-a), 4569-4570.

Weick, K, E. (1979), *The social psychology of organizing*(2nd ed.), Readings,MA: Addison-Wesley.

Weick, K. E., & Roberts, K. H. (1993), Collective mind in organizations: heedful interrelation on flight decks, *Administrative Science Quarterly*, 38, 357-381.

Wells, A. S. (1997). Markets, choice and equity in education(book review). *Educational Administration Quarterly*, 33(2), 247-253.

Williams, J., and M, Gold(1972). From delinquent behavior to official delinquency. *Social Problems*, 20, 209-229.

Winder. C. L. and Rau. L. (1962). Parental attitudes associated deviance in preadolescent boys. *Journal of Abnormal & Social Psychology*, 64, 418-424.

White. K. R. (1982). The relationship between socioeconomic status and academic achievement. *Psych, Bull*, 91(3), 461-81.

Woolcock. M. (1988). Social capital and economic development: toward a theoretical synthesis and policy framework. *Theory and Society*, 27, 151-208.

Yamagish, T. (1998). *Structure of trust*. Tokyo: Daigaku Shuppankai.

Zick, C. D. and W. K. Bryant, & E. Osterbacka(2001). Mothers' employment, parental involvement, and the implications for intermediate child outcomes. *Social Science Research*, 30(1), 25-49.

<부　록>

부모－자녀 관계의 사회적 자본에 대한 설문조사

> 안녕하십니까?
> 이 질문지는 여러분과 관련된 가족 환경에 대해서 파악하고자
> 하는 것입니다. 여러분의 성의 있는 답변은 앞으로 여러분을 보
> 다 잘 가르치려고 노력하는데 활용이 됩니다. 여러분이 답해주
> 신 내용은 연구 이외의 목적에는 사용되지 않을 것을 약속드립
> 니다. 따라서 모든 문항에 대해 솔직하게 답변해 주시면 감사하
> 겠습니다. 여러분이 답해주신 하나하나의 문항은 아주 귀중한
> 연구 자료가 될 것입니다. 힘드시더라도 모든 문항에 빠짐없이
> 답해주시면 정말 감사하겠습니다.

2004.
경북대학교 일반대학원 교육사회 및 행정전공 안우환

═ ═ ═ ═ ═ ○ ═ ═ ═ ═ ═ ○ ═ ═ ═ ═ ═ ○ ═ ═ ═ ═ ○ ═ ═ ═ ═ ═ ○ ═ ═ ═ ═ ═

♠ 본 설문지는 여러분과 여러분 가족에 대한 질문들로 구성되어 있습니다.
　하나도 빠짐없이 답해 주세요.

(　)학교 (　)학년 (　)반　이름(　)

1. 성별 조사. (해당하는 곳에 ○ 표 해주세요)
　남자(　　), 여자(　　)
2. 형제 중 나는 몇 번째인가요? (해당하는 곳에 ○ 표 해주세요)
　① 첫째(　　), ② 중간(　　), ③ 막내(　　)
3. 여러분 자신을 포함하여 여러분의 형제는 모두 몇 명인가요? (　)명
4. 부모님의 학력을 다음에서 해당하는 곳에 ○ 표 해주세요.
　가. 아버지의 학력 (아버지가 없는 경우 비워 두세요)
　① 중학교 이하 졸업(　), ② 고등학교 졸업(　), ③ 대학교 이상 졸업(　)
　나. 어머니의 학력(어머니가 없는 경우 비워 두세요)
　① 중학교이하 졸업(), ② 고등학교 졸업(　), ③ 대학교 이상 졸업(　)
5. 어머니의 직업 상태에 대해 해당하는 곳에 ○ 표 해주세요.
　① 직장(회사, 공무원, 학습지 선생님, 학원 운영 등)에 다니신다(　)
　② 집에 계신다(　)
6. 아버지의 직업은 무엇인가요?
　① 전문직(　) ② 공무원(　) ③ 판매직(　) ④자영업(　) ⑤ 단순노무직(　)
7. 우리 가족의 종교 활동에 대하여 해당하는 곳에 ○ 표 해주세요.
　① 우리 가족은 종교가 있다(　), ② 우리 가족은 종교가 없다(　)
8. 현재 우리 집에서 함께 살고 있는 가족을 모두 표시해 주세요.
　① 할아버지() ② 할머니(　) ③ 아버지(　) ④ 어머니(　) ⑤ 삼촌(　)
　⑥ 고모(　) ⑦ 이모(　) ⑧ 형제자매(　) ⑨ 계모(　) ⑩ 기타(　)

☞ 뒷면에 계속 됩니다. －설문조사 1－

* 다음 문항을 읽으시고 여러분과 관련되는 곳에 V 표나 O로
  표시해 주세요.

문항번호	문 항	매우그렇다	그렇다	보통이다	그렇지않다	거의그렇지않다
1	집에서 부모님과 함께 학교생활에 대해 이야기를 나눈다.					
2	내가 공부 할 때는 조용한 분위기를 만들어 주신다.					
3	하루 평균 1시간 이상 부모님과 대화를 나눈다.					
4	나의 관심사나 고민에 대해서 자주 물어보신다.					
5	학교 공부나 학습에 도움이 되는 대화를 부모님과 자주 나눈다.					
6	박물관, 문화시설 등 학습에 도움이 되는 곳에 자주 데리고 가신다.					
7	학교에서 상을 받아 가면 그에 따르는 보상을 해주신다.					
8	공부에 도움이 되는 교육환경을 마련해 주신다.					
9	나에게 공부할 수 있도록 공부방을 따로 마련해 주신다.					
10	부모님은 참고서, 학습지, 학원 선택에 대하여 도움을 주신다.					
11	학용품, 전과 등 학습에 필요한 물건들을 잘 사주신다.					
12	어머니는 학급 어머니회 임원이나 학교 운영위원으로 활동하신다.					
13	선생님께 성의를 표시하거나 학교행사를 돕기 위해 학교를 방문한 적이 있다.					
14	우리 어머니는 학교에 행사(수업공개, 운동회, 체험학습)가 있으면 참석하신다.					
15	나의 학교생활에 대해 학교에 건의하거나 항의를 하신 적이 있다.					
16	선생님을 찾아가거나 전화로 나의 교육문제에 대해서 상담을 하신다.					
17	교실에 필요한 물품을 지원해 주신 적이 있다.					
18	담임선생님을 돕기 위해 학교를 1년에 2번 이상 방문한 적이 있다.					

문항번호	문 항	매우그렇다	그렇다	보통이다	그렇지않다	거의그렇지않다
19	부모님은 교육과 관련된 정보를 광고나 TV를 통해서 수집하신다.					
20	공부에 도움이 되는 친구와 사귈 것을 이야기 해 주신다.					
21	어머니는 교통지도 등의 학교 자원봉사 활동에 참여하신다.					
22	공부하는 시간에는 친구들과 놀지 못하도록 하신다.					
23	나는 수업 후 집에서 과외를 받거나 학원에 다닌다.					
24	나보다 공부를 잘하는 친구와 사귀도록 하신다.					
25	우리 집에는 가훈이나 규칙이 있어 이를 따르도록 한다.					
26	내가 살고 있는 고장에는 나의 학습활동에 도움을 주는 사람들이 많다.					
27	학습에 도움이 되는 학습지나 학원에 대하여 자주 알아보신다.					
28	우리 부모님은 나에게 너는 자라서 훌륭한 사람이 되어야 한다고 자주 말씀하신다.					
29	부모님은 나에게 대학을 진학해야 한다고 말씀하신다.					
30	우리 부모님은 나에게 반에서 10등 안에는 속해야 한다고 말씀하신 적이 있다.					
31	시험을 친 후에는 시험성적이나 등수를 알려고 하신다.					
32	반에서 나와 친한 친구가 누구인지 우리 부모님은 알고 계신다(이름, 전화번호, 얼굴 등).					
33	내가 동생을 돌보거나 집안일을 도우면 부모님께서는 나를 칭찬해 주신다.					
34	부모님은 TV시청이나 컴퓨터의 사용 시간을 통제하신다.					
35	부모님은 내가 잘못된 행동을 할 때마다 꾸짖어 주신다.					
36	손님 초대나 친척 집 방문은 시험기간을 피해서 계획하신다.					
37	우리 부모님은 TV프로그램을 선택하여 시청하게 하신다.					

♣ 응답해 주셔서 대단히 감사합니다.
(빠진 곳은 없나 다시 한번 확인 부탁합니다.)
－설문조사 3－

· 저자 ·

· 안우환(安佑煥) 약력
· 대구교육대학교 졸업
· 경북대학교 대학원 교육사회학 석사
· 경북대학교 대학원 교육사회 및 행정 박사
· 경북대, 대구교대 외래교수
· 교육사회 지식포럼(www.alledu4u.com) 공동의장 및 교육칼럼리스트
· KEDI 교육현안문제 모니터 위원
· 한국교육학술정보원 교육학 IP 위원
· (현) 대구산격초등학교 교사

주요 논저
〈저서〉
· 한국교육의 이슈와 쟁점
· 논문작성을 위한 교육통계
· 신간교육사회학
〈연구논문〉
· 한국교육사회학의 연구동향 분석
· 가정의 사회적 자본이 아동의 학업성취에 미치는 효과분석 외 다수

가족 내 사회적 자본과
학업성취와의 관계

· 초판 인쇄 │ 2005년 6월 18일
· 초판 발행 │ 2005년 6월 20일

· 지 은 이 │ 안우환
· 펴 낸 이 │ 채종준
· 펴 낸 곳 │ 한국학술정보㈜
         경기도 파주시 교하읍 문발리 526-2
         파주출판문화정보산업단지
         전화 031) 908-3181(대표) · 팩스 031) 908-3189
         홈페이지 http://www.kstudy.com
         e-mail(e-Book사업부) ebook@kstudy.com
· 등   록 │ 제일산-115호(2000. 6. 19)
· 가   격 │ 30,000원

ISBN   89-534-2464-X 93370 (Paper Book)
       89-534-2465-8 98370 (e-Book)